未名社科菁华·公共管理学

现代公共管理的理性思考

RATIONALE FOR MODERN PUBLIC ADMINISTRATION:
REFLECTIONS ON HOW CHINA MODERNIZES ITS
GOVERNMENTAL APPARATUS

蓝志勇 著

北京大学出版社
PEKING UNIVERSITY PRESS

图书在版编目(CIP)数据

现代公共管理的理性思考/蓝志勇著. —北京:北京大学出版社,
2014.5

(未名社科菁华·公共管理学)

ISBN 978-7-301-24086-1

Ⅰ.①现… Ⅱ.①蓝… Ⅲ.①公共管理-文集 Ⅳ.①D035-53

中国版本图书馆 CIP 数据核字(2014)第 068287 号

书　　　名:现代公共管理的理性思考
著作责任者:蓝志勇　著
责 任 编 辑:高桂芳(pkuggf@126.com)
标 准 书 号:ISBN 978-7-301-24086-1/C·1002
出 版 发 行:北京大学出版社
地　　　址:北京市海淀区成府路 205 号　　100871
网　　　址:http://www.pup.cn　新浪官方微博:@北京大学出版社
电 子 信 箱:ss@pup.pku.edu.cn
电　　　话:邮购部 62752015　　　　　发行部 62750672
　　　　　　编辑部 62765016/62753121　出版部 62754962
印　　刷　者:三河市北燕印装有限公司
经 销　者:新华书店
　　　　　　730 毫米×980 毫米　16 开本　20.75 印张　362 千字
　　　　　　2014 年 5 月第 1 版　　2014 年 5 月第 1 次印刷
定　　　价:49.00 元

公共管理创造人类文明，是人类文明的基石，为人类文明提供舞台。

——〔美〕德怀特·沃尔多

文明东西能相益，心理东西本自同。

——陈宝琛

在生活中，你可能犯的最大的错误是接受已知的东西，拒绝未知的。你应该正好相反，挑战已知，拥抱未知。

——Guy Kawasaki, Cofounder Apple Computer, Inc.

中国面临的挑战在于，它还没有从传统社会的格局中走出来，又面临加速现代化的要求，同时还要完成后工业时代才有可能实现的人类理想。中国政府的治理创新，也必然要按照这样的发展轨迹来寻求突破点。

——蓝志勇

努力修复和研究过去的汽车发动机，能够找到将卫星送上太空的方法吗？还是说我们也要考虑用新的理念、新的设计、新的方法和新的材料来制造新的推进器——比如说火箭，来实现我们的登月梦想？现代国家治理体系的建设，或许也需要这种范式转换性的创新思维。

——蓝志勇

作者的话

　　这本集子反映了我本人在中国公共管理学科大发展的阶段所进行的一些思考。不少是在早些时候的会议发言的基础上整理出来的文章,有的成文比较仓促,但反映出的基本思想和脉络还是比较清楚的,也是针对当时的问题的。有些论文写在最近,是我长期在国内工作,感受到改革的脉搏和需求,有针对性地写的。论文中的很多思想是原创,提出的时间也相对较早,可以说,这些思考与中国公共管理学科的发展步调基本是一致的。这些文章散落在不同的学术杂志和书籍之中。当前中国从事公共管理工作的人尤为忙碌,难得有时间搜集文章进行归类阅读,读者也难以从单独的篇章中窥探到本人更深层次的思考。如今北京大学出版社将其集中后整理出版,还加上我的一些会议论文,可以使读者对本人关于公共管理的系统的看法有一个更为全面的了解,是颇为欣慰的一件事。

　　中国的公共管理学科,从 20 世纪 80 年代起步、探索和引进开始,到 90 年代和新世纪初的大规模介绍,已经走过不少年头,也培养起一支自己的队伍。但与经济学科比较起来,还远远缺乏广度和深度。有比较深厚和系统的理论功底和对现代社会科学方法有比较好的掌握的学者还很缺乏,远远不能满足中国庞大的政府改革的需求。中国的公共管理学者,既要肩负学习、引进、转化和深化的责任,又要参与如火如荼的改革与发展,还要腾出时间和精力打造良好的学术氛围,来培养能够超越自己的下一代学者,做承上启下的开拓者和接力棒的传递者,面临的工作和挑战都十分艰巨。公共管理的价值基础是现代和公益。一方面,这与有强大破坏力和创新力的以个体或集团利益为动力的市场力量是相悖的；另一方面，现代和公益的思想与传统中国的封建帝王思想和管理手段也格格不入。它是面对强大飓风却根基不足的人类文明的守护者和防风林。它所能依赖的只有自身优良的品（材）质、顽强的生命力和坚韧不拔的理想主义精神。作为一种高智能的群体动物，人类一方面有维护个体生存的顽强拼搏力，另一方面也同样具有群体关爱、团结一致面对挑战来发扬和捍卫自己的文明成果的集约力。这就是为什么个体主义和乌托邦的集体主义并存，并且源远流长的原因。进入现代社会，人们在衣食丰足的条件下，有了更多的闲暇来开拓和发展自己的理性。人们用科学的理性来了解自然，用现代社会的个体理性来研究经济学，以集体理性为手段来探讨现代公共管理学。纵观高度发达的现代社会科学，政治学关心的是谁得到了什么，经济学关心的是如果提高有限资源的使用效率，社会学关注的是对社会的描述和解释，心理学关注人的感受和行为动机，而公共管理学则需要集人类学问之大成，在兼顾情感的前提下，用理性的力量，改造环境，改造社会，并改造自己。

在现代化的过程中，人们突破了传统，寻求对理性的规范性、制度性、规模性和可持续性的表达。如果成功，人类便有了既能有效地发展小我，又能弘扬社会大我的自我治理的方法。公共管理学科追求的就是这样的目标。

这个集子，从酝酿到出版，经过了很长的时间。主要是我自己在繁忙的教学和研究生活中，不断将不是火烧眉毛的事往后推。感谢北大出版社编辑对这个项目持之以恒、不弃不舍的精神，此书才得以问世。此书的灵感来自部分青年教师，他们受到国内不同著作中对公共管理理念和学科解释不同说法的困惑，将我的一些文章汇集成册，一边自己读，一边给学生读，试图从零散和不同的时空之中，寻求一些共同的东西。这个行为受到有的同事笑话，认为是小学生的行为。倒是我自己听到这个笑话，想到红楼梦里的一句话：都云作者痴，谁解其中味。虽然这些文字，或写在百忙之中，或写在悠闲之时，但都贯穿了我对这个学科的一种思考和理解。当我看到一些杂志上出现"公共管理学科对学习国外反思"的文章时，很有感慨。我们什么时候真正地学过？学对过？学好过？学透过？生吞活剥者有之，望文生义者有之，断章取义者有之，追星求名者有之，好新奇、"狗熊掰棒子"者有之，就是难以有踏踏实实、步步为营的努力，结合时空和发展阶段的需求，以系统全面、理论联系实际的精神寻求人类文明与智慧的精华，开启民识，丰富自我，造福桑梓。

　　我真诚地期望，这些写在中国改革开放和腾飞过程中的文字，能成为一个历史的注脚，表达我们这一代学者位卑不敢忘国的真诚情怀。也给一些对公共管理学科感兴趣的年轻人一个小小的方便，可以集中阅读一些我的论文，了解我的学术思考的心路历程。

蓝志勇

2013 年 6 月 15 日

作者的话

目　录

第一部分

公共管理核心要义篇

公共管理是关于治理的实践性极强的大学问[①]

公共管理是关于治理的实践性极强的大学问。在楚霸王项羽小的时候，他的叔叔问他想不想学剑。项羽说，剑器精妙和好看，但只能用来对付少数的敌人，打小仗，他不学，他要学"万人敌"那种能用来打大仗，能冲锋陷阵，能改变战役结果的兵器。结果他学了兵法和方天画戟。公共管理学科不同于传统的学科分类，是能够用来打大仗，即进行制度设计和操作的"国家的治理"的"万人敌"。

公共管理学科回答的是人类社会如何处理好人与人之间、人与群体之间、人与自然之间的矛盾，共同存在、共同发展的大问题。公共管理的理论问题，需要从哲学的层面来回答。而公共管理的实践问题，则依赖于政治、经济、社会、历史、心理、地理，以及现代科学的成就来支撑。举例来说，在哲学层面上，假定我们认为

---

① 本文原载于《公共管理学报》2006 年第 3 期。

数码照相机能够提升我们的生活质量和愉悦，那么，在操作层面上，政治、经济、社会、历史、心理、地理以及现代科学的成就可类比为镜头、机体、感光板、螺丝钉、记忆晶片、电池、背带等等方面的技术发现。而公共管理就是研究如何综合使用这些技术来造出数码相机的学问。如果说，哲学是人类各学科智慧的总结和抽象，那么，公共管理则是将这种抽象转换成治理现实的程序和方法。如果我们把哲学类比为科学的理论和抽象，那么公共管理则是把抽象的科学原理转化为治理现实的工程操作。从政治理论专业反水出来、进而终生研究公共管理问题的知名学者沃尔多说得好，"公共管理创造人类文明，是人类文明的基石，为人类文明提供舞台"①。人类历史上文明的辉煌，无一不与当时卓有成效的公共管理相关。高效专制的公共管理，导致高效和压抑的社会现实；低效弱治的公共管理，导致社会的混乱和秩序的崩溃；智慧、人性和高效的公共管理，导致政通人和的和谐社会。舞台是一个公共产品，靠公共管理来提供。只有在宽广、稳定、包容和宏大的舞台上，才能演出人类文明威武雄壮的话剧。

公共管理的学科本质，是学术界经常讨论的问题。严格地说，公共管理必须有公共的维度。在微观上，家庭和氏族层面的管理和协调就有公共管理的雏形。到后来，古希腊的城邦国（或更早）、古罗马的贵族民主政治中都有强有力的有关公共管理的烙印。古希腊的城邦国中，就提倡超出个人利益的公共利益——即城邦的繁荣、和平和尊严，要求公民为维护这样的利益而努力。古罗马的贵族议员们，也大多靠自己领地的收入、吃自己的饭来参与公共事务的决策和国家的统治。古罗马的市政官就叫公共管理者（Administrator），代表国家、城市和贵族管理阶层宏观施政。因而，公共管理的价值核心，有异于私营企业的管理和经营，更强调公共性和社会性。它注重的是当人类离开其自然人

---

① 沃尔多是早期耶鲁大学的政治学博士。他批评当时的政治学脱离实践，追求有兴趣但不能获得实践结果的学问，追求使用有意思但不可能的方法。他毫不客气地指出，"传统政治学失去了往日的魅力，因为它逐渐远离对公共事务的积极参与而热衷于追求建立科学模型"，开始倾向注重有趣但不会有什么结果或能够量化但微不足道的事情上；或更有甚者，将精力放在一些根本不可能的事情上。因为，政治科学不可能完全与物理学相比。他批评了当时一些只见树不见林的学术方法和思想，同时也强调了公共管理学科区别于传统人文和社会学科的重要价值理念，那就是，公共管理科学是注重社会实践的现代学科。参见 Dwight Waldo, *The Enterprise of Public Administration: a Summary View*, Novato: Chandler & Sharp Publishers, 1980, p.50。

的状态,成了社会人以后,其状态、应该和能够接受并遵从的行为规范极具社会功能。

公共管理(Public Administration)传统上译为"公共行政"。行政在中国古代的语境中指的是代表君主或国家行使政治权力(Processing Political Power)。① 只是在革命后的中国,行政被习惯性地用来泛指政治服务和后勤工作。在改革后重新引进西方现代公共行政管理学科体系时,被译为公共管理,以示与现代汉语中后勤行政的区别。这一译法同时被 20 世纪 80 年代以来的"管理主义"的改革思潮复杂化,造成了一些概念上的混乱。管理主义的英文对应词是"Managerialism",与管理主义相关的英文词是"Management",其准确的英文含义是"经营管理"。"经营管理"更多地是指企业经营,协调人与物的关系,维持运转,以达到生存和盈利的目的,管理者不应该有政治目标或社会管理目标,只应该有追求效率效益的经济理性。西方 20 世纪 80 年代以来的改革,回归西方的反对大政府的传统政治思潮,认为在政治立法后,政府只要经营和提供服务,不必宏观决策和施政或考虑社会价值观念,只要向企业学习,借鉴他们的经营操作方法,提高运行效率即可。在西方国家的地方管理层面,经营管理也确实是他们的管理现实。所以说,公共管理(Public Administration),又可以叫"公共经营"(Public Management)。"Administration"是纵向词,"Management"是横向词,含义有重复的部分,也常常作为同义词互换。如企业管理硕士(Master of Business Administration),有以小求大的意思,含有现代企业的管理不仅仅是经营操作,而有大型企业组织宏观施政的内涵。尽管词源上有区别,如果不强调管理主义,"Management"和"Administration"在英文中常常被互换使用。②

公共管理学科有自己独特的学科视角或学科理性。如果说,政治学关注政治利益的分配结果,经济学关注资源配置带来的资源使用效率,法律学科注重先例,心理学注重感受与行为,管理科学注重的则是在政治目标的指引和局限下、在稳定的法律先例指导下、在社会心理能力可承受的范围内、提高资源配置使用的一种以政体组织为单元的综合理性。也就是,人类组织行为是以产出为目的的有效协调。在治学方法上,公共管理有几大学术传统。因为它早期的学者群主要来源于

---

① 李方:《行政管理学纲要》,中国劳动人事出版社 1985 年版。
② 蓝志勇:《行政官僚与现代社会》,中山大学出版社 2003 年版。

公共管理是关于治理的实践性极强的大学问

这几大学科。著名的美国公共管理学者罗森布隆在仔细梳理了美国公共管理的历史后提出,公共管理学的研究方向和方法至少受三大学术传统的影响:政治学、管理学和法学。比如说,政治学者爱珀比在《行政管理与公共政策》一书中,将行政管理列为八大政治程序中的一个程序。这八大程序是:总统提名程序、其他政治官员提名程序、选举过程、立法过程、司法过程、政党维护和运作过程、政策问题的形成过程和行政管理与执行的过程。管理学者泰勒、古力克、巴纳德、梅奥等将公共管理视为有效组织设计、管理和激励的学问。梅奥的霍桑实验,更是管理学中脍炙人口的学术贡献。玛莉·富丽(Mary Parker Follet)则从心理学的角度描述了领导和激励的基本规律。罗森布隆等学者从行政法、行政与司法的角度丰富了公共管理的文献。这些学术传统,给现代公共管理提供了知识和价值判断的理性。比如说,政治学的传统使得它关注平等、自由、尊严的价值观;管理学的传统使得它注重资源配置和组织效率与效益;而法学的传统使得它关注司法先例和法制规则。但是,它们并不能回答公共管理的全部问题。举例来说,公共管理的核心问题——什么是公共利益,如何维护和捍卫公共利益,是一个在政治学上也还没有妥善解决的问题。否则,立法中就不会用简单的少数服从多数的功利主义的方法来决定有争议的公共利益冲突。再者,如何将以长官意志为主线的行政官僚体系与民主决策结合起来,也是公共管理实践中还在探索的问题。20 世纪 70 年代关于公共管理知识危机的讨论,20 世纪 80 年代不成功的公共管理改革,20 世纪 90 年代的重塑政府和 21 世纪以来的合作政府的探讨,核心点正在于此。从这些角度看,学科的传统和历史渊源,并不能代表它现时的全部,也不应成为限制公共管理学科发展的边界。作为跨领域的现代学科,公共管理还在不断发展和完善之中。美国有 60 多个公共管理的博士项目,有些已经探讨出培养下一代优秀公共管理学者的途径。其经验之一,就是加强公共管理核心课程的教学和核心方向的研究,增强学科的凝聚力。

因为,从公共管理的学科特点来看,它是很难有边界的大学科。兼收并蓄,博采众长,使用人类所有学科的智慧和成就,来完成人类组织建设文明生存环境的目标,是它的学科使命。而它也是有坚实和合理的内核的。这个内核就是它的硬件和软件组合,这个内核也决定它的范式基础。

公共管理的软件核心(即价值核心),是公共利益。它的硬件结构,是组织设计和管理。它的研究目的,是甄别、定义公共利益,并用有效的组织、人事、财政、政治策略、现代科技等手段,发展和捍卫公共利益,为社会的良性互动与和谐发展提供平台。

从硬件结构上来说,公共管理研究和教授的是政府、企业、社会之间的互动关系和制度设计,以及哪些是政府应该做的,能够做的和如何能够做得好。

公共管理的近期操作目标,是国家、社会的稳定和经济的发展。它的长期目标,是追求人类平等、博爱、自由、正义、富足和繁荣的崇高理想。从这个意义上来说,公共管理的学科使命是宏大、严肃和庄重的。

达尔和林德布罗姆在他们的名著《政治、经济和社会福利》中谈到人类如何能够通过知识理性和社会手段将自己的目的——对自由的追求——最大化时说,人类在追求自由和自身解放的过程中,有过三次大的知识运动。一次叫做文艺复兴。通过文艺复兴,人们重新发现了自己,树立了自己能够用自己的能力(观察和理性)来控制和改造环境的信心。一次叫做自由主义,它包含两个内容:用民主的方法来理性控制政府行为和用传统的资本主义的方法来控制经济活动。再一次叫做民主社会主义,并认为,人们对政府和市场的理性控制可以通过经济活动政府管理化的途径得到大大加强。① 这样的论述,事实上是西方传统中的小政府思想的终结。虽然 20 世纪 80 年代后由于里根和撒切尔的改革,小政府的思想又卷土重来,但无论如何再也跳不出达尔和林德布罗姆所描述的第三次运动所形成的现实格局了。因为,小政府思想追求的是放任自由的市场方法,也就是用互惠的价格市场,达到平等和自由。当价格被大工业和金融寡头操纵时,市场对公共利益的威胁,就丝毫不会小于西方政治传统中噤若寒蝉的政府行为。因而,为了将自由最大化,人们必须用科学和理性的杠杆,不仅对政府实行监督,也要对市场进行监督。这也就是达尔和林德布罗姆所说的经济活动需要被科学地政府化,或公共管理化。②

公共管理学科在近代发展迅速。德国的公共管理与德国的工业化和科学发展密切相关,美国的公共管理与美国的工业化和城市化的过

公共管理是关于治理的实践性极强的大学问

---

① Robert Alan Dahl and Charles Edward Lindblom, *Politics, Economics and Welfare Planning and Politico-Economics Systems Resolved into Basic Social Processes*, Transaction Publishers,1953.

② 蓝志勇:《美国公共管理学科的发展轨迹及其对中国的启迪》,《中国行政管理》2006年第 4 期。

程密切相关,中国的公共管理学科正是诞生于中国完成初步的农村改革、解决吃饭问题、开始工业化和城市化的进程的时期,也必将随着中国的工业化、城市化、信息化和全球化过程而得到长足的发展。如何建设中国的公共管理学科,使之能够接受中国全面现代化改革的挑战,是中国公共管理学科带头人面临的重大历史使命。从这个角度来看,公共管理学科的课程设置不能太狭窄,学科理性不能过于传统,学科核心要得到强化,学科边界要放开。对于受过长时间单学科训练的学者来说,一个自然的倾向,就是对母学科的路径依赖。这可能是优势,也可能是劣势。如果路径依赖的结果是使用熟悉的工具来解决新的问题,这是优势。如果路径依赖本末倒置,让熟悉的工具限制问题的提出和学科的发展,则是值得商榷的大问题。俗语说,英雄不问出处,关键在于是否真英雄。从不同传统学科汇集到现代公共管理学科麾下的学子们,能否摒弃传统学科偏见或局限,发展自己,发展学科,突破世俗的传统思维,将跨学科、交叉学科和超学科的现代知识体系推向新的高峰,是决定中国公共管理学科发展、甚至中国现代化成功与否的重要考量。

公共管理中的公共性问题①

　　20 世纪的历史清楚地向我们表明,在特定历史条件下,国家制度中公权与私权的合理配置与使用,决定经济甚至国家的兴衰,而国家制度的设计和运行,又依赖于国家的历史文化渊源及国家的政治、经济和知识领袖的群体意识与管理智慧。

　　从相当的意义上来说,中国还有很重的传统社会的因袭。但从另一方面看,中国又已经在工业化、现代化、信息化、城市化和全球化的道路上有了长足的发展。在新的世界格局下,如何界定、分配和使用公权和私权,协调社会中的组织活动,提高组织效益,达到人类合作的最佳点,是国家制度设计中的一个关键问题。从国家的层面上来说,它是在公共利益被基本界定的基础上将公共利益极大化的问题。或更广义地说,它是用有效的组织手段和协调程序,将设定的工作目标极大化的问题。不论这一目标是公共的、企业的或是个人的,最终来说,它都是属于社会的。从这个意义上

　　①　本文原载于《中国行政管理》2006 年第 7 期。

来说,对于以提高社会总体效率和效益为己任的公共管理学科,公权和私权的合理配置使用,是公共管理学科的一个核心问题。我们常说的政府职能的问题,其实就是这一核心问题的一种重要表现形式。

严格地来说,国家、企业或是社团,都是一种以追求效益为目的的组织。追求的是 1 加 1 至少大于 1 或者超过 2 的效益。这个概念,可以从巴纳德的组织理论中演绎出来。如果一个人愿意与他人合作,他就希望借别人的加力来做到他一个人做不到的事情。如果协调不好,来的人与他从相反的方向用力,效果是 1 + 1 = 0。如果有协调,但不够好,达不到 1 + 1 = 2 的结果,但至少能超过个人力量。在特定条件下,也有合作的可能。但如果新来的人能用技术(专业化),比如说使用杠杆或者开起重机帮助他搬东西,1 加 1 的合力就会超过 2,甚至有成倍增长的可能。人类的组织功能,无一不在追求这种效益。由于协调的工具是组织目的、领导权威、人际沟通、专业化分工,因此,组织越大,协调就越难。而国家往往就是最大、最复杂、目标最多重、最需要多种技术并最难协调的组织。用公与私的尺度来衡量,就是公共性最大的组织。

传统上,人们认为,国家就是公权的代表。政府决策,即是行使公权的表现形式;与政府决策相对的企业或个人决策,包括政府之外的第三部门决策,则为私人决策。这种划分的基础是产权理论。政府归大家所有,所以为公;而企业为私人所有,因而为私。著名公共管理学者还对此作过系统的研究,总结出了几种观点:一种观点认为公共组织的管理与私营组织的管理有本质的区别,它们是两种不同的组织,目标、组织、功能、规则和运行程序都不一样,理想的设计是它们呈互补状,是没有可比性的。另一种观点则认为,它们都是由人构成的组织,为的是追求效益的最大化,用的是相同的组织程序,没有什么不同。还有一种观点认为,组织的性质对组织的运行有相当的影响。公共组织与私营组织有相同的地方,也有不同的地方。相同点是非关键的,而不同的地方却是最关键和最重要的。总之,公共组织的运行是一个复杂的过程,值得仔细研究。[1]

雷尼等公共管理学者对这个问题有过一个经典的综述。他们在阅读了许多文献后认为,大家所说的公共组织与私营组织的区别,可以归

---

[1]　Z. Lan, Hal G. Rainey, "Goals, Rules, and Effectiveness in Public, Private, and Hybrid Organizations: more Evidence on Frequent Assertions about Differences", *Journal of Public Administration Research and Theory*, Vol. 2, No. 1, 1992, pp. 5-28.

为三大类：(1)组织的环境因素(市场性、法规制约、外界对组织决策的政治影响力)；(2)组织与环境的关系(威权性、影响面和力度、公共监督、公众期望)；(3)组织的内部运作程序(目标的多元复杂性、官员的管理自主权限大小、组织运作程序的灵活性、激励机制、雇员的个人特质)。①因为政府组织对社会有威权性和广泛的影响，决策的风险因素最大，在制度设计上也就往往受制于更多的法律规章，不够灵活，进而影响其组织效益。近二十多年来全球范围内的私有化、分权化和管理化的改革，事实上要针对的就是这个组织效率不高的问题。其理论和实践的成败，有许多著述在评估，有机会可以专门再谈。

　　除了以产权为界限来定义公私的概念，别的学者也尝试以其他的方法来界定公与私。达尔和林德布罗姆曾认为公与私之间并没有一个绝对的分界线，它们是一根轴上的两个端点，中间还有各种半公半私的组织。只能说谁的公有成分多一些或少一些。② 本和高斯认为，公私的界限至少有三个维度：利益所在——个人的还是集体的；准入权(是否是公众能够享有的机会、权力或服务)；组织机构的目标(是为个人还是为大众服务的)。③ 伯茨曼教授在研究了美国社会发展的现实情况后，提出了在当今社会"所有的组织都是公共的"这一划时代的著名论断。他用四个基本属性指标(四根轴)来描述现代组织的公共性，即生命周期(是国家还是个人创造成立的组织机构)、组织目标(为公众还是为私人服务)、资源依赖性(靠国家的资源还是靠私人的资源运作和生存)和工作程序中的规制局限(多大程度上受制于政府的规制)。④ 当然，细究起来，可能还不止这四个属性指标。每一个组织，在这四个方面的公共性程度是不一样的。比如说，军工企业是私人建立，但是完全或基本依赖政府资源，受制于政府规制，连利润率都由政府确定；私立高等学校，包括学校基金最大的哈佛，由私人创立，但大量从政府拿研究经费和学生的助学金补贴；许多政府部门，如城市用水、社区游泳池、

　　① Hal G. Rainey et al. ,"Comparing Public and Private Organizations", *Public Administration Review*, Vol. 36, No. 2, 1976, pp. 233-244.

　　② Robert Alan Dahl and Charles Edward Lindblom, *Politics, Economics, and Welfare*, Transaction Publishers, 1953.

　　③ Stanley I. Benn & Gerald F. Gaus, "The Liberal Conception of the Public & the Private", *Public & Private in Social Life*, 1983, pp. 31-65.

　　④ Barry Bozeman, *All Organizations are Public：Bridging Public and Private Organizational Theories*, San Francisco: Jossey-Bass, 1987.

公共管理中的公共性问题

高速公路或桥梁,用公款建设,却靠收费来运营。就算是完全的私营企业,也在注册条件、雇工方法、最低工资、医疗社保、环境保护、市场行为等方面受制于政府规制。所以说,在现代社会,传统意义上的私营企业早就不存在了。剩下的不是它有无公共性,而是公共性是多还是少、不同程度和性质的公共性对组织的运行及其目标结果的影响何在的问题了。社会越发达,社会化程度越高,企业的公共属性也会越大,其重要性也会更加凸显。这一点,在传统的企业管理学界,研究力度是远远不够或有失偏颇的。

为什么公共性或私营性的问题特别重要呢?这与人的个体属性和公共属性有关。

人首先是个体动物,个体的生存、利益、偏好、愉悦是社会的基本单元,也是人类行为的原动力,这是人的个体属性。一有机会,人很容易追求个体利益的极大化。但是,人同时又是高度发达、有思维理性的群体动物,懂得利用群体的力量将个体能力最大化。人还是有情感的感性动物,注重群体的交往和感情生活。这两条也同样根植于人性之中,否则,就不能解释群体生活中荣誉、牺牲和忘我的行为(比如说母爱)。这后两条是人类的公共属性的基础。私权过大,容易侵入公共领域,让一小部分人有侵夺大多数人利益的机会,降低社会提供公共产品的能力,造成社会不公,也遏制社会的发展;而公权过大,则容易使国家侵入私人空间,将社会的权力、资源和机会集中在掌握国家权力的少部分人的手中,压制个体原动力的极大发挥,限制社会的创新和发展能力,其结果与私权过大殊途同归。

公权和私权的重要性在过去几十年间的社会主义和现代资本主义的实践过程中也可以看出来。当年马克思等人目睹了原始资本主义积累过程中以资本为表现形式的私权侵田夺野、剥削劳工的残酷现实,提出了以生产资料公有制的形式来发展社会的理想,是一个非常理性的思考和理论上的重大突破。但是,由于管理科学的不发达,如何具体将这一理性变成现实并没有得到更为充分的讨论。在后来的实践中,我们发现,在高度集权的社会主义国家,如前苏联或改革前的中国,社会决策权高度集中,没有足够的制衡,形成了在许多单位、基层组织,甚至决策高层,由主要负责人一人的绝对权力左右公权的现象。主要的领导人在这样的决策条件下,很容易调配资源,以权谋私,左右一个单位、一个基层组织或者一个国家的所有决策。即便是他们不以权谋私,在决策机制和能力不够的条件下,反复做出错误决策,也不需要为其结果

现代公共管理的理性思考

负责。因为,财产和资源是公家的,损失是公家的,不一定要与决策结果相联系。结果是非理性决策、不负责任的决策或"拍脑袋"的非科学决策现象泛滥,造成了巨大的决策损失。在 20 世纪,不少社会主义国家使用的是前苏联的国家管理方法,在形式上,资源和权利是公有的,但决策过程却是私的,碰到不好的决策者,很容易私天下之公,将名义上的公权变成实质上的私权。公权越大,私化的程度就会越高,而且决策者常常可以不为错误的决策负重大责任,因为一切都是在公的名誉下进行的。

相反,我们来考察一下一些现代资本主义企业中的决策现象。现代资本主义经历了小商贩和小企业主的个体资本主义、大工业的托拉斯资本主义、金融资本主义,逐步发展到了国家干预条件下的国家资本主义阶段。私营企业决策的公有化程度,也随着这些发展越来越高。在一个实行现代化产权与管理权分离的大型集资上市企业,所有权分散在大小股东的手上,董事会的成员都有与其股权相应的投票权。如果个别董事与董事会别的成员有原则分歧,他可以撤资(将产权出让给别的董事);如果他的资本有决定的意义,董事会就会尊重他的意见。从这个意义上来说,在名义上,公司是私有企业,但决策方法却是公的,是在董事会内部的小公。每一重要持股人都有相应的决策影响力。再往外延伸,很多现代企业都是上市公司,有大量的散股被许多个人拥有,买卖自由。如果公司形象不好,做了违反公益的事,大家就不看好企业,会出售他们的股份,造成股价下跌、效益下跌,影响公司盈利。所以说,在现代社会,以产权为界限的公私划分,越来越不容易解释组织的营运效率问题了。

我们过去满足于理论上的发现,重形式,不重实质、实践和结果,没有认真探讨如何正确界定公权和保证正确使用公权,吃了形而上学的亏,经验教训是巨大的。目前,中国改革进行到了相当的深度,也开始有人争论私有化程度是太高了还是太低了,产权对效率是否有决定性作用,第三部门是否就一定比政府服务好等等。基于历史的经验,如果能认真吸取过去的教训,不犯形而上学的错误,认真研究公共性和私营性对社会组织的目标和运行的影响,就一定能够找到设计国家组织、政企和社会分工的最佳途径,提高决策质量和组织运行效率,提升中国的国际竞争力,使中国在人类文明的历史舞台上再立新功。

公共利益意识是建设和谐社会的文化核心①

公共利益是现代公共管理的行为基础,政府组织的核心目标就是为公共利益服务,这是政府组织与企业组织之间最重要的区别。进入高度发达的现代社会后,人们发现,为了赢利、扩展市场、树立企业形象、服从政府法规或完成企业家的个人夙愿,许多企业组织也打起了为公众利益服务的大旗,在某些领域也做得有声有色,值得鼓励和弘扬。但从组织的本质来说,捍卫和服务于公共利益,是现代政府的职责所在。近年来,由于全球性的私有化和分权改革,什么是公共利益的问题,重新成为现代公共管理改革理论的一个热点。

的确,要很好地了解这个问题,还需要有一些历史的眼光。在人类开始组成家庭或氏族的原始时代,公共利益的概念就已形成了。当时的"公共利益"当然是小范围内的"公",是家庭成员或氏族成员之间的"公共

---

① 本文原载于《中国行政管理》2006年第6期。

利益"。在古希腊和古罗马,公共利益的范围扩大到了城邦和贵族集团,例如,古希腊的雅典誓言提出了城市总体利益高于个体的概念。古罗马的议会,经常讨论的就是如何维护罗马贵族的共同利益和尊严,也强调个体对群体的奉献、牺牲和热爱。①

　　真正对于公共利益这一概念进行哲学上的讨论,发源于现代政治理论。西方民主政治和自由主义的开山大师洛克在他著名的《政府论》中否定了君权神授或以弱肉强食的"丛林法则"作为政府的基础后,提出了人类的"自然状态""战争状态"和"共同体状态"(即"公民状态")的概念。他认为,在"自然状态"中,每个人都是绝对平等和自由的个体,只要他对自身价值的追求不损害到与他同样平等自由的别人的利益,他的行为就无可挑剔。这是自然状态的和谐社会的理想,但实际上,由于人具有一定的动物属性,很容易因为利益、贪婪、情爱、虚荣、生存需要等各种缘由而侵夺别人或被侵夺。一旦这一现象发生,人类就进入了"战争状态",自身的生命财产等权益就得不到保障,不论是谁,有多么强大,都会有可能在一定的时段、被不同的方法所攻击。为了较长久地保护自己的生命和财产,人们选择了组织起来,制定一套奖惩的法规,保护生命和财产权不受任意侵犯。为了这个目的,人们自愿放弃一些在"自然状态"应该属于自己的权益——如完全自由、无须从属于任何人、不必尊崇任何法律等,进入"共同体状态"(公民状态),成为社会人。自此,完全自由的个体就不存在了。洛克的书写于英国光荣革命(1668)前十年,被认为是光荣革命的宣言。而现代经济学的鼻祖亚当·斯密的《国富论》成书于1775年,他的"自由放任市场"理论,是洛克自由主义的继承。这一理论,建立在已有的共同体,即政府的各项法则的基础之上,受"共同体"利益的制约。斯密在1759年出版的《道德的情感》一书中,就提到了公共利益的问题。在亚当·斯密的市场里的个人,已经是"社会人"而不是"自然人"。斯密说得非常清楚,没有政府的保护,纯意义上的市场一天也存在不下去。这就是著名的市场失灵学说。洛克和亚当·斯密的理论,都是建立在"共同体"的基础概念之上的,承认了大"公"的存在和个体为了寻求政治保护(注:第一位和核心的)和经济利益(注:第二位和非核心的)而对个人权利的部分放弃。换句话说,公共利益的存在是不可否认的。也就是说,微观经济学里假

　　① 蓝志勇:《美国公共管理学科的发展轨迹及其对中国的启迪》,《中国行政管理》2006年第4期。

设的纯"个人利益"和"自由选择"已经被放弃了。在现代社会,人们已经选择了(或更糟糕——被迫)放弃他在自然状态下拥有的绝对选择权,接受了共同体的保护和法则。他们所能做的就是追求这些法则的公平、公正、清廉和执行效率。人们常以为,对私有产权的保护,是一个经济概念,为的是效率和效益。殊不知,它更重要的是一个政治概念,保护的是生命的权利和尊严。

如何将洛克政治哲学中的公共利益观结合到政府的运作过程中来呢?西方自由资本主义国家选择了实用主义的方法。他们认为,有限政府就是最大的公共利益。政府是为人民服务的,权力是人民给的,需要受制于人民。宪法、议会、公众议论、选民限制和监督政府的运行,都是维护公共利益的工具。在决策程序上,西方政治领袖选择了少数服从多数的决策原则。这样,一小部分人就需要牺牲自己的利益,服从大多数。运行结果是,掌握了国家经济、政治和舆论命脉的大财团,可以利用他们的资源优势,操纵民意,操纵选票,对大众隐瞒实情和言路,也可能达到牺牲大众利益,为少数人的集团利益服务的目的。

20世纪中下叶兴起的西方主流经济学派,开始对利益集团政治进行反思,但他们断章取义地演绎了亚当·斯密的自由市场理论,提出公共选择论,认为人类社会只有个人利益,不存在真正的公共利益,公共利益只不过是个人利益的总和。在更早的时候,他们还提出帕累托最优的解决利益冲突的方法。由于它的实用性,这一方法得到了很多理论工作者的推崇。殊不知,这一用微观效益理论替代国家层面上的公共利益的宏观认识的做法,带来了巨大的社会后遗症。80年代以来,西方世界财富迅速地——合理地或不合理地——向大财团手里集中,掌握了资源的特殊阶级理直气壮地侵夺别人的利益。他们还可用少量财富购买弱势群体的尊严、生命权、就业、受教育和享受医疗公益事业的机会。他们可以理直气壮地说,这是弱势群体根据自己的条件综合选择的结果。如果说,弱势群体能够在完全不受制于环境的条件下做出优质的理性的选择,他们就不会是弱势群体;而强势群体只有在资源、信息、机会、教育等方面剥夺了弱势群体的自由选择权,才能建立起他们的强势地位。在这个过程中,受到践踏的是以人性尊严、社会公正、平等机遇和生命权利为指标的公共利益,也就是"人们在掌握了所有的信息后,能够完全理性地、在不受任何直接利益干扰的条件下所选择的利益价值指标"①。

从这些理论的发展来看,人民的共同体(或公民社会)如何能够更好地捍卫和弘扬公共利益,是人类面临的重大挑战。西方有识之士已开始提出以公共价值的讨论来描述公共利益,用公共价值失灵的理念来替代市场失灵的理论,并以此指导公共管理改革,其先驱者包括伯茨曼这样的教授。他提出,一个社会公共价值失灵的指标是:(1)各种社会价值的表述和集合的机制失灵;(2)公共领域的垄断失灵(个人财团搞外交违反国家利益);(3)少数利益集团囊括和侵夺大众利益;(4)公共价值得不到足够的实现;(5)短期行为威胁到长远的公共利益;(6)用替代品来替代不可替代的公共资源(如土地、环保质量、雇员安全);(7)市场交易威胁到基本的人性价值。② 对这一理论的仔细论证和经验性考证,还需假以时日,但它一针见血地指出了市场失灵理论的局限,并提出了政府改革理论的新道路,值得学界的关注。

---

① Lippmann W. , *The Public Philosophy*, Transaction Publishers, 1989.

② Bozeman B. , "Public-value failure: When efficient markets may not do", *Public Administration Review*, 2002, 62(2): 145-161.

谈谈公共政策的决策理性①

一、 公共政策的定义与过程

公共政策是公共管理与公共政策专业学生的一门必修课,主要讲授公共政策的本质、定义、理念、内容、制定程序、管理结构、执行和修改、政策分析、政策影响等等。早在 1900 年,美国学者古德诺就提出过政治与行政两分法,认为政府的功能可以分为两大类:意愿的表达和意愿的执行。意愿表达的过程就是一个政治决策的过程,而意愿的执行就是一个实施政策的管理过程。所以说,公共政策是对公众有影响的政府决策和执行行为的总和。这些行为可以直接或间接(通过第三者)地影响公众的生活。因此,政府选择后决定要做或不做的事情都属公共政策领域。美国公共政策学者劳伦斯曾经对公共政策的程序做出过一个脍炙人口的定义,即:政策过程是在一定的社会环境条件下组织内

部里的一小组人在一起共同决策以影响公众行为的过程。① 社会条件、组织、组织内部的决策者以及他们的决策过程、决策的社会影响，都是研究公共决策的重要考量。

对公共政策制定的过程描述得比较全面和早的学者中有一位叫琼斯。他认为，从一般意义上来说，公共政策的过程有以下几个步骤：观念的形成和定义、观念的集聚、组织、寻求政策的政治代表人、让政策议题进入决策议程、政策形成、合法化、资源配置、政策执行、政策评估、政策改进或变化。② 比如说，政策观念的形成和定义需要一定的社会、思想和现实基础。在一定的社会条件、文化意识和管理现实基础上，什么问题应该属于公共政策的范畴，政策边界在什么地方，是需要想明白和定义的事情。比如说，大家都认为要关心环保问题，但究竟要关心环保的哪一方面呢？空气？水？街道清洁？国家要加入全球化的过程，那么哪些问题值得政府关注呢？工业保护？科研开发？国际市场开发？员工培训？哪些是公共政策应该介入、哪些又是可以暂缓的事呢？观念的集聚和进入政策议题的触发点可以是某些政策参与者在社会和政治生活中早就形成的观点，在适当的时候集中表达出来，进入决策程序，或是突发事件的影响、对重大社会问题的应对、对社会的长远规划等。

二、 公共政策的理性特点

一般来说，公共政策是国家和政治社会用政治理性的方法对社会、对人与人、人与国家、人与自然的关系进行干预和协调的方法。随着社会的发展，技术、经济和政治也不断发展，社会变化了，条件变化了，人的观念也变化了，公共政策的决策理性也随之不断变化，不应该一成不变。

譬如说，在公共福利政策领域，西方早期的思想遵循以亚当·斯密为代表的古典经济学的放任自由市场的理念，认为社会福利政策只需要照顾没有劳动能力的人，如老弱病残等。后来，随着社会和技术的发展，社会生产力增强，人们发现，社会福利不但要照顾没有劳动能力的人，还要兼顾身体和智力条件良好但不能有效劳动的人。由于经济结

① L. E. Lynn, *Managing Public Policy*, Boston：MA：Little, Brown, 1987.

② Charles O. Jones, *An Introduction to the Study of Public Policy*, Wadsworth Publishing Company, 1970.

构的变化、产业的升级、技术的进步,社会对从业者的就业技能有了很高的要求或不同的要求。身体好但技术能力老化的八级钳工对社会已经没有从业的价值,国家要用社会的力量对他们进行培训和再教育,帮助他们就业,这就使社会福利政策的覆盖面增大了。这是凯恩斯的老师庇古的功利主义的理论。后来,到了现代工业大发展的时代,生产社会化了,产业活动金融化了,金融资本的运作在决定就业、分配方面有了举足轻重的作用。社会福利政策若只局限于头痛医头、脚痛医脚的层面再也不够了,这就有了凯恩斯大规模用金融、利息和宏观国家政策调整社会经济、创造就业的思想和罗斯福对市场进行全面干预的社会和经济政策。进入 20 世纪 80 年代后,保守思潮盛行,里根的经济和社会福利政策有所复古,加上社会生产力大大提高,从卖方市场转入买方市场,需要靠技术来拉动消费和经济发展,于是形成了供给经济学派。这一学派一方面适应了买方市场的新经济,另一方面又在客观上或主观上或二者兼有之,偏袒和维护社会精英和富人利益,其结果是社会公平、社会保障和社会福利水平降低,社会强势集团迅速攫取集团利益,联邦政府债台高筑,接近 9 万亿美元(年 GDP 为 12 万亿美元),支出压力巨大,却不能增税。美国国家审计署长大卫·霍克(David Walker)将政府的收入、支出压力和未来的支出责任算了一遍,认为美国入不敷出,正在走向财政危机。而最糟糕的是,在政治中心华盛顿,政治官员云集,但竟然人人三缄其口,没有人谈论这个问题。如何走出困境,是现代西方政治家、管理学者和公共管理人员面临的新挑战。

以里根为代表的新古典理论有个重大理论误区。一方面,他们注重个人理性,并将追求私利的个人理性推到令人难以置信的极限。同时,他们却反对集体理性,认为以集体为单元的公共决策是不可能的,至少是不如以市场为决策平台的个人理性。从这两点看来,他们犯了不切合实际又互相矛盾的错误。第一个错误是,他们将个人理性极大化到不现实的程度。这一错误早就被经济学诺贝尔奖得主西蒙的满意度而不是极大化的决策行为理论批驳得体无完肤。赛亚特和马奇(Cyert & March)在后来的一本书中报告了他们对公司的研究,指出,公司在追求利益的过程中,最常见的决策模式是满意即可,而不是极大化。[①] 第二个错误是,一方面相信理性人,另一方面却又将人类群体行

---

① Richard M. Cyert and James G. March, "A Behavioral Theory of the Firm", Cambridge, Mass, 1992.

为中的集体理性能力极小化或是全盘否定。新古典行为理论否定了人类几千年文明过程中合作、妥协、追寻群体利益最大化的行为的可能性。这一错误早在科学管理时代就被著名的霍桑实验推翻,该实验表明,车间的产量不是由个人的实际生产能力,而是由工人的小组文化和大家所能接受的标准来决定的。霍桑实验是后来人际关系学派兴起的转折点。新古典的行为理论也被后来另一个诺贝尔奖得主纳什用小组博弈论再次否定。电影《美丽的心灵》中五个男青年与五个女青年相遇交友的例子,简单明了地说明了个人利益最大化的总合不等于(常常是小于)集体利益的最大化。这一博弈理论推翻了雄霸经济领域百年之久的古典经济学中放任个人自由选择最优论,也生动地解释了中国传统谚语里描述的"好汉无好妻、赖汉找仙女"这样一个大家都不愿意看到、也难以置信的社会现象。也就是说,在群体互动过程中,人们的心理现象和互动会导致极大化的失败。个体为了寻求保险和安全,自动求其次,其结果是个体牺牲自己可能的私利极大化而换来群体利益的最优。从社会发展的角度来说,这又未尝不是另一种最优。现代组织管理活动中,注重团队而不是个人,正是这个原因。

西蒙论证的结果是:人是理性决策者,人是有限理性决策者,不可能也不会事事都在追求极大化。纳什的论证是,人同时是社会人(即群体人),有集体决策和寻求群体利益的理性和可能。而正是这种可能,形成了公共政策的理性基础。人们认为,他们可以用公共政策来管理国家,调节社会矛盾,达到既保障社会自由,又保障政治经济发展的公共目的,既鼓励和使个体极大化增强,又不削弱集体利益极大化的目的。这正是公共政策本身的博弈点。

三、公共政策在实践中的发展与挑战

从实践经验方面来看,著名的美国学者罗义在他的名著《自由的终结》中已经很好地描述了公共政策在美国的发展过程。[①] 罗义从政治历史发展的角度将美国分为三个阶段——三个共和国。第一阶段是建国时期,从 1787 年宪法通过开始算,到 20 世纪 30 年代的小罗斯福新政为止。这一阶段的特点是,资本主义的放任市场思想为普遍认可的主要政治哲学,联邦政府规模小,强势总统是例外。从 20 世纪 30 年代

---

① Theodore J. Lowi, *The End of Liberalism*:*The Second Republic of the United States*, NY:W. W. Norton & Company Incorporated, 1979.

到70年代末,美国进入第二共和国时期,其特点是多元政治和利益团体政治风行,中央政府强大并全面干预市场和社会,总统成为国家政治生活的中心,政府不再被认为是必要的"恶",而是被认可为正面的重要社会力量;国会立法但一般不介入管理细节,公共利益由选民决定,联邦政府强大,公共政策出自于政府、企业和利益团体。

罗义的书写于60年代末,他对第三共和国即20世纪70年代后的期望是司法共和,即由公正的司法过程来决定社会的运作,并没有实现。有保守倾向的最高法院,以五比四的票数将公众选票少的共和党总统送入白宫,是对政治理想主义的罗义的一个嘲弄。尽管罗义所期望的司法共和并没有出现,但他对第一和第二共和阶段的描述,具有批判性的真知灼见。比如,他说道,第一共和国的理想型放任市场和小政府思想,充其量不过是一种神话般的理想,毫无逻辑理性。它反对政府控制,要让市场机制自动调节,以达到控制的结果。但是,市场本身实际上也是一种人类创造出来的控制手段。

一般来说,社会上大体有四种控制类型:(1)没有事先预谋的即兴反应型控制;遵从设定程序有目的的操纵性控制;自上而下的命令型控制;互惠性控制,市场属互惠性控制。而这些控制类型又可有四大社会控制手段或工具:价格工具,在市场中使用;科层结构(官僚)工具,在上下级关系中使用;多元控制,非领导控制领导;谈判控制,领导与领导之间的互控手段。但不论哪种控制工具,都会有自己的问题,很难说哪一种工具一定比别的好,要看问题、情况和使用的人。一定强调国家治理和公共管理要用某一种工具(比如说,市场),是把关注点放在错误的地方。市场对个人自由的威胁也不一定就比政府小。这些控制工具都是技术,人类对自由的追求最终取决于他们是否能够有尊严、爱情、友谊、独立能力和自由意志等这些最重要的生命价值。

罗义还从几个别的方面批评了绝对市场主义。理论上说,马尔萨斯早年就认为,当消费品按数学增长率增长时,人口和人们的消费欲望可能会按几何率增长。繁荣只是暂时的,会很快被增长的人口、消费能力和人口之间残酷的就业竞争所吞噬。亨利·乔治在讨论发展过程时也谈到过,发展需要更高层次的分工,需要更多的劳力、更多的人口,因而对产出有更大的压力。另外,市场失灵,或是社会差异现象等使"完美市场控制"的理念成为南柯一梦。在放任的自由市场里,最需要控制的地方往往是最不能自我控制的地方。比如说,在经济条件好的社区,公民自治可以依赖市场和公民自觉性;而社区治安最差的地方、最需要社会控制帮助的地方,却越是没有自我控制的市场和社区能力。所以说,市场方法不可能是万能的灵药,以国家为主体的社会控制是不可或缺的。纵观人类的文明史,没有哪个文明国家和工业化程度高的国家,是单靠放任市场而发展起来的。放任市场的理念基础是理性的个人用理性来进行选择。理性用在市场交换中,称为选择;用在生产程序中,称为技术;而用在社会合作过程中,就称为管理。放任市场的倡导者们重视理性却反对管理是自相矛盾的。现代社会中两个最大的挑战是,个体竞争行为已变成群体或组织竞争行为;自动的、机械的、放任的以价格为工具的控制开始被理性的、以政治势力为主的有意识的控制所取代。群体竞争迫使人们接受了国家,而政治控制也在迫使人们接受民主竞争和监督。

罗义的这些讨论指出了公共政策功能在现代社会运行过程中的不可或缺,也同时指出了公共政策过程的复杂性。现代社会的发展,只不过将市场上的经济竞争移到了政治领域。不实行民主政治会导致专制腐败,而实行民主政治又很难防范大利益集团通过政治游说和利益集团等方式控制政治权力,为集团利益牟利。美国一些大财团对国家政治和利益分配方案的影响,历历在目。如何在操作中面对和解决这些问题,或在政策过程中尽行博弈,是对政策设计者的挑战,也是理论与实践之间的关系问题。

四、公共政策的决策模式

除了研究公共政策的过程,一些学者也研究公共政策的决策模式。大致来说,按决策方法来分,公共政策的决策模式可以分为经典的传统理性模式、渐进模式、满意度模式、新古典模式、垃圾箱模式等。

我们熟知的经典的传统理性模式是科学管理时代理性决策思维的表述,又叫"树根模式",认为公共决策要从根子上入手,强调公共决策过程中系统、科学和全面的重要性。它认为,要做好一个决策,必须要系统认真地研究决策的目标及达到目标的手段,然后选择最佳的目标和达到目标的最佳的手段。这种理性认为,通过比较,一定有一种最好的目标,也有一种是最好的手段,用最好的手段来实现最好的目标,就是将公共决策最大化、最优化的科学理性。

渐进模式又叫"枝干模式",认为公共政策的改变只能从现有的基础上改进。渐进模式的思想,一般认为是耶鲁教授林德布罗姆在西蒙的满意度理论的基础上提出来的。① 这一模式认为，公共决策的制定和修改，是在现有的基础上渐进改革，进步不是一蹴而就，而是在混乱和无序中挣扎前行的。林德布罗姆把这个过程叫做"挣扎前行的科学"。

满意度模型是西蒙的思想。在考察了理性决策、追求最大化和最优化的决策模式后，西蒙提出，由于人的观念、智慧、认知力、知识、技能、精力、时间等等是有限的，所以人们不可能总是把所有的问题都考虑到，找到最佳的目标和最佳的方法，追求极大化；甚至，连最优化的可能都没有。有人认为可以是在特定条件下的最优，实际上，由于信息、认知、机遇、思考能力、未知的变化，甚至一念之差，他并不知道是不是当时的最优，其选择也不可能是已有条件下的最优。他可能对自己的偏好曲线都不知道，决策的依据是他当时的满意度。只要对决策的目标和执行的手段基本满意，他就会做出决定，开始行动。后来的学者科亨和赛亚特，研究了许多公司的决策过程，用经验性的数据证实了这个模式的存在。② 从这一模式中引申出来的结论是，除了能力之外，决策者的见识、期望值在决策过程中能起到十分重要的作用。

垃圾箱模式是马奇和科亨提出来的。这个模式听来好笑，但却对现实决策过程有相当的解释力。他们认为，与决策有关的很多因素实际上是不可知的，组织往往也不是很有理性的组织。目标、问题、可选择的解决问题的方法，经常都在变化之中。因果关系也往往不明，参与决策和执行的人也经常在变动之中。因而，决策的过程往往藏在一个充满了问题和解决方法的垃圾箱内，垃圾箱晃动晃动，其中的问题在寻找解决问题的方案，解决问题的方案也在找寻问题。③ 比如说，美国总统布什集团对能源和石油业有专门的知识，他们上台后就对能源和石油的问题特别敏感，并有意寻找有关的事情来进行决策。相反，对他们不擅长的经济发展和社会保障福利、贫困等问题则熟视无睹，即便这也是美国社会面临的重大问题。在很多组织，领导人过去的知识和经验往往也决定进入政策的议事日程。这就是为什么我们在重大问题上要选择高瞻远瞩、有见地、有知识、有学习能力和决策魄力的领导人。

---

① C. E. Lindblom and E. J. Woodhouse, *The Policy-making Process*, Englewood Cliffs, NJ: Prentice-Hall, 1968.

② Kalman J. Cohen and Richard Michael Cyert, *Theory of the Firm: Resource Allocation in a Market Economy*, Prentice-Hall International Series in Management, 1965.

③ Michael D. Cohen, et al., "A Garbage Can Model of Organizational Choice", *Administrative Science Quarterly*, Vol. 17, No. 1, 1972, pp. 1-25.

新古典理性模式是基于图洛克和布坎南的公共选择理论而延伸出来的现代官僚政治的决策理论。① 或者说，是他们的理论为传统的官僚政治理论提供了新的分析工具。公共选择理论认为，社会上并不存在我们常说的公共利益，所谓的公共利益不过是个人利益的总合。他们认为，个体都是追求私利的功利主义者，国家是使个体能够来到一起进行集体决策的一个工具。集体决策的依据是效益，参与者会尽可能降低决策成本，提高决策效益。如果决策成本大于决策效益，公共决策就不会存在。从决策人是自私的个体功利主义者的角度出发，决策的程序就是一个各种政治力量策划、竞争、合作、联盟、谈判、妥协的结果。其中，"铁三角"现象，即官僚、企业和利益集团联盟侵害公共利益的现象，就是这一决策模式的最好描述。

20 世纪 80 年代后，公共选择理论实际上主导了美国的思想界和公共政策实践。当时任美国政治学会主席的罗义评论说，公共选择学派是美国政治学研究的新理论贡献，尽管他自己是反对这一理论的。西蒙却不以为然，认为罗义对美国政治理论思潮的评价不对。西蒙认为自己不是罗义所认为的经济理性决策学派，而是不折不扣的新政民主党人（New Deal Democrats）。西蒙认为，博弈和公共选择理论家们带着巨大的热情进入了政治分析的领域，也不时重新发现了政治学家早就发现了的真理，甚至也提出了不可思议的极度理性的假设，但只要简单翻一遍美国政治评论的杂志，就可以知道公共选择学派并没有理论上的霸主地位，而且常常面对许多挑战。正如他自己在《管理行为》一书中论证的，即便是有限理性，也是在一定的社会条件下形成的。但是，尽管西蒙有意见，在实际的政治运作中，与公共选择理论相关的一系列保守思想的确主导了 80 年代以来全球性的行政改革，是比较激烈的个人主义对过去的大政府运作体制的反弹。及至现在，当理论界开始批评新公共管理，认为新公共管理已经死亡，要被新治理取代的时候，我们要思考的一个问题是，为什么理论上不完善的东西会有如此之大的市场呢？ 过去的理论和实践的不足，问题又出在哪里呢？

① James MacGill Buchanan and Gordon Tullock, *The Calculus of Consent: Logical Foundations of Constitutional Democracy*, University of Michigan Press, 1965.

当代公共管理研究的范式观

——一项经验研究①

　　两位公共管理领域的知名学者之间有趣的对话激发了我们的兴趣，促使我们对指导当代公共管理研究的范式进行经验性研究。在他们的对话中，一个人问："拥有一个指导公共管理研究的范式很重要吗？我们是否正在形成一个范式？若存在范式，哪一个是最有前途的？"另一位对这三个问题的回答分别是："不是很重要"，"没有形成"，以及"我提出的范式是最重要的"②。在这种幽默和故作轻松的对话中，显示出的是一个值得当代公共管理理论专家思考的重要问题：基于现有的基础和情况，我们应该怎样进一步推动公共管理研究？

　　几十年来，公共管理学者一直致力于探求公共管

---

① 本文由蓝志勇与凯瑟琳·安德逊合写，原载于《公共管理学报》2005 年第 3 期。

② H. G. Rainey,"On Paradigms, Progress, and Prospects for Public Management", *Journal of Public Administration Research and Theory*, Vol. 4, No. 1, 1994, pp. 41-48.

理领域的知识核心,并纷陈己见。①一些学者至今仍苦于没有找到一个可行的、宽泛的范式,用来规范公共管理研究,统合科学管理和处理"政治—管理"两分的争论。② 在 21 世纪,美国大多数主要大学都建立了公共管理项目,每年有上万名的研究生毕业。但仍有人认为公共管理并不是一个单一的学科,而是一个跨学科的综合学术领域。

这些想法不是没有根据的。自从 1926 年锡拉丘斯大学(Syracuse University)把公共管理作为一个独立的系科开始招生后,公共管理就从未放慢发展的脚步。不同于许多传统学科的是,公共管理似乎缺少直接的、容易辨别的知识核心和学科界限。就像雷尼(Rainey)所说的那样,学者们对这个问题持续争论的原因是"大多数人认为我们现有的研究方法中没有哪一个占有绝对的优势"。此外,他还指出,除了会出现达成狭隘共识的危险外,要真正达成共识也确是困难重重。

尽管如此,这个领域一直在发展和壮大,具有相关学术背景的学者们也不断汇集到这一学术旗帜下。这是为什么呢? 这些学者又具有什么共同之处呢? 为了回答这些问题,我们研究了公共管理主流期刊的最新内容,试图用经验数据澄清困顿,加深我们对当代公共管理研究现状的理解。

本篇文章的目的是用事实的方法来回答以下几个问题:(1)是否有学者一直在从事公共管理研究工作? (2)公共管理学者经常研究哪些题目? (3)学者们在研究中是否形成了共识性的认知方法? (4)他们在研究中使用了哪些基本的分析方法? (5)他们的数据资料源是什么? (6)这些公共管理学者是否共享确定性的范式?

① R. B. Denhardt, "Toward a Critical Theory of Public Organization", *Public Administration Review*, Vol. 41, No. 6, 1981, pp. 628-635; C. J. Fox and H. T. Miller, *Postmodern Public Administration*: *Toward Discourse*, Thousand Oaks, California: Sage Publications, 1995; F. J. Goodnow, *Politics and Administration*: *A Study in Government*, Transaction Publishers, 1900; V. Ostrom and V. Ostrom, *The Intellectual Crisis in American Public Administration*, Tuscaloose, AL: University of Alabama Press, 1989; R. J. Stillman, *Preface to Public Administration*: *A Search for Themes and Direction*, Burke, VA: Chatelaine Press, 1999; D. Waldo and H. T. Miller, *Administrative State*, Transaction Publishers, 1948.

② W. Wilson, "The Study of Administration", *Political Science Quarterly*, Vol. 2, 1887, pp. 197-222.

当代公共管理研究的范式观

一、托马斯·库恩及其范式概念分析

托马斯·库恩是 20 世纪科学史上最为著名的科学史家和科学哲学家之一。他认为,范式转换,即对以前的科学理论的重新构建是科学进步的核心表现。

一个新理论,无论它的应用范围多么专一,也绝不仅仅是已有知识的累积。新理论的地位确立需要重新构建先前的理论,这是一个内在的革命过程,这个过程很少由单独一人完成,更不可能一夜之间实现。

一个研究领域成熟的标志是出现了一个能够指导本领域中常规科学活动的范式。[①]

库恩认为,常规科学是建立在已经取得的一个或多个科学成就的基础上的,"这种成就应该是某一科学共同体所认定的。在一段时期内为进一步探索提供基础的成就"[②]。这些已取得的科学成就被库恩称为"范式"。

为了了解公共管理研究现状,重要的一步是看它是否已经形成了自己的研究范式。如果我们能够揭示引导公共管理研究的共享性概念框架的话,我们就有机会更好地理解这个领域,进而推动这个领域的发展。

范式是一个被广泛应用,但也同样是被广泛误用的概念:马斯特曼[③]的实证研究表明,库恩在他的《科学革命的结构》一书中使用的范式概念得到了学术和非学术界的普遍关注,但这个词在库恩自己这本书中的含义就有 21 种之多。多年之后,库恩自己也承认说,虽然他的观点基本上没有改变,但他在应用这个词时确实存在着语义上的不统一。这些不统一导致人们对库恩所界定的范式概念的真正涵义多有猜测,并引发了许多歧义。为了最可能地贴近他的本意,在把这个概念应用到我们的研究之前,有必要简单地回顾一下库恩对范式的诠释。

亚里士多德的《物理学》、托勒密的《天文学大全》、牛顿的《原理》和

①　T. S. Kuhn, "Dubbing and Redubbing: The Vulnerability of Rigid Designation", *Minnesota Studies in the Philosophy of Science*, No. 14, 1990, pp. 298-318.

②　T. S. Kuhn, *The Structure of Scientific Revolutions*, University of Chicago press, 2012.

③　M. Masterman, "The Nature of A Paradigm", in I. Lakatos and Musgravea, *Criticism and the Growth of Knowledge*, Cambridge, UK: Cambridge University Press, 1970, pp. 59-90.

《光学》、富兰克林的《电学》、拉瓦锡的《化学》、赖尔的《地质学》——这些著作和许多其他著作一样,都在一段时间内为以后几代研究人员暗暗规定了一个研究领域内的合理性问题和方法的区域。这些著作之所以能够起到这样的作用,就在于它们共同具有两个基本特征:它们的成就空前地吸引了一批坚定的拥护者并使他们不再在其他相关学科用其他模式进行研究工作;同时,这些学科中留有很大的学术空间,有许许多多还未尽如人意地回答了的问题,让那些重组到这一学科领域的人来研究和解决。凡是共有这两个特征的成就,我此后便称之为"范式",这是一个与"常规科学"密切相关的术语。[1]

库恩解释说,一个范式或者一系列范式,并不一定概括某一领域的所有问题和研究活动。"有可能某些科学研究活动没有范式可依。或者,即便有也不像上述范式那么严格,那么有约束力。"[2]在后来的论述中,他在讨论常规科学的本质时又重申了这一观点:

> 这三类问题——确定重要事实、理论与事实相一致、阐明理论,我认为已经涵盖了常规科学活动的全部,不论是经验科学或是理论科学。当然,它们并没有涵盖科学的全部。还有一些非常规的问题,而且也许正是为了获得这些问题的解决,才使得科学事业作为一个整体特别值得人们为之献身。[3]

因此,"虽然形成了一种范式,或者在业已形成的范式的规范下能够开展深层次的研究,是任何一个科学领域在发展中达到成熟的标志"[4],但不是每个领域都必须有一种范式用以规范科学研究。鉴于此,公共管理研究是否具有范式,本质上是它作为一个研究领域是否达到一定程度上的成熟的问题。

库恩曾做出这样的判断,"科学共同体形成一个范式就具有了选择问题的标准,当范式被视为理所当然时,那些被选择的问题大都能够得到解答"[5]。然而,他又进一步补充道,"一个问题在本质上远不止具有

---

① Masterman, M., "The Nature of A Paradigm", in I. Lakatos and Musgravea, *Criticism and the Growth of Knowledge*, Cambridge, UK: Cambridge University Press, 1970, pp. 59-90.

② Ibid.

③ Ibid.

④ Ibid.

⑤ Ibid.

一个确定性答案,问题是必须具有一些规则用以限定可接受答案的性质,以及获得这些答案所采取的步骤"①。

在库恩对范式的诸多诠释和应用中,他对"规则"的解释经常被人们忽视。结果,"规则"经常被误解为范式。库恩是这样解释"规则"的:

> 比如说,摆智力拼图玩具不仅仅是拼凑成一幅画。一个孩子或一位当代艺术家都能将挑出来的拼图片散放在一些空白的背景上,做出许多抽象的形状。由此而得到的图可能比原有的更好,更有创意。不过,这样的一幅图并不是一个解决问题的答案。为了得到答案,所有拼图片都必须用上,它们的空白面都必须朝下,它们之间必须毫不勉强地丝丝紧扣,直到没有一点空隙。这些智力拼图游戏的规则……对理论问题给出答案,大都要受到类似规则的限定。②

库恩认为,各种承诺——概念的、理论的、工具的和方法论的,所形成的牢固网络的存在,是把常规科学与"解题"在隐喻层面上联系起来的主要源泉。库恩特别强调了范式的"优先性"——"确定共有范式不同于共有规则。确定共有规则需要进行第二步,而且多少是不同类型的一步"③。

科学家们可能都同意牛顿、拉瓦锡、麦克斯韦或爱因斯坦已为一组突出的问题提供了看来是永恒的答案,而不会同意使那些答案成为永恒的特殊的抽象特征,尽管有时他们没有意识到这一点。这就是说,他们能够同意确认一个范式,但不会同意对范式的完整诠释或理解,也不会做缺乏诠释标准或不能得出一致同意的规则。这样做不会阻止范式导引科学研究活动。常规科学部分地由范式直接查验来确定,确定过程往往借助于但并不依赖于规则和假设的表述。事实上,范式的存在并不意味着一定有任何整套的规则存在。④

上面引述了许多库恩的观点,可以归纳为以下几点:(1)科学进步表现为范式转换,即先前理论和知识结构的重建;(2)范式是某一领域

---

① Masterman, M., "The Nature of A Paradigm", in I. Lakatos and Musgravea, *Criticism and the Growth of Knowledge*, Cambridge, UK: Cambridge University Press, 1970, pp. 59-90.

② Ibid.

③ Ibid.

④ Ibid.

中确认研究问题和研究方法的标准,包括一个世界观(建构理论用以揭示科学事实的相关性)和两个基本标准——脱离了科学活动的竞争态势,从而吸引了一批稳定的追随者;同时,它又是足够开放的,为后继者留下各种各样需要解决的问题;(3)范式并不一定是自我涵纳的,在同一学科中可能会存在着竞争性的范式,甚至不是所有的研究活动都有范式引导;(4)范式不同于规则。受共有范式引导的研究者并不一定遵循相同的规则。没有诠释标准或者缺少一致性规则,并不影响范式对科学研究的引导作用。基于上述所见,可以确认:(1)在一个科学领域中确认共有范式具有积极意义,因为这会使科学事实收集和理论阐释变得更加直接。(2)只要满足库恩范式的两个标准,我们可以容忍歧义存在。这两个标准分别是:已有的科学成就史无前例地吸引了一批稳定的追随者,使他们脱离科学活动的竞争态势;同时,范式又是足够开放的,为后继者留下各种各样需要解决的问题。因此,研究者以及学者们可以在同一范式的指导下遵循不同的规则给出各自的解决方案。(3)在某一学术领域,竞争性范式共存共生,例如在物理学领域的力学和光学中,能够分别吸引一批持续的追随者在确定性的领域内从事研究。(4)即使我们无法找到指导当代公共管理研究的范式,也不足以否定公共管理领域引导性研究的价值。遵循范式的研究,并不能囊括所有科学活动,还有许多不同寻常的特例。正是解决这些特例,才使科学事业变得更有意义。

对库恩理论的理解,能够解释我们和其他人对寻求公共管理范式的强烈兴趣。同时,也把我们从压力中解脱出来,不必在分析期刊文章时一定找到某些范式以便确定公共管理研究的合法地位。

二、数据、方法以及评估模式

本项研究数据来自于 1993—1995 年间刊登在 8 本学术性专业期刊上的文章。虽然学者们对哪些公共管理期刊更为重要这一问题没有达成一致,但在编辑和编委看来,这 8 本期刊在公共管理领域是水平最高的。① 他们是《公共管理评论》(PAR)、《公共管理与社会》(A & S)、《美

① J. P. Forrester and S. S. Watson, "An Assessment of Public Administration Journals: The Perspective of Editors and Editorial Board Members", *Public Administration Review*, 1994, pp. 474-482.

当代公共管理研究的范式观

国公共管理评论》(ARPA)、《公共管理理论与研究杂志》(J-PAPT)、《公共生产力和管理评论》(PPMR)、《公共预算与金融》(PBF)、《公共人事管理》(RPPA)、《政策分析与管理杂志》(JPAM)。像《市政评论》(*National Civic Review*)这样的非学术性刊物没有被囊括在内，不是因为它们对这个领域没有贡献，而是因为这些文章是以建议为导向的，且很少被引用，同公共管理研究的基本问题关联性不大。

对期刊文章进行文本分析，取样是可能的，也是一种常用的方法①，但为了避免取样误差，我们还是分析所有的文章，总共有 634 篇文章。考虑到文本分析的最基本问题是概念、定义的有效度问题（对概念准确可信的测量），我们对文章的编码做得格外小心。我们采取的最基本的策略是，尽可能使用已有的分类体系来提高表面效度，编码者只负责同类文本的编码；尽可能使用明了的编码方法，根据已有的但具有增补余地的编码模式对文章的题目、基本研究问题和摘要进行分类。如果编码者认为题目和摘要不够清晰，不能达到编码标准，那么就需要阅读全文并进行编码。本研究不涉及书评、编者按或评论性文章。

理论上，我们倾向于分类体系更具有开放性，以便把文章的类别编到合适的地方，但这样做，产生混淆的可能要大于益处。抱着"错误比混乱更接近真理"的信念，我们评阅了所有文献，并把文献作为导向，形成了一个初始的分类框架。怀特和亚当斯的著作提供了大量精彩的分析早期公共管理研究状况的文章源②，这些学者的论文也尤为重要。在衡量可选择的编码范畴方面，宾翰(Bingham)和鲍文(Bowen)，休斯

① D. J. Houston and S. M. Delevan, "A Comparative Assessment of Public Administration Journal Publications", *Administration & Society*, Vol. 26, No. 2, 1994, pp. 252-271.

② B. Rappert et al. , "Making Sense of Diversity and Reluctance: Academic-industrial Relations and Intellectual Property", *Research Policy*, Vol. 28, No. 8, 1999, pp. 873-890; R. C. Box, "An Examination of the Debate over Research in Public Administration", *Public Administration Review*, 1992, pp. 62-69; J. L. Perry and K. L. Kraemer, "Research Methodology in the 'Public Administration Review', 1975-1984", *Public Administration Review*, 1986, pp. 215-226; R. A. Stallings and J. M. Ferris, "Public Administration Research: Work in PAR, 1940-1984", *Public Administration Review*, 1988, pp. 580-587; D. J. Houston and S. M. Delevan, "Public Administration Research: An Assessment of Journal Publications", *Public Administration Review*, Vol. 50, No. 6, 1990, pp. 674-681.

顿(R. P. Houston)和麦考迪(McCurdy)的研究也非常值得借鉴。①

　　开始,我们试图证实这些文章是否体现了一种积极的、解释性的或者说评论性的公共管理思想。然而,因为这些理论涉及所有的学科,而不仅仅是本领域,所以我们决定把罗森布洛姆提出的"公共管理竞争理论"②作为指引研究的理论框架的分类思想。罗森布洛姆把公共管理理论分为政治理论、经营理论和司法理论,每种理论都具有各自的价值、方法体系和知识传统体系。除上述三种理论之外,还有伦理理论、综合理论和历史分类理论。

　　虽然我们尽量把题目和研究问题按照规定的范畴进行分类,但我们并没有让规定的范畴束缚我们的编码。如果新的题目放进任何一个范畴都显得牵强,我们就增设范畴。确认题目和研究问题,并把它们输进计算机的数据库的工作由一个人完成。但负责题目和研究问题的人分别独立地为各自的变量编码,接着把这些变量进行比较来考察编码的信度,把差别显著的对子放在"其他"范畴中。虽然我们不会否认我们的编码过程全无结构效度问题,但我们认为,我们的编码过程要比其他许多内容分析研究合理得多。

　　根据以往研究中已确立的范畴③,每篇文章的编码还参照以下一般研究特征:主要作者的头衔和机构从属关系、研究所使用的基本研究方法和数据统计方法、基本学科领域、主办研究机构和基金来源。

三、研究结果与分析

　　首先分析的是从事公共管理研究的人群的身份,目的是看一看这一领域是否拥有稳定的研究人员。我们用三个图来分析这一问题。

　　如图 1 所示,88.7% 的作者同大学存在明显的从属关系。这一数

---

　　①　R. D. Bingham and W. M. Bowen,"'Mainstream' Public Administration over Time: A Topical Content Analysis of Public Administration Review", *Public Administration Review*, Vol. 54, No. 2, 1994, pp. 204-208; D. J. Houston and S. M. Delevan,"Public Administration Research: An Assessment of Journal Publications", *Public Administration Review*, Vol. 50, No. 6, 1990, pp. 674-81; H. E. McCurdy, *Public Administration: A Bibliographic Guide to the Literature*, CRC Press Inc. 1986.

　　②　D. H. Rosenbloom,"Public Administrative Theory and the Separation of Powers", *Public Administration Review*, 1983, pp. 219-227.

　　③　McCurdy, H. E., *Public Administration: A Bibliographic Guide to the Literature*, CRC Press, 1986; Stallings, R. A. and J. M. Ferris, "Public administration research: Work in PAR, 1940-1984", *Public Administration Review*, 1988, pp. 580-587.

字比较保守,因为有一些作者身为与大学相关的研究机构的管理者和分析家,但在文章的作者简介中并没有强调与大学的从属关系。当没有明显的标志表明一个研究机构是否从属于大学时,作者的身份就被编为独立研究机构的工作人员。尽管如此,从属于非大学的机构的作者(例如政府工作人员或私有部门顾问)也仅占总数的 11%。《公共管理理论与研究》的作者简介没有涉及作者的背景,因此这项分析中不包括这个期刊的文章。

图 2 是分析工作在大学里的作者的系别从属关系。36% 的作者从属于独立的公共管理系或学院,9.8% 的作者来自政治科学与公共管理系,4.9% 的作者来自于公共管理与工商管理系。50.7% 的第一作者属于这三类。不到 20% 的作者属于政治科学系。对大学校名的分析表明,这些政治科学系大多从属于一个规模较小的大学或学院,因此不足以成立单独的公共管理系。

有趣的是,非常有限的作者来自经济学系(4.3%)或社会学系(0.6%),而这些学科通常被看做公共管理的基础学科。一定数量的作者所在单位没有把公共管理作为机构名称的一部分(比如说,工业政策和机构政策、地理与城市规划或就业研究)。这些同样属于一些小型的学院。

图 3 表明,文章作者中 75% 为大学教师(23.4% 为助理教授,17.3% 为副教授,34.3% 为正教授)。这些数据不包括那些工商管理硕士导师、系主任或其他具有行政职位的教授。使用管理头衔的作者分为政府官员、部门领导、顾问、研究专家和管理者等,共占 21.6%。在所有的第一作者中,3.3% 为学生,且大多数为公共管理专业的学生。

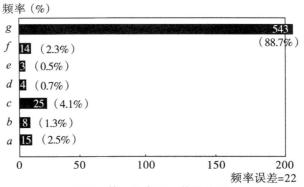

图 1　第一作者组织从属关系

图 1 中,a＝其他,b＝私有部门,c＝联邦政府,d＝州政府,e＝地方政府,f＝研究机构,g＝大学。

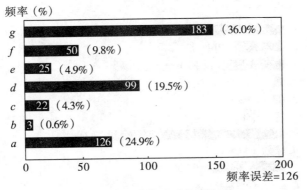

图 2　第一作者系别从属关系

图 2 中,a＝其他(包括公共管理部门),b＝社会学系,c＝经济系,d＝政治科学系,e＝公共管理与工商管理系,f＝政治科学与公共管理系,g＝独立的公共管理系。

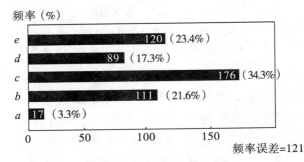

图 3　第一作者的职位/头衔

图 3 中,a＝学生,b＝其他(包括政府官员、管理者、专家和顾问),c＝正教授,d＝副教授,e＝助理教授。

这三个图表明,从事公共管理研究的主要是大学中与公共管理有关的工作人员:超过 3/4 的作者为大学教师,超过 45％的作者为正教授。这样的事实证实了以下观点:公共管理是一个拥有固定、持续研究者的研究领域。

第 2 项研究结果是关于文章的主题和主旨。如图 4 所示,13.5％的文章主题与联邦政府有关,10.4％与州政府和地方政府有关,12.3％仅限于与地方政府有关,0.7％的文章有关于政府间关系,34.6％与政府有关。这些文章共占总数的 71.5％。综上所述,这些文章的共同主题或者说已发表的研究性工作的焦点就是政府。其余的文章虽与联邦、州或地方政府无关,但也都是公共部门问题。

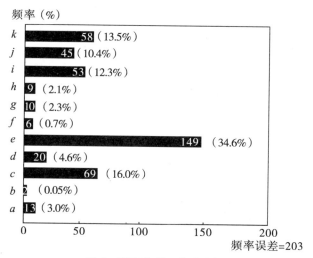

频率（%）

k	58（13.5%）
j	45（10.4%）
i	53（12.3%）
h	9（2.1%）
g	10（2.3%）
f	6（0.7%）
e	149（34.6%）
d	20（4.6%）
c	69（16.0%）
b	2（0.05%）
a	13（3.0%）

0　　50　　100　　150　　200

频率误差=203

图4　研究主题：管理层级

图4中,a＝其他,b＝私营部门,c＝部门内部,d＝国际事务,e＝政府,f＝政府间关系,g＝个人,h＝社团,i＝地方政府,j＝州/地方政府,k＝联邦政府。

在占总数4.6%的有关国际事务的文章中,大部分探讨的是公共管理或者其他国家的政府。部门内部的文章占总数的16.0%,主要是探讨一般性的管理和组织问题,其中大部分把公共部门、私营部门和非营利机构的组织进行比较。有关私营企业管理的文章只占0.05%,一般都是有关商业会给公共管理带来什么样的启示的话题。最后,有关个人和社团的研究文章还不到总数的5%。

我们还把文章按照政府不同的分支部门进行研究(如图5所示)。研究发现,35.3%的文章探讨同政府执行部门有关的问题,2.8%同立法部门有关,0.9%同司法部门有关,39.7%讨论与政府有关的一般性问题。在占11.6%的跨部门比较研究中,许多是进行公共—私有比较的研究。这项研究表明,研究者对政府执行部门和政府有明显的关注。

图6表明的是研究公共管理以下分支领域的文章的频率。在进行这项分析的时候,我们没有把《公共预算与金融》《公共人事管理》和《政策分析与管理》作为研究对象,因为这几本期刊进行的是特殊领域的研究。在其余5本期刊的431篇文章中,关于组织管理和执行角色的研究占很大比例(30.9%)。在频率图上其他分支领域所占的比例分别是:人事管理13.0%,政治/立法机构与程序11.4%,金融与预算10.2%,管理理论8.8%,政策制定与分析7.4%,社会与经济问题4.2%,研究方法的改进3.7%,人力资源发展3.0%,技术使用与管理2.3%,伦理

1.6%,文献分析 1.2%,其他 2.3%。

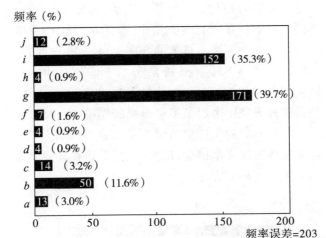

图 5 研究主题: 政府分支部门

图 5 中,a＝其他,b＝跨部门组织,c＝学术,d＝个人行为,e＝公民组织,f＝非营利组织,g＝一般政府组织,h＝司法部门,i＝执行部门,j＝立法部门。

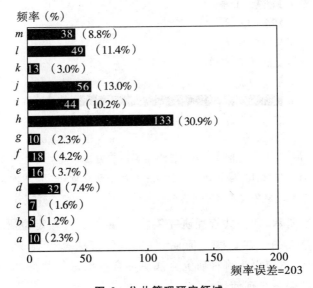

图 6 公共管理研究领域

图 6 中,a＝其他,b＝文献分析,c＝伦理,d＝政策制定与分析,e＝研究方法改进,f＝社会与经济问题,g＝技术使用与管理,h＝组织管理和执政角色,i＝金融与预算,j＝人事管理,k＝人力资源发展,l＝政治/立法机构与程序,m＝管理理论。

除了这些期刊文章的研究领域外,我们对所用的研究方法也进行了分析。图7提供了这一方面的轮廓。人们曾对不同时期、不同文章的统计学研究方法进行探讨。[①] 如图7所示，研究者们几乎动用了所有的社会学研究方法。在所有的方法中，描述法（15.4%）和中级推理统计法（14.9%）这两种方法占总数的30%以上。更先进的统计方法，比如说回归分析（4.5%）、罗杰指数分析（2.7%）、时间序列分析（4.8%）、结构方程（0.8%）和事件历史分析（0.3%）共占13.1%。个案研究在公共管理研究中也起了不可忽视的作用（25.3%）。人种学研究占1%。大约30.4%的研究中所采用的方法，不属于普通的研究方法范畴。这些文章采用文献回顾、历史叙述、采访和其他专为这项研究量身定做的革新性的研究方法。

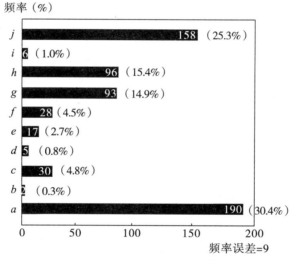

频率（%）

频率误差=9

图7 公共管理主要研究方法

图7中，a＝其他，b＝事件历史分析，c＝时间序列分析，d＝结构方程，e＝罗杰指数分析，f＝回归分析，g＝中级推理统计法，h＝描述法，i＝人种学，j＝个案分析。

如图8所示，在公共管理研究领域中，定性研究与定量研究之争是没有实际意义的。在这些主流期刊中，两种方法都得到了广泛使用。这表明，我们不应再为哪种研究方法更加合理而进行争论，而应该考虑这些方法是否被合理使用。

---

① J. L. Perry and K. L. Kraemer, "Research Methodology in the 'Public Administration Review', 1975-1984", pp. 215-226.

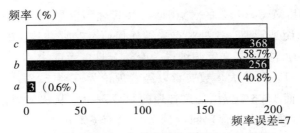

频率（%）

图 8　公共管理研究中定性与定量方法的分析

图 8 中，a = 其他，b = 定量分析，c = 定性分析。

正如以前提到的那样，我们把罗森布洛姆提出的"完善的公共管理竞争理论"作为评论已出版期刊的分析框架。在被看做是经典的文章中，罗森布洛姆指出，公共管理有三个特有的理论：政治理论、经营理论和司法理论。每种理论都具有各自的价值、方法体系和知识传统体系。

怀特和亚当斯[①]用后现代主义的视角回顾了公共管理领域的文献。他们总结说，现在至少有 6 种非全面的理论"试图为我们的职业生命进行定义"。这 6 种理论"都以人们默许的技术唯理论观点为基础，没有哪一个能完全地覆盖整个领域，但却分别抓住了本质的一部分"。

第 1 个理论以宪法为依据确认了公共管理的合理地位；第 2 个理论探讨政治与管理的两分法；第 3 个理论反映公共管理的科学研究与实践；第 4 个阐述一种"理论能指导实践"的观点；第 5 个，即 Minnowbrook Narrative，用通常的主题：社会公正、公民参与和前摄政府强调民主价值；第 6 个理论方兴未艾，它用性别概念来探讨公共管理主题和形象。第 1 个理论使用的是法律或司法理论。第 2 个和第 6 个完全属于公共管理的政制理论。第 3 个和第 4 个可以被看作是强调科学唯理论的经营理论。而 Minnowbrook 理论必须使用另一个理论范畴，我们暂且称之为公共管理伦理理论。虽然 Minnowbrook 为学者呈献了一个新型的公共管理而且把这构思成一个综合的而非伦理的理论，但通过对 Minnowbrook 文献和前摄政府战略的仔细研究，我们发现，它们体现的是更高层次的伦理，即优良政府的伦理。

当对文章进行编码时发现，很多文章明显地不是仅仅从一个角度构造它们的论点框架。这些文章强调的是职能政府。研究者探讨公共

---

① J. D. White and G. B. Adams, "Making Sense with Diversity: The Context of Research, Theory, and Knowledge Development in Public Administration", *Research in Public Administration: Reflections on theory and practice*, 1994, pp. 1-24.

管理是采用 McCurdy[①] 的观点，即公共管理不仅局限于政治、经营、法律或道义，而是管理。这种观点采纳任何研究和评估政府的战略、思想和方法。我们把这些文章归纳进一个综合性的范畴中。

如图 9 所示，绝大多数文章以经营理论为基础（52%），17.6% 采取政治理论，而 15.5% 应用公共管理的综合理论。从法律规范的角度和伦理的角度探讨公共管理问题的分别只有 6% 和 1.6%。其他 4.2% 的文章采用我们所谓的历史理论，通过突出杰出人物（通常为学者）在本领域的重大贡献来纪念他们。

可能最让公共管理理论家困惑的就是文献所涉及的宽广范围。我们对 634 篇文章的题目和摘要中的关键词进行了内容分析，但没有发现很多研究问题的模式。不过，确实有一些问题出现的频率较高，我们把它们列在表 1 中。

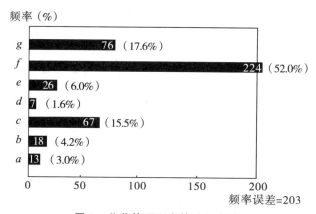

图 9　公共管理研究的认知方法

图 9 中，a = 其他，b = 历史，c = 综合，d = 伦理，e = 法律，f = 经营，g = 政治。

另一项分析研究的是公共管理研究的资料来源（见图 10）。我们发现所研究文章的 44.2% 把现有的文献而不是数据资料作为研究基础。这一点证明，或者由于自愿，或者由于不得不的原因，从事公共管理研究的学者并没有忽视现存的文献和理论体系。研究者也很大程度上依靠自己收集的资料（27.1%）或政府发布的资料（20.6%）。但让人意外的是，研究者对人口普查数据的使用低于预计。不仅如此，尽管有许多私有信息服务，研究者也没有利用这个资源。分析其原因，可能是

---

①　Rosenbloom，D. H.，"Public administrative theory and the separation of powers"，*Public Administration Review*，1983，pp. 219-227.

由于这些信息来源的资料同公共管理研究关联不大,也可能是由于这些资料的成本。

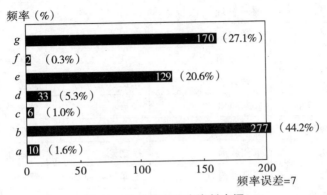

图 10 　公共管理研究资料来源

图 10 中,a＝其他,b＝现有文献,c＝私有信息服务,d＝非政府组织公布,e＝政府公布,f＝人口普查,g＝个人收集。

图 11 表明,大部分文章(49.4％)试图解决问题。以提供信息为目的的文章占 18.1％,而 32.5％的文章试图建立理论或检验理论。从数据中我们可以看到,研究者们在公共管理实践中以及在进行相关研究中所表现出的强烈兴趣。

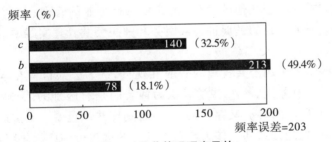

图 11 　公共管理研究目的

图 11 中,a＝提供信息,b＝解决问题,c＝理论建设。

四、寻求范式的探索

以上分析涵盖了公共管理研究的一些模式。首先,公共管理研究是关于政府或公共部门的研究,关于私有机构(0.5％)、个人(0.3％)和非政府组织(3％)的主题只占总文章数的一小部分,而且也只在讨论公共部门问题时才会被提及。其次,研究中出现频率最高的关键词表明,研究者对公共管理问题有无法抵御的兴趣和关注(见表1)。

表 1　公共管理研究问题频率

频率(10—20)		频率(低于 10)	
行政义务	财政管理	会计	地方长官选举
行政改革	少数民族及女性呼声	艾滋病与对策	枪支控制
行政权限	组织原则	文化	卫生保健
预算改革	绩效评价	司法公正	高等教育
行政事务改革	公共政策	交流	信息技术
市民参与	生产力	冲突的解决	青少年问题
地方分权	重塑政府	控制论	土地使用
雇员参与	战略性设计	犯罪率与监禁	领导者才能
企业家身份	完全定性管理	童工问题	退休体制
环境问题	宪法与公共管理	腐败	学校校区
执行	解除约束制度	社会福利	城市管理

　　若用库恩的范式标准(即是否吸引了一批持久的追随者,同时又是开放的,为各个学科的学者提供机会来解决各种各样的问题)来衡量,公共管理领域可以声称拥有自己的范式。这个范式断言,公共管理以有益的方式区别于其他的管理,尤其是私有企业的管理。这个范式下正规科学研究的目的是促进公共服务和解决公共管理实践中遇到的各种问题。

　　一些学者采用公共管理的一般性观点,认为公共机构在本质上与私有机构没有差别。① 一些学者认为两者间是有区别的。② 也有人认为两者间既存在区别,又存在共性,但区别比共性重要。虽然这种争论还未结束,但把公共部门作为与众不同的领域进行的广泛研究表明,人们已经达成共识,认为公共部门已经明显地拥有自己的程序和特征,应得到特殊的关注和不同的理解。

　　多年积累的试验研究成果证实了公共部门和私有部门之间行为方

---

　　① 　M. A. Murray, "Comparing Public and Private Management: An Exploratory Essay", *Public Administration Review*, 1975, pp. 364-371.

　　② 　T. G. Allison Jr., "Public and Private Management: Are They Fundamentally Alike in all Unimportant Respects", *Policy*, No. 1, 1983, p. 2.

式上的不同。① 华姆斯利（Wamsley）和佐拉德（Zolad）②强调了公共机构受到的政治影响的重要性。Rainey③ 列表分析了区别公共部门和私有部门的环境因素、内部因素以及相互影响。博茨曼（Bozeman）④提出了空间理论来解决组织研究中一直模糊不清的公共部门和私有部门的界限。尽管这些学者并没有对如何区别公共部门和私有部门达成共识，但所有人都一致认为，是否具有公共性质是最大的区别，而正是公共性质决定了应该更加重视解决其问题、提高其表现。

这些学者都已接受了一个事实，那就是，政府（或者提升一个理论层次说是公共性）使他们的研究区别于一般性管理。本项试验数据的分析已经清楚地表明，研究者们已经在有意或无意地在这个范式的指导下工作了。他们代表了一群把提高公共部门职能表现、解决公共部门问题作为合法研究要点的持续的研究者。这个范式指导下的研究者分别是正教授、高级研究专家、学院或项目带头人、副教授或助教。这条事业之路已经铺设好，后来人会不断地加入并投身于公共管理正规科学研究之中。认为公共管理没有范式，轻者是过于谦虚，重者则是犯了经验主义的错误。尽管一些人仍对公共管理研究是否有、及是否应该有范式保留他们自己的意见，数据资料已经表明，公共性质范式正在指导公共管理研究。

在这个顶级范式的下面，存在着各种不同的理论。这些理论也满足库恩对范式的定义要求。因为这些范式存在于这个领域主要方向的界限内，并因这些方向的存在而存在，所以可以把它们叫做二级范式或认知理论范式。顶级范式为这个领域划定界限、规定正规研究方向，而认知理论范式界定这个领域内概念性、理论性和方法性的理论。

如图 12 所示，这些二级范式包括：（1）把政治管理问题归结为政策制定、权力斗争和资源分配的政治理论；（2）把公共管理视为提高社会

① Z. Lan and H. G. Rainey, "Goals, Rules, and Effectiveness in Public, Private, and Hybrid Organizations: More Evidence on Frequent Assertions About Differences", *Journal of Public Administration Research and Theory*, Vol. 2, No. 1, 1992, pp. 5-28.

② G. L. Wamsley, M. N. Zolad, "The Political Economy of Public Organizations", *Public Administration Review*, 1973, pp. 62-73.

③ H. G. Rainey, *Understanding and Managing Public Organizations*, Jossey-Bass, 2009; H. G. Rainey, "Perceptions of Incentives in Business and Government: Implications for Civil Service Reform", *Public Administration Review*, 1979, pp. 440-448.

④ B. Bozeman, *All Organizations are Public: Bridging Public and Private Organizational Theories*, San Francisco: Jossey-Bass, 1987.

和组织效率的工具的经营理论;(3)把公共管理看作支持宪法和其他法律、法规的工具的司法理论;(4)要求公共管理通过对自由、正义和人类尊严等民主价值产生的影响认清管理行为后果的伦理理论;(5)不同于上述任何理论、把公共管理看作确保政府运转的体制的综合理论;(6)追溯、探索对公共管理理论发展和实践作出的贡献的历史理论。这些期刊发表的文章中,使用属于经营理论的占52%,政治理论17.6%,历史理论15.5%,司法理论6.0%,综合理论4.2%,伦理理论1.6%。大约有3%的文章不属于上述任何范畴。

　　文章的开始曾经提及两个学者关于公共管理领域有没有范式的对话,本文的研究发现恰恰同这个观点进行呼应。但是,研究发现同时表明,一小部分的范式其实正在起作用,正在指导当代公共管理研究实践。这些范式彼此观点各不相同,各自拥有自己的追随者,并且认为自己的范式是为公共管理问题提供解决方案的最佳途径。

　　我们的分析同时表明了这些文章对公共管理各个领域不同的强调程度。比较集中的重点包括组织研究、预算与金融、人事管理、行政管理理论、政策分析、研究方法和信息技术管理。每一个领域都强调管理研究的不同方面,指导这个方面研究的重心。然而,不同于一级范式和二级范式的是,尽管它们代表学者们进行不同问题研究的不同领域.但这些领域不能反映一种广泛应用的世界观,因此它们应该被看作是二级范式的分支或叫做集中领域。

　　比如说,预算主要涉及与基金的来源与使用相关的典型的研究问题。然而,一个预算的角度不能包含所有公共管理问题(例如,人事、政策、组织研究),它也不能提供一个一般性的方向来指导所有这些独立性的领域中的研究和分析。但是,学者们在分析和解决预算问题时,可以使用经营理论,例如,奥斯本(Osborne)和盖普勒(Gadbler)①,或者综合理论,例如,Anders。②

　　图12进一步说明这个三层模式的层次关系。模式中的每一层次都制约下一层次。顶级范式,即公共性质,在概念上和理论上说明公共

　　① H. W. Vroman, "Reinventing Government: How the Entrepreneurial Spirit is Transforming the Public Sector", *The Academy of Management Executive*, Vol. 8, No. 1, 1994, pp. 91-93.

　　② K. Anders, "Performance Budgeting in the States: Practitioners' View on Accountability, Discretion and Reform", *Arizona State University*, 1997, 58-03A, 1080.

部门的管理具有绝对特色的过程和特点,因此应得到特殊的关注。方向的选择和研究问题都受到这个基本理论的制约。不遵循这个基本点的研究成果,一般不会出现在公共管理的主流期刊中。有关"公共性质是否就是我们想要的那个范式"的讨论仍在继续,但不可辩驳的是,它就是指导这一领域的范式。

顶级范式之下列出的是彼此不同的二级范式。它们界定的是学者们在研究公共管理问题时所使用的本体论理论。每一理论都有稳定的追随者在各自的认知理论框架下进行研究。

这个模式的第三层领域在定义公共管理研究中扮演重要角色。一个公共管理学者可能会对这其中的不止一个领域进行研究。然而,就像研究物理学——一个具有指导光学、机械学和电子学不同原则的学科的物理学家一样,公共管理学者业者在集中的领域内确认自己的工作焦点。

五、结论与未来研究

本文提出了一个帮助公共管理学者衡量本领域的范式框架结构的视角。它用实际的经验性数据丰富和反映了公共管理理论和研究文献的现状。本项研究的发现展示了一系列不成文的指导公共管理学科研究的范式。最高层次的范式是公共性的范式。在这个范式的下一级是一系列各自不同的指导研究者进行调查研究的二级范式。由于范式对研究者产生深刻的影响,所以在公共管理领域进行研究的重要一步就是掌握第三级范式,即控制本领域的知识发展和研究的范式。

在最近的几年中,一些知名的公共管理学者提倡一种公共管理的综合理论。他们认为,公共管理研究和教育的焦点不应只局限于如何贯彻公共政策上,还应该涉及管理的结构和运行;不应只局限于专职职业行为,还应考虑如何建立保证这种专职职业行为的支持性体系。①通过对公共管理研究结果的抽样调查的分析,我们证实,先行者们曾为

---

① J. D. Carroll, "The Warfare on and over American Government in Waldonian Perspective", *Public Administration Review*, 1997, pp. 200-204; L. C. Gawthrop, "Democracy, Bureaucracy, and Hypocrisy Redux: A Search for Sympathy and Compassion", *Public Administration Review*, 1997, pp. 205-210; K. J. Meier, "Bureaucracy and Democracy: The Case for More Bureaucracy and Less Democracy", *Public Administration Review*, 1997, pp. 193-199; F. P. Sherwood, "Responding to the Decline in Public Service Professionalism", *Public Administration Review*, 1997, pp. 211-217.

当代公共管理研究的范式观

公共管理领域做出的巨大努力和留下的宝贵文化遗产具有一定的模式。弄清这些模式会帮助公共管理学者分清自己的位置,促进与别人的合作。

一级范式:最重要的层次(公共性)

假定	研究内容	问题
公共管理区别于一般性管理	公共性质的地位	如何改进公共部门工作

二级范式:次要层次(认知方法)

	经营理论(52%)	政治理论(17.6%)	司法理论(6.0%)	伦理理论(1.6%)	历史/感知理论(15.5%)	综合理论(4.2%)	其他(3.0%)
假定	公共管理就是效率、有效性和经济	公共管理就是谁想得到什么	公共管理就是合法权益	有关道德伦理	历史与现实紧密相关	公共管理复杂的管理过程	未确认模式
研究内容	个人群体、组织结构和程序	个人群体、社区、政治组织结构和程序	法律制度和程序	伦理标准和程序	历史文献、人物与事件	与管理有关的相关问题	未确认模式
问题	如何更高效和经济的运作	如何取得权力与资源	如何解决权力冲突,贯彻法律和制度	伦理对管理和社会的影响	如何避免历史错误	如何全面的理解公共管理	未确认模式

三级范式:更次要层次(研究领域)

次要层次	假定	研究内容	问题
组织管理和执行决策	公共管理中组织管理的重要性	结构与程序	如何进行组织工作
人事管理	公共管理中人事管理的重要性	结构与程序	人事制度的程序与效果
政治/立法机构与程序	公共管理中政治/立法机构与程序的重要性	结构与程序	政治与立法机构的描述与评价
金融与预算	公共管理中金融与预算的重要性	结构与程序	预算/金融程序与效果
公共管理理论	公共管理中公共管理理论的重要性	结构与程序	公共管理的正确性
政策制定与分析	公共管理中政策制定与分析的重要性	结构与程序	政策程序与效果
社会经济问题	公共管理中社会经济问题的重要性	结构与程序	变化的社会与经济问题
研究方法改进	公共管理中研究方法改进的重要性	结构与程序	更好的有效性与可靠性
技术使用与管理	公共管理中技术使用与管理的重要性	结构与程序	管理目的

图 12　公共管理范式研究图:三级层次模型

现代公共管理的理性思考

公共管理是一个动态的、发展的学科，而且，"我们要研究的现实是丰富的、充足的、复杂的、交织的"①。研究者们"应该把自己的研究放在一个更大的框架之下，因而能够受益于先行者和同仁的智慧和研究成果。否则，我们就很容易走入歧途而无法与其他人交流"②。

本项研究的发现有力地证明了有关公共管理是否有知识核心的辩论是没有意义的。重要的是公共管理学者的自我学科意识和对研究方法与知识理论的清晰表述。可以说，公共管理领域中存在的不同的范式促进了、而非阻碍了这个领域的未来发展。若不同的理论可以同时存在，则更可能有理论突破或新理论的重建。不仅如此，自我意识清醒的常规科学行为不仅会为我们带来更清楚的研究焦点，而且会让我们有更好的机会去认识新的、关键的、被错误地忽视的东西。

（本文曾在佐治亚州召开的第九届美国公共管理理论研讨会上宣读。作者对研讨会座谈组成员提出的宝贵意见表示感谢。）

·当代公共管理研究的范式观·

---

① L. C. Gawthrop, "Democracy, Bureaucracy, and Hypocrisy Redux: A Search for Sympathy and Compassion", *Public Administration Review*, 1997, pp. 205-210.

② Ibid.

21 世纪的治理挑战与公共管理改革[①]

> 治理囊括了传统、制度和过程等各个方面，而这些方面又对权力运作、公民参政以及公共事务决策等产生着决定性影响。
>
> ——加拿大治理研究所

一、前言

当今世界面临着新一轮的治理危机。尽管民主、平等、自由市场、和平共处等理念早已在过去的二十年中传遍全球，但战争、冲突、骚乱、示威以及犯罪等社会现象仍日益增多。海湾战争、中东紧张局势、波斯尼亚战争、科索沃战争、印巴冲突、"9·11"恐怖袭击、伊拉克战争等，世界难得消停，危机接踵而至，给人的感觉是当今世界并不比过去安全多少。从经济领域来看，亚洲经济危机、企业丑闻、北美漫长的经济不景气等纷

① 刊于谢庆奎主编：《政治改革与政府转型》，社会科学文献出版社 2003 年版，由李国强译，原稿为英文，发表于"中国政府管理和政治发展"国际学术研讨会。

至沓来,各种麻烦一直困扰着人们。许多国际组织也步履蹒跚,联合国安理会围绕国际事务展开了无休无止的辩论,只不过行动上怎么看怎么像跛脚鸭。第二次世界大战后确立的世界秩序,正面临着转型重组的重重压力。

所谓的发达国家,也在艰难地寻找治理新路。"传统官僚型国家"不久之前似乎仍然运转良好,现在则饱受质疑和挑战。分权、放权、私有化、市场化等措施,占据了政府改革的前台。"9·11"惨剧进一步坚定了英国和美国等国家的改革决心,它们筹划进一步改革传统官僚体系,推动多部门合作战略,成立像国土安全部这样的机构。政府官员们迫切地希望重塑其核心责任,从原来管理政府文职人员、直接对外提供服务,到现在力图编织公共、私人及非营利组织的协作网络,来提供原来由政府自己直接提供的服务。

这个世界到底怎么了?为什么如此多的问题爆发出来?世界将走向何方?我们是否选择了正确的道路?本文就这些问题展开分析,讨论治理的本质及治理的必要性,并就迈向治理的行政改革提出适当建议。本文认为,在变幻莫测的世界局势下,要想推动和平、民主、安全、和睦及可持续发展,就必须采用新理论、新战略、新领导方式,也需要我们作出更大的主观努力。目前的改革战略尚有许多需要完善之处。

二、治理的本质与不同类型

按照词典上的标准定义,"治理"一般用来指代统治和控制。麦科迪(McCurdy)曾在著作中把公共管理学界定为治理之道,一门致力于寻找管理政府和公共事务之最佳途径的学问。缪勒(Muller)把治理定义为:"关注制度的内在本质和目标,推动社会整合和认同,强调组织的适用性、延续性及服务性职能。治理包括掌控战略方向、协调社会经济和文化环境、有效利用资源、防止外部性、以服务顾客为宗旨等内容。"一些学者把治理视为一个有用的视角,认为治理能力可以通过政府动员政治支持(合法性)、提供公共物品(绩效)、处理纠纷(冲突解决)等能力来度量。世界银行的许多学者参与推动了近些年对治理的研究,他们把治理界定为公平而有效的惯例和组织制度,基于此国家权威能够有效地服务于公共福祉。治理是指一个平稳选举、管理和更换政府的过程,一项有效管理自身、合理执行政策的政府能力,一种公民和国家相互尊重、职能机构有效地管理经济和社会活动的状态。一旦这些不复存在,所谓的治理也就危如累卵了。

事实上,治理的含义并不局限于此,还可以囊括更加深入、广泛的内容。众所周知,治理从古至今都是一个热门话题。在风云变幻的人类历史上,对善治的追求从来就没有停止过。在东方,中国古代的政治家和政治哲学家们早就提出了自己的"治理"理念。西周王朝特别重视治理中礼治的重要性,他们认为礼仪有助于维持社会体制和社会秩序。孔子生于乱世,极力推崇的就是"克己复礼"。孟子在治理理念上更进一步,坚持民本主义,认为人民利益应当是治理的最高目标。老子建议"治大国若烹小鲜",远远超前于西方的自由放任市场主义。秦代迷信暴力征服;汉代把军事力量与文明教化结合起来;唐代君主告诫自己"君,舟也。人,水也。水能载舟,亦能覆舟",早就悟出了平衡调和的治道。著名的统治术百科全书《资治通鉴》共有 294 卷,记录了长达 1362 年的漫长的政治史,涉及政治、军事、经济、文化等诸多统治战略。① 当然,对于历代王朝来讲,维护统治才是治理的首要目标。

在西方政治传统中,关于治理的论述也异常丰富,尽管这些论述往往与其他内容纠缠交结。政治哲学包括"对基本政治概念的探讨、对人性和政治新观点的分析、对最优政体之本质的规范性探讨等",在整个西方政治哲学传统中,治理的相关话题一直长盛不衰。柏拉图通过强调正义、节制等美德的重要性,奠定了政治学语言的基础。亚里士多德把人类视为天然的政治动物,认为政治学应当研究社会中各色人物的政治行为,最终应当为政治共同体(城邦)谋求和谐与秩序。治理之目的并不仅限于制止错误、保护公私财产,而且还要推动公共之善和公民美德的发展。

在深入研究古希腊 150 余个城邦之后,亚里士多德总结指出,最理想的政治共同体应当保护公共利益,而非为了统治者的一己之私:

> 人类是天然的社会动物,由于拥有了理性言说(logos),我们变成了社会联合体。众多家庭合为一处衍生了村落,而大量聚集的村落则发展成为国家。国家最初之所以形成,主要是为了满足人们的自然需要。到后来,国家包含了许多道

---

① 《资治通鉴》为中国著名编年体通史,由北宋司马光编成;宋神宗以其"鉴于往事,有资于治道"命名。《资治通鉴》共 600 余万字,294 卷,上起周威烈王二十三年(公元前 403 年),下至后周世宗显德六年(959 年),记载了 1362 年的史实。《资治通鉴》的内容偏重于政治、军事,略于经济、文化,目的是供封建统治阶级从历代"治乱兴亡"中取得借鉴,史料丰富,取材广泛,按年代顺序编排,便于查考,为历史研究提供了较系统的数据。

德性目的,被认为应当发挥作用,改善人类生活。因此,国家作为一个地方联合体,并不仅仅是为了阻止恶的发生或便于交换,也不仅仅是一种保护财产和公共物品的制度安排。国家是一种真正意义上的道德性组织,其目的正是为了人类的发展。

不过,后人对治理意味着什么也有自己的见解。马基雅维利(Machiavelli)的《君主论》是一部为统治者征服或改造国家而出谋划策的著作。① 正因为如此,马基雅维利也成了众所周知的第一位现代政治哲学家,甚至可称为现代政治科学之父。古代政治理想强调公民美德及政府提升公民美德的作用,马基雅维利彻底拒斥了这种理想。他主张统治者为了担负起对国家的责任、为了获取荣耀和不朽声名,可以无所不用其极。治理意味着政治稳定、避免腐化堕落。除了马基雅维利,还有很多政治哲学家也显赫一时,例如托马斯·霍布斯强调君主专制的重要性,约翰·洛克强调保护不可剥夺的生命权和可以让渡但神圣不可侵犯的财产权。总体而言,启蒙时代的自由主义思想家,例如霍布斯和洛克等,都信奉个人主义和自利性假设。时至今日,这些信条早已成为现代政治哲学的基石。对于他们而言,培育情操高尚的公民并不是政府的首要目标。国家并非如古典哲学家们所设想的那样本身就是一个目的,国家只是实现目的的手段——通过良好的法律、有效的执行来维护秩序与和平。对洛克来讲尤其如此,政府的作用就是创造环境,以使公民的身心得到自由成长。

卢梭从另一个角度论述该问题。他愤世嫉俗地指出,启蒙时代的个人主义只不过是为自私和残酷寻找借口罢了。保护私有财产并非什么值得崇敬的自由,说到底不过是富人欺压贫贱者的通行证。此种情形下的民主无疑等同于富有者掌权。卢梭认为,启蒙所带来的个人主义和自私自利等堕落道德观,激发了竞争、等级、嫉妒及其他邪恶冲动,全体人民都将因此而堕入悲惨的深渊。卢梭希望通过达成社会契约的方式来实现善治。德国政治哲学家卡尔·马克思沿着卢梭的道路走得

---

① 《君主论》最初印行于 1516 年,是马基雅维利献给封建领主的,书中就如何保持权力出谋划策。他援引亚历山大大帝的行为告诫统治者:要争取朋友,不惜以暴力或欺诈克敌制胜,使臣民对自己既敬且惧。赢得军队的仰慕与追随,铲除那些有力量或有理由反对自己的政敌,实现从旧秩序向符合自身利益的新秩序的转变,具备必要的严厉与宽仁,摧毁军方反对者,选拔忠诚的士兵。结交能够热情帮助自己的王公贵族,警惕政见不合的敌手等。

更远,他指出阶级斗争和无产阶级专政是取得善治的唯一途径。功利主义哲学家约翰·密尔相信,理性终究会超越偏见,只要官僚制坚持理性和宽容,采取民主决策机制,那么自由还是能够实现的。

美国宪法制定者们与卢梭不同,他们深受启蒙思想影响。他们强调个人主义和公民权利,认为公域必须是为了更好地推动公民私域的发展等理念,都秉承了启蒙传统。美利坚合众国之父们至少认真讨论过两类治理模式:一类是杰斐逊倡导的民主治理模式,主张通过民主参与和约束政府规模来保护自由、自主和天赋权利。麦迪逊支持杰斐逊的观点,他认为在民主共和国中某些狭隘的党派利益是不可避免的,压制党派利益的唯一办法,就是尽量扩大共和国的疆土和社会规模,以容纳各色各样的党派,防止单个党派独霸支配权。另一类就是汉密尔顿倡导的政府类型,主张政府实行集权控制,深入管理社会生活的各个重要领域。

通过上面这番追根溯源式的探讨,我们会发现,如何治理是所有统治者都面临的棘手问题,古今中外很多政治哲学家都为此绞尽脑汁。有些学者认为,治理不过是指如何巩固政治秩序、政体延续性和精英的统治地位。治理意味着荡平任何敢于挑战现有权力秩序的势力。制度结构、策略、文化、礼仪、宗教信仰等都可以作为统治手段,在统治者的容忍限度内用来达到治理的目的,即便这意味着反对力量的大规模抵抗(秦汉两代都是明证)。统治者为了确立道德准则、规范臣民的行为,也往往诉诸强有力的说服性力量(例如儒家学说)。统治者还试图利用宗教信仰的力量,通过内化的敬畏来压制臣民的欲望。对于另一些学者而言,秩序和稳定只能通过民主参与、社会契约、法治、包含制衡内容的制度约束等方式来获得。还有一些学者则认为,要想确立良好的治理秩序,保证个人拥有最大限度的自由,贤明而又自律的君主制、契约君主、官僚制度等都是必不可少的。

综上所述,我们能够归纳出五种已知的治理类型:

(1)前现代权威型治理,例如封建领主制和奴隶制。

(2)前现代民主治理理想,其目的是维护公共利益,承担更高的道德目的。

(3)马基雅维利式治理,关注君臣关系,主张用铁血手段维护秩序。

(4)启蒙治理哲学(自由利益群体治理),强调所有个体和社会力量之间长期互动和相互影响,保障个人利益和财产权利。不过,这种治理哲学遭到卢梭和马克思的猛烈抨击,他们认为这只不过是为富人统治穷人装饰门面。

(5)官僚型治理,遵循法律和道德激励的方式来设计制度、推崇信任,一些启蒙思想家和理性社会精英持此观点。

通过上面的分析可以看出,对治理的理解因人因事因时而异。

前现代权威型治理以满足统治者的私欲为要旨,罔顾普通百姓的死活。前现代民主治理理想虽然富有吸引力,但毕竟过于理想化了,不切实际。在马基雅维利式治理之下,普通百姓不过是仰君主的鼻息过活罢了。启蒙思想家设想的民主治理有赖于被治者的积极参与,而被治者是否拥有平等参与权却大有疑问。至于官僚型治理,倘若缺乏有效的监督就会变得荒腔走板。每种治理类型都有自身的问题和缺陷,但是,它们都有一个最基本的共同目标:有效地解决冲突,保持稳定。一旦社会冲突能比较容易地化解,善治的目的也就达到了。低水平的治理会破坏政治系统的正常运转,降低其存活率,而高水平的治理在面对汹涌的社会力量时,能够满足其多种多样的需求。

岁月流逝,早先盛行的杰斐逊式的政府(启蒙民主型治理)逐渐让位给了汉密尔顿式的政府(官僚型治理)①;自由主义利益集团政治因其违背公民利益并让政府变得虚弱不堪而遭到猛烈攻击;市场动力型治理正在沦为垄断集团和特殊利益集团的傀儡,利弊权衡中"弊"占了上风。通盘考虑之后,我们可以毫不犹豫地说,眼下对治理的探讨已经或者说应当高于已有的历史水平,我们应当寻找更高水平的治理模式——高效、民主、意识形态健康、道德准则符合人性。

应当指出的是,寻找新治理模式的进程早在 20 世纪 90 年代就开始了,当时许多学者撰文呼吁"再造政府"。稍后罗森布洛姆等人描述了一种公共管理的改革运动,被有些学者称为新治理运动(new governance)。但后来,一种命名为新公共管理(new public management)的运动,得到了一些青年学者的响应,使新治理的讨论,一直没有很快地展开。一些英国及英联邦国家的学者更注重对新公共管理运动的讨论,有的还竭尽所能地推广它。从严格意义上讲,无论按照何种标准来衡量,新公共管理运动纷繁复杂的理念和口号都无法与治理的理念和标准相提并论。尽管有学者后来画蛇添足地说管理就是治理,但响应

---

① 汉密尔顿可谓输小赢大,尽管杰斐逊式观点在当时政治辩论中占了上风,不过进入 20 世纪之后,汉密尔顿式政府模式越来越占据上风。

者寥寥无几,因为很明显管理与治理相关,但却并不能囊括治理所有的含义。更有甚者,翻遍整个现代管理思想史,你会发现许多举措难以称为"新"公共管理,因为其中只有极少数可以真正称为新的东西。因而,宣称新公共管理就等于治理改革,未免产生不少误解。

三、治理危机

著名德国社会哲学家尤尔根·哈贝马斯在分析晚期资本主义社会时,叙述了现代社会面临的四种危机:①当经济系统无法生产必要水平的消费品以满足需要时,会爆发经济系统危机;②当行政系统无法作出必要水平的理性决策时,会爆发行政系统危机;③当合法性系统无法提供必要水平的行为激励时,会爆发合法性系统危机;④当社会文化系统无法赋予行为动机以必要水平的意义时,会爆发社会文化系统危机。必要水平(requisite quantity),是指衡量系统绩效(消费品、行政决策、合法性和意义)的数量、质量、时间等各种维度。

以哈贝马斯的视角遍观当今世界,尤其是公认为西方民主世界之领袖的美国,危机的征兆清晰可见。庞大的政府赤字①、居高不下的失业率②、稳健经济政策的匮乏,凡此种种都说明了社会消费品生产能力的虚弱。联邦层次的政府行政决策常常违背基本的理性原则,而后者恰恰是维护民主社会稳定性和延续性所必需的。社会道德水平令人担忧。政府目标与社会的更高要求之间鸿沟巨大,并随着情形(意义)的变化而波动起伏。

著名公共管理学家巴瑞·波兹曼(Barry Bozeman)在观察了近年来以个人利益为中心的改革及其效果之后指出,改革所付出的代价就是公共价值的衰败:价值凝聚和表达的机制损坏了(政治过程与社会核心要求之间出现断裂,无法确保公共价值有效沟通),积重难返的垄断(即便政府垄断是为了公共利益,私人提供垄断性商品和服务的弊端却

---

① 华盛顿,2003 年 10 月 20 日。据行政部门公布的消息,由于伊拉克战争拨款、新一轮减税及经济不景气,政府赤字达到了历史最高水平——2003 年度的联邦预算赤字已经高达创纪录的 3742 亿美元。本预算年度截止到 9 月 30 日,最终账目结果已经公布,行政部门说 2003 年度的赤字较之 2002 年翻了一番还多,2002 年已经达到 1578 亿美元。在美元历史上,2003 年的数字轻易地超越了 1992 年老布什担任总统时创下的 2904 亿美元的纪录。参见 http://www.cbsnews.com。

② 2003 年 10 月,失业率依然居高不下,停留在 6%,失业人数约为 880 万人,为 21 年来最高。

是众所周知的),利益分配不均(公共利益和服务往往只对特殊个人或群体有利,无法惠及大众),公共价值提供者的匮乏(尽管大家对公共物品和服务应由政府提供的重要性存在共识),急功近利的私人利益不断威胁着长远的公共利益,对资产更新换代的关注不断威胁着对公共资源的长期保护(政策分析往往只关注更新换代,即便没有恰当的替代物),市场交易不断威胁着最基本的人类生存。

以往学者们都认为,市场既是目的(人类发展却不是目的)又是手段,市场甚至取代现代化变成了欲求对象,就像官僚组织取代公共服务、公正、责任、效率和技术性而变成了欲求对象一样。波兹曼的新分析模型对此种似乎不言自明的假设提出了挑战。

公共价值的衰败已经威胁到平等、公正与和睦,进而将威胁到稳定与安全。政治腐败、易受操纵的政府过程、心术不正的公仆、严峻的财政危机、居高不下的失业率、萎靡不振的经济状况、饱受侵蚀的公共信任机制、日益恶化的社会问题、遍布世界的军事冲突等,各种问题层出不穷。治理问题甚至也让大型商业集团头痛。通用公司(GM)的例子就很能说明问题:

多年以来,业界都认为通用公司行动迟缓、庞大笨重、充斥官僚气息,就像一个沉睡的巨人。直到1992年4月6日之前,通用公司董事会的所作所为就是这种形象的真实写照,从那以后董事会决定唤醒巨人,雷厉风行地改造上层架构。如此动作在公司发展史上实属罕见。不过,这一空前的改革风暴已经酝酿了相当长一段时间。1991年汽车价格暴跌导致通用公司损失了45亿美元,通常一声不响的董事们再也坐不住了。尽管向市场推出了大量新型轿车和卡车,也为建设新车间和新设备付出了数十亿美元,但通用公司在美国市场上的份额依然停滞在35%左右……

被批评最多的就是大多数董事会成员没有履行其应当履行的治理职责。从法律上讲,他们有权主导企业发展,但出于种种原因,反而受制于管理层。股东们抱怨说他们对董事会或管理层毫无影响,自己的利益也无法得到切实保护;作出的决策常常有悖股东的利益;董事会无力恰当评估管理层的业绩,公司里盛行种种不道德的行径;董事会也无法得到足够的管理信息,难以作出恰当的决策,因而变成了管理层的橡皮图章;董事会成员也没有抽出足够的时间处理公司事务。

这是典型的委托—代理问题。公司高管是管理者,他们为了实现组织目标,日复一日地负责督促企业运转,分配稀缺的组织资源。委托和代理之间不均衡的信息控制隐藏着危机,代理人总有可能寻找机会徇私舞弊,而这毫无疑问是以委托人的利益为代价的。企业面临的治理挑战在于,老板们(董事会成员)渴望控制企业,但不愿意处理日常事务,他们不得不寻找有效的激励或监督渠道,促使极有可能损公肥私的代理人提高公司绩效。安然、世通公司(Worldcom)、环球电讯(Global Crossing)等的商业丑闻,只不过是委托—代理关系扭曲的证据罢了。

2000年,英国治理出版和信息服务公司在网站上写道:"公司治理是今日商界的当务之急。对于公司来讲,善治有助于吸引广泛的、廉价的资本。对于投资者而言,善治能够有效地保护股东的利益。对他们两者来说,善治都意味着好买卖。"①对公司治理的研究显示:"分析探讨和实证研究证明,人们的观念在发生变化,原先大多赞成寡头式公司管理架构,由高层管理人员统领一切,其薪酬能达到普通员工的500倍;现在人们更倾向于建立明确的责任机制,鼓励利益相关者(持股人)和涉及决策的雇员的长期参与合作。适应这种变化的公司就处于更有利的位置,能够更好地创造财富、更好地参与世界竞争以及更好地解决新千年中高度复杂的商业难题。"②

就国际范围来看,治理变革是艰辛的。从某种意义上讲,世界银行的学者们之所以率先注意到治理问题,乃是因为世界范围内腐败的广泛存在,尤其是在许多发展中国家和刚刚获得独立的国家。世界银行的学者们为衡量治理成功与否,采取了一些引人注目的措施。他们开始寻找这些问题的答案:①选举、监督和更换政府的适当过程;②有效制定和执行稳健政策的政府能力;③建立公民和国家都尊重制度的机制,并借此管理公民和国家之间的社会经济互动。在1996年、1998年、2000年和2002年四个年度中,世界银行的学者们对全世界199个国家和地区的治理状况进行了大规模调查,调查从六个角度衡量治理水平:回应性和责任性、政治稳定性和暴力程度、政府效率、管理水平、法治程度、政府俘获程度。他们的最终结论是:政府的确至关重要,许多政府与善治的要求差距甚远。这些实证研究揭示:"一般来讲,世界范围内的治理水平改善很小,政府无力控制腐败,也无力改善制度效能,尽管世界各国在其他方面差异很大。"

回想本文开头处描述的种种国际问题,当今世界毫无疑问处于危

---

① http://www.governance.co.uk.
② http://www.corpgov.net.

机之中。新独立国家的混乱、持续不断的国际冲突、不断滋生的恐怖主义威胁以及单极强权政治等,面对纷纷扰扰的世事,很难说当今世界就比50年前安全多少。在世界更需要团结一致、和谐共存之时,联合国、北约以及这些组织的领导者——美国,却常常在同一时刻大唱反调。

对于治理而言,还有一些新的挑战。在唐纳德·斯通讲座上,著名行政学家莫戈特指出当代社会正面临着六大治理挑战:全球化,飞速的技术进步,对公共、私人和非营利合作者的需求,制度完善和制度创新,掌控复杂事务和变革能力,政策对调查研究的严苛要求。传统治理模式已经不足以应对这些挑战了。如何找到一种新的治理模式,以期在坚持以人为本的基础上应对这些挑战,是新一代公共管理学者肩负的重大使命。

四、治理危机产生的原因

从某种意义上讲,今天的治理危机不过是社会力量蓬勃发展而行政机器无力应对造成的,两者出现了断裂和不平衡。不久之前,民主化、市场化、分权、放权、私有化等还被视为行政改革的万灵药,足以医治困扰现代国家的各种各样的官僚制弊病。时至今日,治理又成了政府、权威、控制、目的性和系统性管理的代名词,转眼之间成了新的时髦字眼。目标导向、整合、责任性和回应性等举措成了新的万灵药。从理论风潮的兴衰还是能很清晰地看出,近年来的治理危机与起始于20世纪80年代的大众改革运动关系密切。

细细回想一下,我们就能发现改革运动挑战了笨重的官僚机构,利用政府官僚结构的卓越之处为个体追逐自身利益的渴求松绑,也帮助许多国家取得了不同程度的经济发展成就。尽管如此,这也导致另一种极端倾向,就是强调民主、个人自由以及追求个人利益,往往导致狭隘的个人利益压倒了公共利益。这些改革运动嫌恶并敌视20世纪40年代以来的凯恩斯主义传统,欢呼公共选择理论的到来,尽管公共选择理论也深深植根于启蒙哲学传统。小政府、供应学派经济学、反规制、反官僚和私有化变成了新的信条。这些改革再次激起了长久以来的争论,例如治理应当是自上而下的还是自下而上的,政府应当满足于保护私人利益和私有产权还是应当追求更高的道德目标等。

世界银行的学者们的实证研究和分析指出,私有部门正在影响公共治理,这就挑战了关于政治家行为、公共领域、投资时机的决定权等方面的传统看法。因而,制度改革是必须进行的。

从历史上到今天,官僚制(通过法律和道德强制的制度化来运转)一直是治理的主导形式,但是对控制官僚制或其替代手段的探讨从未停止过。民主制就是一种依照宪法和政府法令进行统治的手段,建立民主制的本意就是为了将官僚置于控制之下。虽然总是有强有力的支持者赞成提升公共利益并实现更高的道德目标,但事实证明,民主制度主要是保护追逐个人利益的行为,只要个体自由逐利行为仍然在整个社会的容忍范围之内。历史经验给我们两条重要启示:首先,官僚制是治理中必不可少之工具;其次,人们从来就没有对官僚制完全满意过。人们总是试图寻找一个替代性方案,以便更好地让公民参与到决策中来。

其实,这些反官僚制的思想同世界银行的学者们赞成的改革方法是一脉相承的。一方面,他们认为:"发起反腐败'运动',创造新制度或新法律,或采用传统公共管理办法和法律改革途径等,这些举措的效果可能相当有限,在许多新兴市场中尤其如此。"另一方面,他们认为改革的焦点应当放在外部责任性上:①透明化;②将实际监督手段制度化;③强调参与和集体行动;④建立系统、组织和个人等层面的激励机制。不过,所有这些都是官僚制的方法和程序。

需要重视两个重要教训:①官僚机构常常脱离控制,组织目标常常被偷梁换柱。于是毫不奇怪,代理人和运转过程会逐渐地但不可避免地凌驾于委托人之上。②参与式民主同样有问题。参与式民主充其量不过是利弊参半罢了,一旦自私自利的活动过于猖獗,混乱就会接踵而来。在努力解决这些问题的同时,我们还应当寻找新治理模式,或许新信息技术、日益增长的经济生产力以及更加全球化的环境有助于彻底解决治理困境,这些困境从启蒙时代起就从来没有得到很好的解决。最新一轮全球分权化和改革趋势显示出,我们还远没有达到能够摒弃官僚制的地步,也无法建立一个有助于实现更高层次道德目的的官僚组织。不过,这毕竟提供了一些思路:旧治理范式已经远远不够了,必须寻找解决这些顽症的新途径。即便仍然使用官僚制工具,某些变革仍然是必要的。要推动民主参与,也要改善透明性、便利性、平等性,但也不能不顾道德信条。

马里兰大学帕克学院荣誉退休教授沃林擅长组织理论、文化理论和结构—功能理论。他提倡使用自己命名的政治弹性理论(political elasticity theory)——有效使用政治软权力和硬权力,以便确保实现一致性和治理要求,希望以此解决官僚制或非官僚制的争论。这种理论也考虑吸收传统官僚控制方式的灵活性优势。

论文《现代行政系统内的功能分化》提出,要保持控制系统既灵活又有效率,就需要有意识地设计一个分工负责的管理系统。治理可以通过各种形式的制度结构来实现,这些制度结构有可能是互补的,同时又是可以互换的。

回顾前面的分析,就会发现新时代的治理意味着许多方面的内容。

（1）必须有一个恰当的行政结构,拥有比较妥当的职能分工,以便有能力处理各种治理事务。治理的一些替代性形式,例如网络化机制和企业家式政府机制,只要有可能就应当采用,以弥补官僚控制系统的灵活性和动力。

（2）民主作为人类社会的梦想,需要社会资本的长期积累。这要求我们有意识地培养民主精神,锻造治理的必要基础。西方国家已经有了数百年的文化和经济准备,因而民主型治理的水平相对较高。尽管如此,也远远没有达到尽善尽美的程度。学者们之所以批评美国——所谓现代民主国家的领头羊,并非毫无根据,美国民主实质上是经济寡头制以及政治共和制,民主更多地存在于社会精英的内部。试图完善不成熟的民主制,会导致低水平治理的崩溃,却并不必然通向更高水平的治理。新近独立的国家在治理中的教训,就给我们上了很好的一课。在一些新近独立的国家,人人都更会算计得失,更喧嚣吵闹,也更信奉个人主义。许多年后再回头看,真实情况往往是精英们对损公肥私的勾当更加理直气壮,公众对统治精英变得越来越不满,于是乱象丛生,腐败更加广泛,凝固的官僚利益集团逐渐形成,精英们变得意志消沉,民众滑向混乱无序的民粹主义。

（3）领导能力归根到底影响着治理绩效,我们需要培育富有民主观念、价值和倾向的政府领导的能力。现代资本主义的火车头无情地碾碎了小村镇的古老价值,而正是这些价值长久以来维系着共同体的团结。要确保当今世界地球村的合作与共存,就必须发展一套新的全国甚至全球性质的公共价值观。中国二十余年来个人主义取向的改革,带来了民主化、分权、放权和自我推动力,更导致传统治理模式的崩溃,而全新的治理系统还未完全建立起来。这些情况强烈地告诫我们,装模作样地做做表面文章是远远不够的。值得警惕的是,尽管当今世界正在寻找生命、自由和人类尊严不会被市场或官僚制践踏的理想乐园,我们还是有可能回到强权就是公理的历史阶段。

在我们这个知识大爆炸和全球化的时代,代表全球秩序的公共价值正在不断扩展,逐步取代传统的民族主义和爱国主义。联合国的建立就是人类历史上为寻求和平共处所作的第一次全球性努力。物质商品和人力资源的大规模自由流动,早就为经济、政治和社会互动建立了全球性平台,而传统官僚结构已经被视为地域性、文化性、历史性、传统性的复合体,早就对新现实束手无策了。或许这就是为什么哈佛著名教授塞缪尔·亨廷顿(Samuel Huntington)构想出一副"文明的冲突"的情景。假如冲突是不可避免的,那么人类从数千年的文明中又学到了什么呢?"文化是由地理环境、经济发展和政治制度共同塑造和强化的。"既然信息系统和全球交通网络已经极大地改变了全球沟通手段,一个更具包容性的全球文化形态最终必将显现。因为,毕竟文化的基本分析单位是个人,每个个人都有相似的生命冲动和生理需要,只要有可能就追求类似的自由、自主和追求幸福。当今世界缺乏的就是一种恰当的符合全球需要的国际领导体制以及按此方向前进的承诺。

五、结论

总之,眼下对治理的热情还远未找到合适的制度、理论和行政改革措施的表述。今日西方的行政改革只不过是人类又一次反抗传统官僚治理结构的努力罢了。只是由于对"小就是好"的留恋与大规模紧密结合的现代社会结构之间互不相容,于是反复努力的结果总是不尽如人意。眼下关于政府是否应当发挥作用,充当道德表率或者仅仅成为价值中立的公仆,依然争论不休,也就是说,治理中的重大议题尚未得到解决。

在操作层面,过去的历史也已经证明官僚制作为一种行政工具,具有无与伦比的力量。为了使官僚制顺滑运转,人们早就想过无数种办法,但是至今还没有发现能够替代官僚制的有效手段。我们已经拥有了新的技术手段,面临着崭新的世界秩序,理应发起新一轮努力,寻找官僚制的替代物。尽管或许我们需要做更多的工作,以证明替代物的可行性。

反过来再对照哈贝马斯的社会危机分析,我们必须做到:第一,掌控经济价值创造方面的危机;第二,掌控行政危机,以确保必要水平的理性决策;第三,掌控合法性危机,以保证文化和政治的可接受性;第四,掌控社会文化系统危机,因为该危机可能侵蚀政治和行政活动的意义。从这个意义上来讲,治理改革远远不能在完成了一次或数次的行政结构改造后就止步不前了。

第二部分

中国公共管理创新篇

创新与中国公共管理①

2006年1月9日,在本世纪第一次全国科学技术大会上,国家主席胡锦涛同志提出要在十五年的时间内使我国进入创新型国家的行列。这一号召抓住了时代的脉搏,给我国提出了更新和更高层次的挑战,要求智慧的中国人民在这科技和社会创新不断涌现的历史时期,迅速跨入先进国家的行列,成为引领世界潮流的中坚。

创新(Innovation)对经济和社会发展的意义,早在20世纪30年代就被熊彼特提出和讨论过。② 近二十年来,随着科学技术的大踏步发展,企业竞争不断激化,社会结构迅速变革,有关创新的讨论在西方发达国家中也变得前所未有地风行起来。在许多有关创新的定义中,被广泛认可的是在熊彼特定义基础上扩展而来的定义,即:将新的思路、新的理念和新的技术运用

---

① 本文原载于《中国行政管理》2006年第5期。

② J. A. Schumpeter, *Capitalism*, *Socialism*, *and Democracy*, Harper Perennial Modern Classics, 2008.

到实践之中,创造新的产品、新的工艺流程、新的组织结构和方法、新的人际关系,开拓新市场,提供新服务,以达到增加价值、提高人类生活水平和质量的目的。这一对创新的诠释,关注的不仅仅是纯科学意义上的"概念创新",而是特别注重"应用创新",注重新的思路、理念和技术能够带来的社会价值增值的贡献。这是科学技术组织化、社会化和人性化的一个必然结果,也把创新提升到了提高国家公共管理水平的新高度。

这一认识,可以从对创新的意义的进一步剖析中得到。创新的意义,至少有三个层次。

首先,在第一层次上,科学技术的发展和进步本身就是一个不断创新的过程。科学史学家库恩在他著名的《科学革命的结构》一书中回顾了人类历史上许多重大的科学突破,提出了范式的转换,即理论概念的创新,而不是简单的科学研究成果的积累,才是重大科学进步的唯一途径。[①] 人类从托勒密的地心说到哥白尼的日心说的认识转换,从牛顿的经典力学到爱因斯坦的量子力学的思维飞跃,从以计算机主机为核心到以网络为主体的数字电子技术革命,都给经济和社会的发展带来了不可估量的影响,更不用说它们同时在科学技术的其他领域引起的连锁效应。可以说,没有创新,就没有科学的进步和发展。

在社会科学领域,理论的创新也有异曲同工之妙。在社会矛盾尖锐、社会发展止步不前的情况下,新的理论思想往往会带来新的希望和新的发展突破口。

在阶级矛盾激烈、资产阶级对无产阶级残酷掠夺和欺压、无产阶级生存无望的情况下,"马恩政治社会发展理论"一针见血地指出了社会矛盾症结所在,提出阶级斗争的呼声,成为无产阶级的思想武器。"罗斯托经济发展理论"产生于阶级矛盾相对不十分激烈的时代,他不涉及政治,用带有欺骗性的阶级调和理论描述社会发展的过程,强调经济发展,鼓励阶级合作,防止矛盾激化,是资产阶级能接受的理论。"托夫勒技术发展理论"只从人类使用技术的角度来观察社会发展,为人类社会更好地认识技术的社会功能提供了清楚的理论视角。而"社会历史发展理论"从社会历史进程的角度出发,对不同社会阶段的政治、经济、文化和技术特点作了详尽的描述,综合性地描述了社会现实,也对人们认

① T. S. Kuhn, *The Structure of Scientific Revolutions*, University of Chicago press, 2012.

识不同的社会形态作出了有益的贡献(见表 1)。这些社会发展理论,并不能完全互相替代,它们呈互补状态,在不同的历史时期,帮助人们从不同的视角来审视自身的发展,解决社会矛盾,引领社会的进步。

表 1　不同范式的社会发展理论

马恩政治发展理论	罗斯托经济发展理论	托夫勒技术发展理论	社会历史发展理论
原始共产主义阶段 奴隶社会阶段 封建社会阶段 社会主义社会阶段 共产主义社会阶段	原始经济阶段 初级发展阶段 起飞前的经济发展阶段 经济起飞阶段 大众消费阶段	游牧社会阶段 农业社会阶段 工业社会阶段 后工业(信息工业)阶段	大发现阶段 启蒙运动阶段 现代阶段 后现代阶段

“创新”在第二个层次上的意义是提高企业或国家的竞争力。20世纪 80 年代中期,经济的不景气使美国的先进分子有了国家竞争能力受到挑战的危机感。当时美国的“总统工业竞争能力委员会”也开始对西方传统上根深蒂固的、认为私营企业可以自动解决一切创新问题的信念产生怀疑,要求国家实验开发研究机构介入有商业价值的科学技术的开发,使传统上对商业利益漠不关心的国家实验室开始与工业界合作,注重科技转换和科技成果的商业价值。从不干预到为了商业竞争力而实施干预这样一个转变,很清楚地表明了美国决策层对科学技术作为重要的生产能力、科学技术的发展和使用需要国家的干预这两个核心问题所取得的新认识。哈佛教授波特从 80 年代开始的“国家竞争能力”的研究和论著,对使用“创新”来提高国家竞争力的思路起到了推波助澜的作用。[1]

创新的第三个意义是解决发展中不断出现的社会矛盾,寻求和谐社会和可持续发展。由于科学技术的发展,现代社会的特点是在技术方面的社会生产能力过剩。根据美国 2004 年的统计数据,他们从事农林渔牧业的人口只占总人口数的 0.7%,从事第二产业的人口为 22.7%,从事第三产业的人口占 76.3%。这就是说,美国国内人口对食物的需

---

[1]　M. E. Porter, *Competitive Advantage of Nations: Creating and Sustaining Superior Performance*, Free press, 2011.

要只要有少于 1％ 的人来生产就能满足，对其他生活资料的需要只要 20％ 左右的人员就能满足。从传统的需求理论来看，除了对第一和第二产业的生产环节运转提供必要服务的少数第三产业的工作人员，剩下的人大多是理论上的多余人口。也就是说，在现代科技条件下，人们的基本需要得到满足早就应该不是问题。但是，就是在美国这样高度发达的国家，"朱门酒肉臭、路有冻死骨"的社会问题也没有得到很好的解决。社会产出的分配和再分配、就业机会的创造、国家可持续发展的后续机会，都是现代社会必须面对的重要课题。用科学技术、组织创新、市场扩展等方法创造新的社会需求，克服原材料局限，创造就业机会，提升人类生活质量，解决社会矛盾，建设和谐社会和维护可持续发展，是创新管理的最重大的使命和挑战。

从以上三个层次的分析来看，创新不但是科学技术问题、国家竞争力问题，更是现代文明社会的公共管理问题。美国的科技创新史也证明，科技发展和创新与公共管理密切相关。传统上，美国政府对科技领域的干预有三种不同的理念范式：第一种是市场失灵范式，认为政府应该少管和不管，让市场自己调节。只在市场失灵的情况下，公共政策才开始干预。这一范式存在于美国建国到前工业化时期。第二种认为政府应该是科学技术的经纪人，重在培养人才、进行基础科学研究，帮助工业界消化和应用科学技术。这一帮助科学研究的范式出现在 19 世纪中叶，具体反映在美国对大学的土地支持政策和在大学创立农业科学服务站等举措上。第三种是国家科研任务使命的范式，认为国家有对科学技术的需要，它需要科学技术来为国家的国防、安全、能源开发、医疗、空间、农业发展等使命来服务。这些思想在二战期间得到认可，"曼哈顿工程"使美国成功制造出原子弹，对战争的进程和提升美国的国际地位产生了极大的影响。近年来，第四种范式开始出现。由于科学技术对环保、生命和经济发展的重大影响，政策界开始提出科技产出的社会功能这一科技政策理念范式。国家科学技术的政策开始从科学家主导（发展技术上可能的领域）、经济和企业家主导（发展挣钱的技术领域）走向以政治家、社会学家、科学家、经济学家、管理学家和社会大众联合体为主导，以社会综合发展需要为目标的管理形式，强调创新的社会产出。美国科学技术的投入占全球科技投入总量的 50％ 左右，它的国家竞争能力在世界范围内能够独领风骚，与公共政策的介入和美国政府对科技研究与开发的参与（不论效率是否最佳），是绝对分不开的。

在经济全球化的背景下，国家的有效发展取决于它对自己所拥有的知识创新资源的开发和利用。创新对经济发展的速度和方向、人们的生活水平和生活质量以及国际竞争力有至关重要的影响。另外，不仅仅是科学技术的数量，而且是这些科学技术资源的配置和国家对这些资源的使用能力，决定着国家的国际竞争力。同时，国家创新系统的波动性很大，它不仅受科技政策的影响，而且对社会的、市场的、经济的环境和国家的其他公共政策（如税收政策、移民政策、反垄断政策、国防政策、人力资源管理政策等等）高度敏感。[①] 因此，优秀公共政策的制定和执行，需要具有全球视野、高屋建瓴的卓越领导人，良好的公共管理制度体系以及良好的文化环境的支撑。历史上，英国工业革命的重点在技术创新，日本明治维新的重点在思想创新，而美国的科学化运动重点在管理创新。科学技术、经济格局、企业模式、社会进步、国家治理等各个方面的创新都有重大的理论和现实意义，而只有卓越的公共管理，才是保证实现国家领导人的战略意图、建设创新型国家的重要基础。中国的公共管理学界，任重而道远！

·创新与中国公共管理·

---

① 克罗等：《美国国家创新体系中的研究与开发实验室》（高云鹏译），北京：科学技术文献出版社 2005 年版。

政府管理创新的瓶颈因素及其分析[①]

政府是指社会生活中可以权威性地制定和执行公共决策和行为法则的组织和程序。[②] 政府用这些政策和法则来影响社会,规范人们的行为,分配社会资源,处理社会矛盾,调整人与人、人与社会以及社会与自然之间的关系。在不同的时代和不同的文化环境条件下,政府有不同的目的、不同的功能、不同的政策和程序,因而也会有不同的治理结果。这些不同主要取决于社会的知识和管理阶层对于如何最好地维护一定的政治和社会目标而做出的一系列决策的总和。[③] 如何顺应时代的要求,应对时代的挑战,创新体制,完成中国的现代化革命,在新一轮的全球竞争格局中立于不败之地,是现代中国人不能回避的课题,更是中国的管理和知识精英的历史使命。本文从历史进程、国外发

---

① 本文原载于《学术研究》2006 年第 7 期。
② R. Lehne, *Government and Business*:*American Political Economy in Comparative Perspective*,CQ Press,2012.
③ Ibid.

达国家的经验和中国自身的发展轨迹与社会力量的互动的角度,探讨了中国政府管理创新的瓶颈因素。

一、中国政府所面临的创新挑战

在不同的历史时期,政府处于不同的社会环境,有着不同的特点和治理目标,依靠不同的技术和组织结构。这些特点集中反映在政治、经济、社会和组织层面(见表1)。

表1　不同社会形态、政府目标及社会特点

	社会形态 特点	原始社会	封建社会	现代社会	后工业社会
政治特点	法理依据	父母氏族血缘	天赋皇权	法理契约	权威表述
	政府目的	氏族家庭生存	国王领主利益	经济发展	人性的张扬
	政治价值观		隶属领主	民主平等稳定	民主平等
经济特点	主要经济组织	家庭、氏族	地主、庄园主	企业	有效虚拟
	主要产业结构	游牧、农耕	农耕	一、二、三产业	第三产业
	生产力	低下	相对发达	丰富到过剩	高度
	科学技术使用	无或少	少量	大规模	自动
	交通信息交流	慢	较慢	快	无障碍
	决策模式	家长	君主	立法和组织讨论	开放讨论
	资源	存在但不能开发	少量开发	规模开发	自然资源挑战
社会价值观	礼仪	重天、人	重人际	多元化	多元化
	价值观念	靠天吃饭	土地是命根子	有钱能使鬼推磨	生命和对幸福的追求高于一切
社会组织特点	社会形态	流动/农村	农村	城市	乡村、都市
	社会结构	父系　母系	封建科层	现代科层	网络
	政企社会关系	家族统治	绝对君主权利	税收、规制、利益团体	网络、能动、多元、制衡

表1试图勾画出社会发展各个阶段中不同的政治理念和统治目标,经济组织的形式和生产情况,社会价值观和社会的组织形态。中国现阶段的发展,正处于从传统社会向现代社会全面过渡的阶段。同时,

·政府管理创新的瓶颈因素及其分析·

又在思想上与国外发达国家同步,追求后工业时代才能实现的价值观念。中国面临的挑战在于,它还没有从传统社会的格局中走出来,又面临加速现代化的要求,还要同时完成后工业时代才有可能实现的人类理想。中国政府的治理创新,也必然要按照这样的发展轨迹来寻求突破点。

在早期资本主义的发展阶段,人文的价值观处于弱势,资本奴役人性、创造财富不均衡的落差,将资本对生产和其他社会功能的激励作用发挥到极致。资本主义以相对惨重的人文代价,对自然资源的掠夺,换来了现代社会的发展。中国的知识管理精英如今所面对的,正是这种承上启下的历史责任,并致力于寻求获得后发优势的途径。

二、中国政府管理创新的瓶颈因素

从国家社会形态发展的历史进程中我们可以看出,中国对创新的要求,不是一时一事和一个方面,而是全面和系统的。在这样规模的创新努力中,有几个重要的瓶颈因素,尤其值得注意。

第一,我国面临技术、管理、思想等各方面的创新压力。创新是历史的必然,选择正确的创新道路,是国家和组织生存和发展的前提。

从生态组织发展的角度来看,变异、选择和生存是三大步骤。[①] 环境的变化引起社会的变化,促使组织变异,来适应新的形势。中国两千年前就有高度发达的治理文明,以秦汉的国家管理体制为硬件和儒学的道德思维理念为软件的治理方法,使中国的帝王能够成功地统治着辽阔的疆土。近代,在新的世界格局和治理条件下,中国传统的治理方法和思想受到了严峻的挑战。中国必须从传统的社会格局中走出来,往现代化的道路上行进。也就是说,中国的知识和政治精英,在现代世界的格局中,不得已而要重新选择中国的治理和发展的方法,以应对外部环境变化的挑战。

在工业生产力高度发达的今天,生产力过剩,许多产品的市场饱和,社会不能全部消费掉生产出来的基本消费产品,迫使企业创新思维,创造新的产品,开拓新市场,拉动消费。彩电、计算机、手机等都属这一类产品。在人类基本生产力能解决基本的衣食住行问题后,人们靠创新思维开拓市场,发展社会和经济。在发达国家,1%以下的农业

---

① H. Aldrich, *Organizations and Environments*, Stanford Business Books, 2007.

人口可以解决吃饭问题,20%多的人从事第二产业的商品生产,满足人们的日用需要,而更多的人从事第三产业的工作。即便是占人口20%多的第二产业,也经常有过剩的市场生产能力,要靠推销、促销来鼓励消费,让产品被市场消化。社会的经济发展,已经开始从求生存到如何协调人类合作,创造就业机会,极大发展人类潜能的阶段。[①]

在高度发达的现代社会,社会各团体之间的利益冲突和相互依赖大大加强。社会对拥有协调这些团体矛盾的功能和权力的政府的依赖性大大增强。如果政府管理跟不上变化,就会出现德国社会哲学家哈贝马斯所说的社会治理危机,包括经济危机(economic crisis)、管理决策危机(administrative crisis)、合法性危机(legitimation crisis)、社会文化体系危机(socio-cultural system crisis)。[②] 创新是应对这些危机的一种不得已而为之的必由之路。中国20世纪80年代初的改革开放,解决的是经济危机问题。在经济迅速发展的今天,除了继续防范经济危机,还需要进一步提高管理决策能力,鼓励民众参与政治和创新文化,以化解管理决策、执政能力和文化失落所带来的潜在危机。

综上所说,中国的创新压力是多方位的。如果说,英国的工业革命,重在技术创新;美国的工业现代化,重在管理革命;日本的明治维新,重在思想革命;中国的现代化,则是步各国不同发展阶段的尘,姗姗来迟的革命,所面临的创新压力是多方面的。

第二,对创新思维的认识不够。创新思维要求从不同的途径寻找解决问题的方法,而不是循规蹈矩,在现有的方法上绕圈圈。因此,必须跳出已有的思维模式,用非常规的方法来解决矛盾。

在美国的工业化初期,由于生产力低下,劳资双方都认为产出的大饼不够分。工人已被剥夺到极限,不能或不愿做出更多的努力来增加产值。而资方除了想更多的点子来敦促工人卖力以外,也不愿有更多的付出来激励工人劳动。科学家们开始提倡科学管理方法,在不增加劳动强度的条件下,提高生产力,增加劳资双方的收益,即所谓的双赢策略,使提高生产力的需要与工人已竭尽全力之间的矛盾得到了解决。

中国在20世纪七八十年代的一段时间内常有的邻里纠纷,源于生存空间的局限,如两家共用厨房、洗手间等。解决问题的一种思路是,

① 蓝志勇:《美国公共管理学科的发展轨迹及其对中国的启迪》,《中国行政管理》2006年第4期。

② J. Habermas, *Legitimation Crisis*, Boston: Beacon Press, 1975.

就事论事,协调邻里关系,解决矛盾。另一种就是跳出问题本身,寻求建造新的单元住宅的方法。这两种思路缺一不可,而较能根本解决问题的是后者。

中国很突出的农业、农民和农村问题,是长期困扰中国领导层的难题。解决这一问题的传统方法是把资金投到农村,补贴给农民和农村,逐步改善农民生活。但是,如果跳出传统思维,不先把资金拨给农村,而是加大农业科技投入,用现代农业科学技术提高农产品的生产水平、加工率和运输整合力,农业用地效率低下的问题就可得到良好的解决。随之而来的多余农村劳动力的问题则要靠第二、三产业的发展来吸收。所以说,解决中国农村问题的方法,可能在城市,而不是在农村。

由上可见,中国政府管理创新需要依靠思维模式的转换,而不是简单地依靠知识积累。

第三,如何有效学习,也是发展创新的瓶颈因素之一。

在学习态度方面,如何尊重历史,超越历史,是长期困扰中国知识和领导精英的一个问题。中国近百年来向外学习的过程,在两极的争论之中徘徊,完全排斥者有之,断章取义、不分青红皂白、拿来就用者有之,却很少有人认真研究如何向外学习。在此,我将美国学者,后成为美国总统的威尔逊在一百年前说的几段话呈现在此,对我们在新时代调整思维,不无裨益。

威尔逊在他的名篇《论管理学习》中讲如何学习,"如果我们看到一个杀人者用很聪明的方法在磨他的刀,我们可以学习他磨刀的方法而不学他要用这把刀来杀人的动机"①。在学什么的问题上,威尔逊也有他的思考。他说,现代政府的成长和发展一般有三个阶段:(1)绝对统治阶段。在这一阶段,统治的地位和权力是至高无上、不可动摇的。(2)宪政阶段。人们通过以大众为中心的方式来制定宪法,用以替代统治者至高无上、不受挑战的权力地位。但在这一制宪过程中,民主政治的运作往往忽略了管理的重要性。(3)有了通过大众制定的宪制后,掌握了自己命运的公民们开始发展和建立宪政体制下的管理体系,以提高管理效率。随后,他对英美和欧洲的具体情况做了具体分析。他说,英美的政治历史是一部擅长立法监督、擅长立法和政治批评而不擅长政府管理和组织发展的历史。所以说,我们现在到了必须要认真研究

---

① W. Wilson, "The study of administration," *Political Science Quarterly*, No. 2, 1887, pp. 197-222.

管理和创新,以弥补我们政府长期制宪有余而管理不足的时候了。威尔逊的这些话和理论分析,从思维方式、学习态度、学习方法和学习目的等几个方面认真讨论了美国为什么要学习当时管理技术比较发达的德国,学习它的什么地方,美国自身的优缺点在什么地方等等。

在学习方法方面,中国往往注重一家之说,而忽略了一个庞大的政治经济文化实体,在不同的阶段和条件下,需要不同理论的支撑。在近代学习西方的过程中,太平天国引入了基督教的思想,孙中山引入了欧美的民主思想,十月革命给中国送来了马列主义。马列主义的政治理念适应了中国的国情,加上历史的契机和共产党领导人的正确决策,帮助中国革命取得了胜利,成为中国的主要政治理念。不幸的是,在长期的革命和建设过程中,马列主义被教条化和宗教化了,没有得到应有的发展和讨论,也制约了理论讨论上百花齐放的可能,违反了马列主义的科学和批判的精神。直到《实践是检验真理的标准》一文发表,才把马列主义重事实、讲道理、需要发展和与时俱进的本原精神还给了大众。近年来,有些青年学者在引进西方理论时生吞活剥,鼓吹一家之说,唯新理论马首是瞻,也有独尊一派,不及其余之嫌。

中国在向外学习的过程中,由于历史的局限,往往偏重形式,忽略了实质。在相当长的一段时间里,将马列教条化和宗教化,使中国的理论工作远远落后于现实,因而在中国开始现代化进程的时候,将那些西方国家在发展过程中出现的问题视为突发性的新问题,措手不及,常常是亡羊补牢,出了问题后才设法解决,重复发达国家走过的老路,损失了不少后发可以借鉴别人的经验优势。

第四,在对外学习的过程中,不少知识精英容易忽略自身与别国发展过程的区别,将理想和现实混淆,造成学习的失败。中国的文明和辉煌的历史,一方面是智慧的宝库和民族的信心,另一方面也是一个包袱,使大家总是感到应该立即得到最好、最新和最时髦的东西。但对其进行消化和使用则需要一定的基础能力。比如说,19 世纪末 20 世纪初是美国工业化迅速发展的时期,他们的"科学、改革、好的生活"的"进步运动"思想也来到了中国,引起了科学民主的思想革命,一部分知识分子用理想主义的方法来改革中国的政治,结果使学习西方民主的共和革命(孙中山革命)在文化、政治力量准备不足、军阀混战、百姓食不果腹的情况下夭折在襁褓之中。学习苏俄后,又比照苏俄,强调工人阶级的领导力量和城市武装暴动的模式,导致早期革命的失败,直到后来找到符合中国实际的农村包围城市的道路才获得革命的成功。

中国在改革开放后有了长足的发展，但总体来说，现代精神不够，即市场不足，有效行政机制和法规不足，科学不足，民主不足。要把西方建立在他们文化基础之上的最新理论拿来推行，恐怕会东施效颦，效果不佳。

从意识到造势，准备，启动，初级、中级和高级阶段的启动和发展，有一个过程。从社会发展的角度来说，就是农业、前工业、工业和后工业的阶段的过程。这中间，要有资金、技术、人才、管理经验、市场机制、科学体系、法律体系、文化支撑体系的积累。中国目前的发展阶段，十分雷同于一百年前美国的工业化阶段（1860—1929）：大工厂制度的形成，边疆或无限制拓展空间的结束，极其迅速的城市化，大规模铁路运输系统的出现，暴富的个人，不成熟的市场，激烈的劳资纠纷，公有企业的私营化，国家对知识产权的保护，反垄断法案的形成，市场的一体化，市场条件下的国家金融管理架构的形成，公司与高校的合作，管理的职业化，等等。较大量和细致的学习，可以集中在这一过程，而不是照抄西方国家现阶段的改革手段和理念，断章取义，追求新奇和形式，忽略实际效果。

第五，组织学习不够是中国学习国外经验或自身经验的软肋。哈佛大学教授彼得·圣吉弘扬了组织理论中组织学习的观念，提出在求变的过程中，"组织学习"的重要性。① 组织学习的步骤分为：个人学习和掌握新知识；建立新的范式观；获取组织共识；团队学习；系统思维。对于个人来说，建立新的范式观本身就是一个重大进步。近年来，中国对外交往力度加大，许多有识之士都在努力学习，进行个人学习，许多人受到了非常好的教育，具备很好的科学素质和全球视野，但在获取组织共识、打造团队精神和团队学习方面，却远远不能满足快速变化的中国的需要，更谈不上系统思维。具体的表现就是组织决策的正确性受到挑战，号令不出决策机构，政策执行的自觉性和力度较差等等。用通俗的话来说，就是好的思想变成好的政策的过程困难，在执行上，上有政策下有对策。建设学习型（组织）社会和全面建立创新型国家的提出，针对的就是中国组织学习和系统思维欠缺这一瓶颈因素。近年来，中国开始大力引进国际人才，帮助推进中国的学习型和创新型社会的发展，但滞阻机制还是存在，表现在人才系统的非开放性和引进（包括

---

① P. Senge, *The Art and Practice of the Learning Organization*, New York: Doubleday, 2000.

国际和本土引进)人才的低效率使用等方面。

三、改革和创新政府实践,迎接世纪挑战

在政府理论方面,现有的政府与社会的关系往往被归入几大模式,即以西方现代政治理论思想为基础的框架型小政府模式,以汉密尔顿的积极政府思想为基础的干预性政府,美国工业化过程中出现的规制政府,以马列理论为蓝本的社会服务政府,以柏拉图的公民社会为目标的教化型政府。

框架型小政府模式,以洛克和亚当·斯密的放任政府思想为核心,认为政府应该管得越少越好。亚当·斯密的《原富》是现代经济学的基础。他与洛克的自然法则思想一脉相承,认为在自然中有一个看不见的手——人们追求私利的欲望,在激励着人们不断努力工作,在为自己谋得利益的同时,也就自然为社会财富的积累作出了贡献。因而,政府除了维护秩序和做一些日常性的服务外,应该管得越少越好。亚当·斯密的论点是中产阶级向封建皇权争夺权力的思想武器,将自私的精神合理化并提升到了近乎神圣的地位,给了中产阶级为自身谋利益极大的信心。美国《独立宣言》的起草人杰斐逊,就是这一政府思想的忠实信仰者。这是美国的理想主义的代表思潮。但实践证明,如何能设计这种管得少又能管得好的政府,是一个极大的挑战。

干预性政府指的是政府利用国家的权威来帮助发展国民经济。殖民时期的英国,战后的德国,20世纪的日本都选择了这种模式。在美国,推崇这一模式的最早的政治人物是汉密尔顿。汉密尔顿是美国现实主义的代表人物,作为联邦文献的主要起草人之一、华盛顿的秘书和美国第一任财务卿,他的思考必然要更接近现实。他认为,国家应该用积极的入世的态度来干预经济,建立国家银行,投资公共工程,给公务员相应的权利。这些主张在开始并没有得到普遍的采纳。相反,由于杰斐逊的雄辩和强大的民意支持,汉密尔顿的主张往往处于下风。但是,随着美国工业化程度的提高和市场经济中暴露出来的矛盾增多,汉密尔顿的主张越来越得到印证并在美国的国家管理中显现出现实的作用。这一模式,在罗斯福新政以后,有四十多年的强势发展,导致相对强大的政府官僚。直到20世纪80年代里根入主白宫,进行私有化和分权化的改革,才开始解决多年积累的官僚庞大臃肿的问题。

美国工业化过程中出现的规制政府,是以应对问题为主题的反应性政府。目的是在放任的市场经济条件下,如果市场行为导致了不好

的或社会不能接受的结果,政府会做出相应的规制,在不影响市场竞争的好处的条件下,对社会和企业行为进行规范。这一政府模式的实践结果是正面的。它帮助美国顺利地走向了工业、市场、经济现代化和社会化的道路,立下了可圈可点的功勋。当然,在利益集团政治的决策格局下,强大的利益集团操纵政治决策和立法程序,牺牲大多数人的利益,形成铁三角利益集团,也出现过不少丑闻。

以马列理论为蓝本的社会服务政府,强调以国家为主体、公有制为基础、计划经济为手段、按劳分配为激励机制的全能服务,试图用国家的权威来追求社会的公平。中苏多年的传统社会主义实践,表明了这一模式管制有余、激励不足、公平有余、公正不够的局限性。

以柏拉图的公民社会为目标的教化型政府,强调国家以高度的道德标准来要求公民,建立公共利益观,创造公民社会,建立公民国家。理想崇高,但运作困难。因为谁也说不好到底什么是最高的道德标准。

这些国家治理的模式于不同的时期在不同的国家中得到过实践,各有各的贡献,各有自己的难题。创新思维,寻找那些适应中国现阶段的发展需求的部分,不拘一格,却又实实在在应用在中国的管理和发展实践上,是中国新一代政治精英和管理学者的使命。从大的格局上来说,有几条线索已基本清晰。

在政治理念、政治价值观方面,中国 1911 年的辛亥革命、1919 年的五四新文化运动和共产党领导的新民主主义革命在理论上已解决了这个问题。科学和民主这两面资产阶级现代革命的大旗,得到了马恩列等优秀革命者的拓展,并把它们的应用范畴延伸到了全人类,也得到了中国知识阶层的认同。马克思提倡用科学的方法来研究和探讨社会的发展,极大限度地发展人的潜能,追求人性的解放和平等、幸福、繁荣的社会目标。只是中国在后来学习苏联的过程中,不幸将马列的思想教条化了,舍本求末,忘记了马列科学、批判和进步的基本精神。直到改革开放后,才开始还马列思想以真正面目。

在政府治理方法方面,中国开始追求以法理为基础的现代治国道路,加强人本理念,追求新形势下"三个代表"理念的强化和管理精英先进性的维护,完善法规和立法机构,提升现代治理能力。

在经济方面,一、二、三产业都要发展。在目前的条件下,中国第一、第二和第三产业的收入占 GDP 的比重分别为 15.17%、52.89% 和 31.94%(见 2005 年中国统计年鉴)。美国同期的比例分别是:0.9%、19.7% 和 79.4%(CIA 数据估算)。由此可见,中国第三产业的发展空间还很大。但要发展第三产业,需要强大的第一和第二产业作为物质基础。中国目前为外向型经济,靠的是中国劳动力与发达国家劳动力的价格差。中国应迅速提升制造业和科学技术的应用水准,在商品生产高度发达的物质基础上,提升农业科技水平,改造农业生产和农村结构,同时,提高国内劳动力收入水平,增大内需,为未来高度发达的第三产业提供雄厚的基础。经济结构的创新,面对的是产品创新、社会生产流动程序创新和生产力过剩的挑战,即如何将过剩的生产力,变成社会可持续发展的动力的问题。这就要求社会文化和消费理念的变化和发展,这是经济学之外的经济学。

在社会价值观方面,重新构建中国的公共利益价值观,创造新形势下的公民社会,一方面要调整传统的以土地为中心的发展观念,注重资本的能动性和创造能力,另一方面,要防止资本奴役一切的早期资本主义倾向,追求人本的精神。从一定意义上来说,文化再造,并不是一个过分的要求。

社会组织形态方面,中国要从传统的科层结构,脱胎换骨转换成现代的科层结构,并向以现代经济为基础的网络结构发展。在城市化的过程中,追求网络、能动、制衡和多元。现代的城市,不再追求传统工业化时期高楼林立、人口高度集中,以服务工业基地为主、居住环境和交通环境往往不够好的城市格局,而是追求有高度人居环境质量,人与自然共存,能够不断为人类造福的生活、文化、建设、科研的中心。

中国的现代化崛起,发生在信息化、城市化和全球化的大变革的时代,机遇和挑战共存,需要大规模的高素质的人才推动、维护和引领这一过程。所以说,它最根本的创新,必须是人才体制和人才使用方法的创新。国家和政府的创新,是不可忽略的策中之策。

给分权划底线，为创新设边界

——地方政府创新的法律环境探讨①

一、引言

苹果公司创建者之一卡瓦萨奇（Guy Kawasaki）说过："在生活中，你可能犯的最大错误是接受已知的东西，拒绝未知的。你应该正好相反，挑战已知，拥抱未知。"林肯也说过："过去那些安静的成规，对暴风雨式的当前形势是不合适的。既然我们面对新的问题，我们就必须要有新的思维和新的行动。我们必须解除我们过去的束缚，然后我们才能拯救我们的国家。"这两段话，前者是现代高科技公司生死存亡的金科玉律，后者是开创美国新纪元的指路明灯。它们的共同特点就是不满足于过去，勇于创新，拥抱未来。

但是，创新概念运用在公共管理或政府工作领域，则又有一些更多的考虑。因为"公共管理是人类协调合作的技术……它是人类控制自己文化和环境的工

---

① 本文原载于《浙江大学学报（人文社会科学版）》2007年第6期。

具。它的目标是既维护稳定又同时争取变化和革新"①。也就是说，政府创新是以稳定为前提的。从更一般的意义上来看，稳定和变革是一对博弈的力量。没有稳定，就谈不上变革；同样的，不变革，就不可能有长期的稳定。在实践中，只有兼顾二者，才能相得益彰。

地方政府在政策执行，公民服务，地方经济发展，维护和改进地方政治、经济、社会和环境的基础设施中起到至关重要的作用。② 长期以来，人们认为政府特别是地方政府是保守的，反对变化的。在一篇探讨美国州政府和地方政府创新的报告中，海斯指出，地方政府"绝对充分地具备了明天还做今天一样的事情的能力。这种政府不是设计为从事高效、高反应性、高灵活性和进行创新工作的政府。任何想要这样做的人必须与现有的习惯势力作斗争，反潮流而动。而现有的政府结构完全没有任何多余的能力来创新……新的项目和思想慢慢地适应性地在一个完全恶意和不适的环境中进行"③。

海斯的话代表了很多人对地方政府的看法，在一定意义上也反映出地方政府的管理现实，如资源不够、传统惯性势力强等等。最近几十年来，西方国家的分权、减税和新自由主义改革，更使得地方政府必须面对递减的中央政府或联邦政府拨款、递增的公民要求和不断增长的地方服务责任。在此情况下，不少地方政府捉襟见肘，更不用说有多余的人员或资源来从事创新。但同时，困境也使得地方政府另辟蹊径，寻求新的出路。④ 地方政府创新，正是在这样的条件下成为热门话题。⑤

在中国，建国以来的几十年间，地方政府的重要功能常常不能得到高水平发挥，间或也会发挥过度，以致使中央感到失控，要上"紧箍咒"。

① D. H. Rosenbloom et al., *Contemporary Public Administration*, New York：Mc Graw-Hill College, 1994.

② 蓝志勇：《中国地方政府的组织与责任的若干问题及未来的改革方向》，载于沙安文、沈春丽：《地方政府与地方财政建设》，北京：中信出版社2005年版，第110—118页。

③ F. Hays, "Innovation in State and Local Governments", in F. Hays and J. Rasmussen, *Center for Innovation in the Cities and States*, San Francisco：San Francisco Press，1973, pp. 1-20.

④ D. R. Berman, *State and Local Politics*, ME Sharpe Incorporated, 2000；J. O'connor, *The Fiscal Crisis of the State*, Transaction Publishers, 1973；G. R. Stephens and N. Wikstrom, *American Intergovernmental Relations：A Fragmented Federal Polity*, New York：Oxford University Press, 2007.

⑤ E. T. Wheeler, *Government that Works：Innovation in State and Local Government*, McFarland，1993.

·给分权划底线，为创新设边界·

中央与地方的关系,走不出中国历史上常见的"一抓就死、一死就放、一放就活、一活就乱、一乱又抓、一抓又死"的怪圈。因此,中国的传统智慧倾向于主张"稳定压倒一切",而代价往往是社会能动性和原创力受到影响,巨大的社会能量被压抑和内耗。

改革开放后,巨大的社会能量被激发,中国的社会管理机构——中央和地方政府——面临着新一轮的治理挑战。其中,中央政府如何处理与地方政府的关系,做到抓而不死,活而不乱,允许和鼓励地方政府创新,走出历史的怪圈,成为一个紧迫而艰难的课题。以往中国的中央与地方关系类似于唐僧与孙悟空的关系。唐僧对孙悟空过大的本事心有芥蒂,不到完全发挥出来就要念紧箍咒,早早卡死,以防万一失控,不好收拾。处理中央与地方关系的理想目标应该是将其改变为如来佛与孙悟空的关系。孙悟空有能力尽量发挥,出不了大问题,有了问题也能被如来佛轻而易举地解决。

那么,如何使这种如来佛与孙悟空的关系成为可能呢?本文在考察美国多级政府间关系创新的历史经验基础上提出,如果中国能够找到创新地方政府法律环境的途径,给地方政府分权设底线,为创新设边界,则地方政府的创新潜力就可以大大发挥。也就是说,建立新型合理的法律环境,是鼓励地方政府创新,激发中国经济、社会和政治发展的有效路径。

二、创新治理概念,界定中央与地方政府之间的关系

在不同历史时期,政府处于不同的社会环境,有着不同的特点和治理目标,依靠的是不同的技术和不同的组织结构。这些特点,从政治、经济、社会和组织层面集中反映在表 1 中。①

表 1 不同社会形态、政府目标及社会特点

	社会形态	原始社会	封建社会	现代社会	后工业社会
政治	法理依据 政府目的 政治价值观	父母氏族血缘 氏族家庭生存 氏族管理	天赋王权 国王领主利益 隶属领主	法理契约 经济发展 民主、平等、 稳定	权威表述 人性的发展 民主、平等、 和谐

---

① 蓝志勇:《政府管理创新的瓶颈因素及其分析》,《学术研究》2006 年第 7 期。

社会形态	原始社会	封建社会	现代社会	后工业社会
经济 主要经济组织 主要产业结构 生产力 科学技术使用 交通信息交流 决策模式 资源	家庭、氏族 游牧、农耕 低下 无或少 慢 家长 存在但不能 开发	地主、庄园主 农耕 相对发达 少量 较慢 君主 少量开发	企业 一、二、三产业 丰富到过剩 大规模 快 立法和组织 讨论 大规模开发	有效虚拟 第三产业 高度 自动 无障碍 开放参与 自然资源挑战
社会价值观 礼仪 价值观念	重天、人 命中注定	重人际 土地是命根子	多元化 有钱能使鬼 推磨	多元化 对生命和幸福 的追求高于一 切
社会组织 社会形态 社会结构 政企社会关系	流动/农村 父系、母系 家族统治	农村 封建科层 绝对君主权力	城市 现代科层 税收、规制、 利益团体	乡村、都市 网络 网络、能动、多 元、制衡

表 1 说明,政府创新就是在新的思维和价值观念基础上,运用新的方法、新的管理机制,实现新的目标。从社会形态的变革来说,政府创新实际上是有边界的。从原始社会、封建社会到现代和后工业社会,每一种社会形态都有自己的显著特点,从不民主和不公正走向民主和公正,使用的技术手段和管理机制也越来越复杂。现代政府的基础是法理契约,也就是政府与人民的关系不是统治与被统治的关系,而是人民创造自己的政府机构来为人民服务的关系。国家的主体,从君为民纲的封建时代进入了以民为本的新时代。从这个意义上来说,中央与地方政府的关系就是共同为民服务的合作者的关系,不是谁大谁小的关系,它们共同寻求的是将服务效率最大化的目标。中央政府对地方政府的领导地位,是建立在经过讨论的法理基础之上的。

这一概念在美国的府际关系中得到了很好的实践,值得我们认真研究。有人说,美国是联邦制的分权国家,而中国是中央集权的国家,文化传统不同,没有可比性。但事实上,联邦制也是一种中央集权制。它要解决的是如何将具有很强自治传统的美国地方政府(殖民时代的产物)纳入到中央权威的旗帜之下。美国建国两百多年来,联邦政府与地方政府的博弈,反映的就是这个主题。另一方面,中国具有中央集权

给分权划底线,为创新设边界.

的悠久传统。改革开放政策取得成功的一个重要经验就是中央给地方放权，鼓励地方的积极性和创造性。中美两国看似截然不同的过程，却走向同一个目标，即寻求中央与地方权力的合理分配和职能分工。关键之处不是英雄从哪里来，而是英雄要到哪里去。基于这个立论，我们先来看看美国的具体做法。

三、美国联邦宪法对州政府权力的定义与限制

美国是两级立法的国家。联邦政府制定国家大法，对州政府的权力、地位及其与联邦政府的关系作了详细具体的定义和限制。州政府则在联邦政府的法律范围内具体管理县市以下的政府。州政府有对州内事务管理的绝对权力，但必须以联邦宪法为边界。这就是所谓的不得作为法案。

《联邦宪法》①第一款第十节明确规定，任何州政府之间不得订立条约、建立同盟或成立联合体；不得铸造钱币；不得发放信用券，或用金银币以外的任何形式偿还债务，或通过就事论事地剥夺财产、改变合同责任或授予崇高荣誉的法律（在事件发生后，在没有事先存在的法律基础上临时立法）。

除非在执行绝对必要的检验法，任何州都不能在没有国会同意的条件下，设立进出口的关税；在特殊情况下得到的任何进出口关税收入，都归联邦政府国库所有。并且，所有的相关法律，国会都有控制和修改权。

在和平时期，没有国会同意，任何州都不得收取港税、豢养军队、战舰，或与其他州、国外政权签订条约，或参加战争，除非已经遭到实际的侵犯或面对紧急的、不可避免的危险。

《宪法》中还有要求各州互惠的条款，展现大国统一管理的原则。比如，《宪法》第四款第一节规定，各州互相承认各自的政府法令、文件、司法程序。国会也指定相关的法律，使各州的公众法令、文件和司法程序得到认可。第二节规定，各州的公民也享受别州的公民权和豁免权。一个在某一州犯罪的人，如果因躲避司法公正逃到其他州，并在其他州被发现，应该应他所逃离的州的行政官员的要求，将其递解回他犯罪的州。任何在某一个州有服务和劳工责任的人，即便逃到了别的州，也不

---

① 参见 The Constitution of the United States，http://www. senate. gov/civics/ constitution，以下关于美国联邦宪法的引文皆来源于此。

能逃避他在本州服务和劳工的责任,在责任州的要求下,应被遣返。

　　宪法也对联邦政府的责任和权力有所定义和限制。一方面,宪法明确说明了国会、总统和法院的各项权力;另一方面,也对这些权力进行了限制。

　　在权力责任方面,《联邦宪法》第八款指出,国会有权规定并征收税金、捐税、关税和其他赋税,用以偿付国债并为合众国的共同防御和全民福利提供经费;但是各种捐税、关税和其他赋税,在合众国内应划一征收;以合众国的信用举债;管理与外国的、州与州间的,以及对印第安部落的贸易;制定在合众国内一致适用的归化条例和有关破产的一致适用的法律;铸造货币,调议其价值,并厘定外币价值,以及制定度量衡的标准;制定对伪造合众国证券和货币的惩罚条例;设立邮政局及延造驿路;为促进科学和实用技艺的进步,对作家和发明家的著作和发明,在一定期限内给予专利权的保障;设置最高法院以下的各级法院;界定并惩罚海盗罪、在公海所犯的重罪和违背国际公法的罪行;宣战,对民用船舶颁发捕押敌船及采取报复行动的特许证,制定在陆地和海面房获战利品的规则;募集和维持陆军,但每次拨充该项费用的款项,其有效期不得超过两年;配备和保持海军;制定有关管理和控制陆海军队的各种条例;制定召集民兵的条例,以便执行联邦法律,镇压叛乱和击退侵略;规定民兵的组织、装备和训练,以及民兵为合众国服务时的管理办法,但各州保留其军官任命权和依照国会规定的条例训练其民团的权力;对于由某州让与而由国会承受,用以充当合众国政府所在地的地区(不超过 10 平方英里),握有对其一切事务的全部立法权;对于经州议会同意,向州政府购得,用以建筑要塞、弹药库、兵工厂、船坞和其他必要建筑物的地方,也握有同样的权力;并且为了行使上述各项权力,以及行使本宪法赋予合众国政府或其各部门、官员的种种权力,制定一切必要的和适当的法律。

　　在权力的限制方面,《宪法修正案》第一款指出,国会不得制定关于下列事项的法律:确立国教或禁止信教自由,剥夺言论自由或出版自由;剥夺人民和平集会和向政府诉冤请愿的权利。《修正案》第二款指出,管理良好的民兵是保障自由州的安全之所必需,人民持有和携带武器的权利不得侵犯。《修正案》第四款规定,人民的人身、住房、文件和财物不受无理搜查扣押的权利不得侵犯;除非有合理的根据认为有罪,以宣誓或郑重声明保证,并详细开列应予搜查的地点、应予扣押的人或物,不得颁发搜查和扣押证。《修正案》第五款规定,非经大陪审团提出报告或起诉,任何人不受死罪或其他重罪的惩罚,唯在战时国家危急时期发生在陆、海军中或正在服役的民兵中的案件不在此限。任何人不得因同一犯罪行为而两次遭受生命或身体伤残的危害;不得在任何刑事案件中被迫自证其罪;未经正当法律程序,不得剥夺任何人的生命、自由或财产;非有恰当补偿,不得将私有财产充做公用。

《第十五修正案》第一款规定,合众国公民的选举权,不得因种族、肤色或以前是奴隶而被合众国或任何一州加以拒绝或限制。

《宪法》对联邦政府与州政府的权力也有限定,如第四款第三节规定,国会有权接纳新的州进入联邦,但不能在没有州立法机构和国会本身同意的情况下,在现有的州内建立新的州。国会有权力制定或者废除与国家的土地和财产有关的规制,但不能有对国家或州有偏见的要求。第四节规定,美国政府将保证每一个州都拥有共和形式的政府,保护各州不受外来侵犯,或在立法部门或行政官员(当立法部门无法开会的情况下)的请求下,保护州不受内乱暴力的骚扰。《第十修正案》明确指出,宪法中没有明确赋予联邦政府但也没有被明文禁止的政府权力,归于州政府或者人民。即州政府被认为是人民权益的最终代表。

《宪法》中还有一些应急法案,使得在紧急情况下,有人负责对事情的处理采取措施。如第三款讨论总统权力时规定,总统应经常向国会报告联邦的情况,并向国会提出他认为必要和适当的措施,供其考虑;在特殊情况下,他得召集两院或其中一院开会,并得于两院对于休会时间意见不一致时,命令两院休会到他认为适当的时期为止。

《第二十五修正案》第一款规定,如遇总统被免职、死亡或辞职,副总统应成为总统。第二款规定,凡当副总统职位出缺时,总统应提名一名副总统,经国会两院都以过半数票批准后就职。第三款规定,凡当总统向参议院临时议长和众议院议长提交书面声明,声称他不能够履行其职务的权力和责任,直至他向他们提交一份相反的声明为止,其权力和责任应由副总统作为代理总统履行。

《宪法》还规定,任何一州在参议院的代表出现缺额时,该州行政当局应发布选举令,以填补此项缺额。但任何一州的议会,在人民依该议会指示举行选举填补缺额以前,得授权本州行政长官任命临时参议员。

《美国联邦宪法》是美国建国时期的政治和社会精英分子广泛讨论和争论的结果,加上后来的若干修正案,它清楚地界定了州政府的权力、义务以及州与州之间的互信互助关系,也承诺对州政府的义务和保护。它是具有至高无上威力的国家大法。联邦宪法使一个历史上分散的国家团结在有统一理念和宪法法治的精神之下。比如说,各州相互承认法令、文件和程序,使得在一个州获得的驾驶证、身份证、车牌或一些企业营运执照可以自由地在另外一个州使用,简化了公民的迁徙手续和过程,鼓励了全国市场的形成。州政府不具备外交、军队和货币印刷的权力,也不能互订条约,避免了地方政府与联邦政府分庭抗礼的可能。司法引渡保证了全国范围内的治安水平。公民权和地方政府权力的保护,限制了各级政府行政权力的无限扩大化。应急条款的存在,使法律不至于过分僵化,维护了国家机器在特殊情况下的正常运转。有了这样的国家大法,并用强有力的司法体系来保障它的严肃性,中央政府担心地方做大的疑虑就可以大大降低了。

四、《迪龙法》(Dillon's Rule)

《美国联邦宪法》界定了联邦政府与州政府的关系,但对州以下的地方政府管理却只字未提。这为后来的州政府与地方政府的关系留下了悬念。

这个问题在 19 世纪中叶由于两个重要的法庭判例而得到了解决,即《迪龙法》和《地方管理特许权法》(Home Rule)。这两个法律,相辅相成,一张一弛,是美国州政府管理地方政府的法宝。要了解美国的地方政府,必须从这两个法律出发。它们开始时被用来界定城市(集团)与州政府的关系,后来延伸到县、镇和县区政府。这两个法律对建立中国地方政府的法律环境有着重要的启示意义。

在西方国家,市政府(或"市政集团公司")与国家之间的关系贯穿整部文明史。西方文明的源头常常追溯到尼罗河和中东的底格里斯、幼发拉底两河流域。从那个时候开始,到古希腊、古罗马、中世纪的欧洲和新大陆的美国,西方出现过许许多多的自治城邦。"市"(municipal)这个词,就是从罗马语"municipium"演化过来的,意为虽然从属于罗马但又是自由的和有能力治理地方事务的城邦。在 17 世纪英国向外殖民的时候,集团公司或治理区都是由殖民地政务官(governor)签署的合同或宪章而设立的,它们是相对独立的管理单元。

在美国独立后的许多年里,地方政府的主要部分——城市政府,都享有十分宽松的自治自由,很多城市继续按原有的宪章运作,相当独立。1820 年以前,美国的城市人口都在 5 万人以下,没有值得州政府注意的大规模行为。州政府也没有习惯或传统干预地方事务。地方事务也比较简单,地方政府也不注重城市公共服务。比如说,有的城市开始禁止牲畜出户,但却让猪满街乱跑,原因是猪会吃城市垃圾。

19世纪中叶以后,工业化进程的加快使城市服务的压力增大。城市政府一般都比较小,组织不完善,政治腐败,不能妥善应对急剧增加的社会矛盾。公众普遍认为城市是万恶之源。于是,州政府加大了对地方政府的干预力度,开始积极参与地方事务,其中与市政府争夺管理权的矛盾日益突出。

州政府开始对市级政府加大控制力度,市级政府也进行反弹。于是,密西根法官托马斯·库利(Thomas Colley)等提出了地方政府具有生而有之的地方自治管理权的主张。他们认为,这种权力可以追溯到历史上的殖民时代,当时的市政府都是自治的。他们指出,宪法制定者们承认了这个从殖民时代留下来的地方政府自主权,除非州政府的宪法中已经有具体条款否定地方政府的这种自治权,否则这种权力就应该归市政府所有。有几个州的法院采纳了这种地方政府生而具有自主权的意见。到19世纪中叶,州政府与地方市级政府如何分权已成为许多州面临的紧迫问题。这是《迪龙法》问世的历史环境。

约翰·迪龙是一位著名法官。他在1865年衣阿华法官任上,裁决了一个"克拉克对迪摩斯城"的判例,由此建立了《迪龙法》的先例。当时的问题是,权力腐败严重,州或市政府的工程承包特权化,给它们的关系户从中获利;同时,市政债务增加。迪龙的判例对如何界定城市的独立法人地位,以免债务继续增加提出了一个解决方法。但《迪龙法》真正产生影响是在迪龙当上联邦大法官后,他在1872年写了一本名为《市政公司》的巨著,系统论述了市政府的功能及其与州政府的关系。他还将这一思想运用到联邦法院的判例之中。

迪龙生长在美国工业化初期的混乱年代。许多城市发展迅速,同时也非常腐败、低效。腐败的政治操作笼罩着许多地方政府。迪龙对地方政府和地方官员的信任感极低。据称他说过:"那些智慧的、有企业管理经验和道德修养的人,一般都不在地方的市政任职。市政府的行为常常是奢华和不够聪明的。"[1]

在1907年"亨特对匹茨堡"的判例[2]中,联邦最高法院引用了迪龙《市政公司》中的思想,采用了迪龙强调的州政府对地方政府的管理权。

---

① D. Lang,"Dillon's Rule and the Birth of Home Rule"(2007),http://www.nmml.org/Dillon.pdf.

② 参见 Hunter v. Pittsburgh, 207 U.S. 161[1907]。

联邦判例还支持了宾夕法尼亚州政府在大多数居民的反对下,要将两个城市合并的决定。至此,《迪龙法》被许多州的法庭广泛采用,成为界定美国州政府与地方政府关系的一个重要支柱。

《迪龙法》的具体内容是,地方政府基本没有生而具有的自主管理权,它只有三种权力:(1)州政府白纸黑字中明确赋予的权力;(2)这些赋予的权力中必然隐含的权力;(3)那些与市政府所表述的目的有必然关系而不只是能给它带来方便的权力。《迪龙法》对地方政府的制衡较大。迪龙认为,当在赋予地方的权力上有争议的时候,解释权和决定权在州政府。

迪龙写道:"市政公司(市政府,municipal corporation)是州议会所创立,也从州议会得到它的权力和地位。州议会赋予市政公司生命,否则它就不能生存。既然州议会能创立它,也就能够使之消亡,当然也能够控制和管理它。"在1907年亨特对匹茨堡的判例中,联邦最高法院写道:"市政公司是州政府的政治分支,是州建立的执行州政府政治意图的机构,它们的数量、功能、权力、管辖区和拥有权力的时间完全取决于州政府的决定。"①

尽管当时对《迪龙法》的反对意见不少,但它很快开始占据主流地位。由于联邦宪法没有对州议会进行制衡,州政府开始深刻介入市政管理,甚至深入到要制定特别法律来管理某个市乃至某个市里面的部门(局)。州政府经常修改市政宪章,而且还推行特别法案,照顾州议员们自己的朋友,惩罚他们的敌对力量,以增强他们自己的利益和权力。州政府也会与地方政府同流合污。

五、地方管理特许权的出现

面对这种滥权,州政府也开始制定法律,限制自己制定过细的地方特别法。有的州则完全禁止制定地方特别法。州政府开始用笼统的、一般性的法则赋予地方政府(市政府)一揽子权力,而不是就事论事地制定很具体的法律。

早在1884年,新墨西哥地区就开始让市政府根据州宪法成立市政集团,即成立像公司一样具有法人地位的政府。1911年1月21日生效的新墨西哥州宪法严格限制州议会制定地方特别法律条款的权力,

---

① V. Ostrom et al., *Local Government in the United States*, San Francisco: ICS Press, 1988.

目的是限制州政府对地方事务的过细干预以及限制州的腐败行为。不少州开始制定类似的法律。但是,由于这些州政府没有同时修改州宪法来赋予地方政府更多地方自主管理权,这就形成了一个权力真空。州议会的权力受到了限制,但相应的权力却没有下放给地方政府。对城市改革者来说,一个新型的州与地方(市县)的关系必须形成。一方面,地方政府必须要有权力处理好地方事务,而不必事事都要请示州政府,他们要求通过特别法律。另一方面,州政府对地方政府的绝对管理权又不受挑战,这是《迪龙法》的精神。这两方面就是地方自主管理特许权的核心思想。

地方自主管理特许权是州政府将自己的权力授予它属下的一个政府管理单元,如县、市、镇、村。Home Rule 也常常被翻译为"地方自治权"。由于中国也有自治区,并且含义不太一样,直接翻译为"地方自治"有可能会造成理解上的偏差。准确地说,Home Rule 应该被翻译为"地方管理特许权"。因为这种权力是特许的,内容不尽相同,处于宪法和各种管理条例的约束之下。一般来说,州政府在法律条文中界定市政府的权力,这些权力包括地方管理授权的特别条款、一般性或分类性授权条款(适用一组或一类特点相同的城市,如人口数量达到多少人以上),或综合的地方自主管理权条款。这种特许权只限于一些特定的管理领域,需要经常性地对其作出司法解释。但它不是完全自治的概念,而是增加地方管理的自主灵活性、限制州政府对地方政府过于经常性地干预的概念。换句话说,地方并不是完全自治的,只是在管理过程中有权避免被上级政府过细和过于频繁地干预。这种管理的特许权没有一个全国的统一标准,在每个州甚至每个市县都可能不同。每个州对地方管理特许权的条款由州立法机构通过和批准,一旦形成生效,要下一次立法讨论才能变动。可见,它不是自治,而是在上级政府授权的条件下,地方管理权限的一种有条件和有底线的扩张,是上级政府对下级政府用立法的方法来进行管理的一种形式。所以说,Home Rule 这一概念的准确翻译,应该是"地方管理特许权"。

一般说来,拥有地方管理特许权的地方政府能享受更大程度的地方自主管理权,而处于那些不允许地方管理自主的州的地方政府,其自由度相对较小。而且,并不是所有的地方政府都能将这种授予它们的地方管理权用到极致。相对而言,功能方面的权力最经常被使用,并尽可能被扩大。

地方管理特许权一般有四种:第一种有关地方政府结构设置,比如说,地方政府被赋予自己选择政府形式、政府宪章和修改宪章的权力；第二种有关政府权力功能，即地方政府被授予自行管理地方事务的权力，有的是比较宽泛的权力，而有的又会受到各种不同程度的限制；第三种是财政方面的自主权，即地方政府被授予决定它们财政收入的来源、税率、借款和其他与财税相关的活动的权力；第四种是人事管理权，即授予地方政府在制定人事雇佣法则和条件，包括工资水平和工会条例、集体协商谈判等方面的决策自主权。

地方管理特许权也许不一定适合所有的城市，但在管理方面它有很多好处。它可以迅速而有效地解决复杂的地方问题，而不必等待州政府立法；它可以让社区自己选择最适合它们的政府管理形式，选择解决它们自己问题的最好方法，鼓励创新。有条件的地方政府都会申请特别地方管理权，这样，除了州法明文规定不属于它们的权力外，它们都有相当的地方自主权力。有时，在同一个州，有的县市申请了地方管理的特别权力，有的则没有。比如说，在新墨西哥，大多数县市政府仍处于《迪龙法》管理之下，只有少数县市政府申请了地方管理特许权。

六、法律环境是地方创新的保障和催化剂

《美国联邦宪法》将联邦政府与州政府之间的关系以及州政府在政治权力层面的行为作了清楚界定。宪法中对州政府要求的互惠条款和不得作为条款，界定了州与州的关系以及联邦政府对州政府的控制能力；在特殊情况下的授权和应急法案，给了政府官员和职能部门在危机事件发生时必要的自由裁量和应急权力。只要这部宪法得到执行，地方政府与中央政府分庭抗礼的可能性和紧急条件下政府工作一筹莫展的可能性就大大降低了。

《迪龙法》把县市级地方政府的生杀大权毫无保留地交给了州政府，分权的底线得到了清楚界定，也就没有了争议。地方管理特许权则从管理灵活性角度出发，把不同类型但相对自由的管理权限，以订立契约的方式交给了有能力的县市级地方政府，不经程序不得随意改动，使地方政府有了相当大的自主空间，供地方官员和人民发挥想象力和创造力，挥洒他们的创新热情。这些地方管理特许权都有自己的边界，不可随意逾越。但在这个范围内，创新的空间很大，没有风险。当然，法律环境还要靠文化环境和管理环境来支撑。但是，没有制度化的法律环境，地方政府的创新就难以保有持久的活力。

《迪龙法》和地方管理特许权法案一张一弛，既赋予州政府对地方

政府的绝对领导权,又给了地方政府巨大的发展空间和自主能动的空间。此外,联邦宪法中对公民权的界定和保护,设定了政府行政权力的边界。这些法案是集权和分权的底线、政府创新的边界。它们的存在,既维护了中央和上级政府的领导权,保护了公民的基本权利,又给了地方自主管理和发展的空间。这些方法突破了那种"一抓就死、一死就放、一放就乱、一乱又抓"的管理格局,对中国中央与地方关系的改进、政府与公民关系的现代化,有着一定的借鉴意义。

中国是有着几千年文明历史的古国,有许多传统智慧得到重视和尊重。但随着时间的推移、技术的改进、环境条件的变化,传统智慧有不适应新形势的可能。以往一些自上而下的管理方法,曾经有效、稳定、简单易控,但在技术发展、人民要求提高、思想解放的今天,却常常是创新、民生民权、经济发展的障碍。从这个意义上来说,中国中央与地方关系的创新,决定着中国在现代世界的国际竞争力和经济、科学、社会和政府的发展水平。

美国的联邦管理思想和以法律为依据的管理方法,建立在西方现代革命理念基础之上,是一种既有集中统一,又有个人权利保护,还有相对灵活的地方意志的管理体系。它中间也有许多问题和挑战,但较之于无章可循的拍脑袋决策或传统的以政治实力为基础的博弈,中央与地方在既定的法理制度基础上的博弈更符合国家长治久安的现代治国理念,值得中国理论家和政府工作者认真研究。在中国快速发展的过程中,创造相应的法律环境,使各级政府权责明晰,就能降低地方和中央政府的创新风险(稳定又灵活),既保证创新不偏离国家意志的轨道,又鼓励和促进地方的创新努力。

(非常感谢浙江大学余逊达教授对本文初稿的精彩点评和郁建兴教授在编辑发表本文时所作的努力。)

地方政府的治理创新战略
——美国凤凰城的案例及经验①

一、为何介绍凤凰城经验

　　凤凰城是美国西部的重镇之一,在规模上为美国第六大城市,拥有 130 万人口,与周边十几个卫星城相连,形成有 300 万左右城市人口的大城区。它的热带气候和长久的日照时间,使之成为好莱坞制作西部片的理想乐园。据本州负责影视合同的有关官员介绍,有 90% 以上的西部片的拍摄与凤凰城大城区中间或周边的地带有关。

　　凤凰城也是一个快速增长的城市。近几十年来,它迅速从过去的农业州发展成为拥有财富五百强大公司的高科技工业中心,是著名半导体公司英特尔(Intel)、摩托罗拉(Motorola)、微电子芯片(Microchip)和著名的航空动力公司汉尼韦尔(Honeywell)、道格拉斯

---

　　① 本文原载于《东南学术》2005 年第 1 期。

(McDonald-Douglas)的重要生产基地或总部。它也是一个重要的旅游城市,以临近大峡谷和热带气候的优势,每年在秋后至夏初的时间段里,吸引成千上万的北方游客来此休闲、居住和锻炼。更有成群的北方居民和西部高收入阶层的名人,在此购置土地和房产,将它作为冬季主要居住地。它周边的几个海拔较高的山地城市,更是垒球和足球运动员冬训的圣地。以凤凰城为核心的大城区人口增长迅速,从 1990 年到 20 世纪末的时间里,人口增长率为 30%,是美国发展最快的城市之一。为此,它面临许多快速增长的大城市所面临的压力——水资源、交通压力、环境污染、城市犯罪、城市向周边扩张等等。所以说,凤凰城是一个很典型的发展迅速的现代化城市。

总体说来,在发展过程中,凤凰城成功地处理了迅速增长的城市所面对的多项问题,不断提高自身的行政效率和公民服务水平,多次被评为管理优秀的城市。1993 年,凤凰城与新西兰的克里斯乔治(Christchurch)共同被德国贝塔斯曼基金会评为全球市政管理最佳的城市。全美公民协会四次在年度总评中评凤凰城为公民参与度最高的城市。2000 年,设在麦克斯韦尔公共管理学院的全国政府业绩评估研究小组(National Performance Project)在认真研究和比较了美国 35 所大城市的财政、负债率、人力资源、电子政务、综合市政效益等指标后,评定凤凰城为管理最佳的城市,是唯一一个总分为 A 级的城市。①

凤凰城的管理经验在美国市政和地方政府协会的同仁中也是有口皆碑。他们最快速的应急反应机制、精良的交通管理设备、层出不穷的管理方法创新,常常是美国各地兄弟市县羡慕和学习的对象。其实施近三十年之久的"管理条件下的竞争政府"的方法,通过奥斯本和盖布勒在《重塑政府》一书中的推介②,成了克林顿政府重塑政府改革的一项重要指南,是近年来各个地方政府市政服务改革措施中的一项经典性经验。

凤凰城的居民对市政的满意率长期高企和不断提升,从 1991 年的 79% 到本世纪初的接近 90%。凤凰城的员工满意率更是高达 97%。③

①　Lan,Zhiyong,"Phoenix is a Benchmark for Excellence",*PA Times*,2001,pp. 1-6;*Grading the Cities: A Report Card on Urban Management*,Congressional Quarterly,2000.

②　Osborne,D.,"Reinventing government",*Public Productivity & Management Review*,1993,pp. 349-356.

③　Lan,Zhiyong,"Phoenix is a Benchmark for Excellence",*PA Times*,2001,pp. 1-6.

是什么原因使凤凰城能有这样的成就呢？本文通过作者的观察、对凤凰城高层领导的访谈和文献研究，试图作一些粗浅的回答。

二、凤凰城的市政结构

美国市政管理的具体组织形式和管理办法千变万化，是区域和城市管理历史演变的产物。但比较普遍的管理形式可以归纳为两种："市长—市政议会型"（Mayor-Council）和"市政议会—市政经理型"（Council-Manager）。"市长—市政议会型"政府模式又包括强市长型和弱市长型。

"市长—市政议会型"的政府模式比较传统。在美国36000多个市镇中，特别是中小市政中，比较普遍。

强"市长—市政议会型"模式认可强市长的管理方法，可模拟为中国的党委书记负责制的模式。民选的市长不但是市政议会——市里的最高决策机构的负责人，而且是行政执行机构的最高长官，往往控制预算和警察局的核心部门，可以直接任命部门负责人，介入和参与市政的日常管理工作，有对市议会题案的有效否决权。由于市长是全市直选，而市议员往往是市内区域里的选举，所以只有市长是唯一在形式上代表全市公民意见的民选官员。每个市政议员都有自己负责的部门以及面和点。这一模式的优点在于，决策与执行相对集中在同一组领导人身上，决策执行的力度较强。缺点是，如果政治支持不稳定，靠民选而上任的政治领导人频繁变换，就会影响地方管理策略的稳定性和长期性，达不到长治久安的效果。或政治官员素质不高，不能操作复杂的现代管理机器和专业分工。所以，这种模式往往在人口少，管理才能少和管理内容相对简单的小城镇。但也有例外，如美国数一数二的国际大都市纽约市，就还是沿革使用"市长—市政议会型"这一管理模式。一是纽约是传统的民主党城市，政治支持相对稳定。前任民主党市长朱利安从1994年起连任两届市长，深受公民支持，只是由于不能超过两届的任期限制而下台。二是在错综复杂、相互依赖极强的城市生活中，虽然在个体行为方面更容易各人自扫门前雪，但在公共生活和公共决策方面，传统的共和党经济个人主义的理念反而要让位给民主党的增大公共干预的理念。三是纽约城市巨大，议会规模就有51人之多，市长集权操作的困难十分巨大，必须分权。同时，纽约市人才资源丰富，不乏热心公益、有能力和有时间的人才。市议员与市长争夺治理权限的事也常有发生。如，在纽约的市法中就明文规定，市议会是市长管理城市的一个平等的合作伙伴。另一个例子是现任市长布鲁门贝格。他本人就是一个在金融上大获成功、身家 25 亿美元、辞去公司总裁的职位,用个人的经费竞选甚至补贴市政运作的人物。他虽然以共和党的身份选举,但在理念上却接近民主党人的思想。当然,像纽约这样集世界的美丑、人间的天堂与炼狱于一地,集大资本家与民主党精神的城市并不多见。

弱市长型市政府中市长的权力受到市政宪法和市议会的许多限制,不足以对市政的重大问题有关键性的影响。因而,市政管理常常在市政议员之间的博弈中进行。

在 20 世纪初美国的进步和改革运动之后,一种新的市政管理的模式——"市政议会—市政经理型"的管理模式,开始出现。这一模式强调市政管理的专业化和职业化,用现代企业的代理人与委托人的模式将市镇管理职业化和稳定化。1908 年在弗吉尼亚州的斯多屯市设立了第一个法定的市政经理职位,1912 年南卡罗来纳州的隼特市(南北战争中的一个名城)率先采用了新的市政议会的基本原则。① 根据新的市政制度安排,市议会的功能是雇佣市政经理、为本市立法、审批财政预算和各种重大项目和议题,但不介入市政的日常工作。市长的功能是本市的形象代言人,主持市议会的各种立法程序,与市政议员一起代表民众对市政管理进行督导。作为民选官员,他们只拿工资补贴,不拿全工资。市长的工资水平在市政经理的 1/3 到 1/4 左右。这一模式在城市人口在 10 万以上的大城市中越来越普遍并取得了显著的成功,是美国地方政府协会推荐的市政管理模式。到目前为止,有 2500 多个市和一部分县采用"市长(或郡长)—市(郡)议会"的管理模式。在 195 个人口超过 10 万的城市中,有 106 个已经采用了"市长—市政议会"的组织形式。这些城市包括凤凰城、圣地亚哥、达拉斯、辛辛纳提、堪萨斯等等。

凤凰城有八个市政议员,各从八个不同的选区选出,其中一名被市长提名和议员推举为副市长。市长则由全市居民选出,为市镇议会的班长。市镇议会招聘职业市政经理,再由市政经理组阁、确定其经理团队:助理经理、副经理、各部门主管等等。经理主持和管理全市的日常工作,就如主要执行长官管理一个企业一样。有些类似中国的市长负

---

① England, R. E. et al., *Managing Urban America*, CQ Press, 2012.

责制的体制。市政经理对市政议会负责、市政议会对全市市民负责。市长和市政议员每四年一选,市镇经理的服务期限不定,长的达数十年,短的为数月,由市政议会与雇来的市政经理签约决定。凤凰城有近140万人口,14000多雇员(含1500名临时或不在编雇员),年预算为20多亿美元。从美国城市的组织形式来看,也是传统、现实可能和新时代改革需要的结合体。在中小城镇,用传统方法的比较多;在大城市,用新方法的比较多。市议会的分区选举可以保证市政最高立法机构——市议会的地区(也往往是社会阶层)代表性。雇佣市政经理又可以保证城市管理的专业化和管理班子的相对稳定性,对无原则的政治干预也是一种制衡。市议会的功能是决策,宏观调控、反映民意和有效监督市政管理。作为美国的大城市之一,凤凰城的领导人认为自己找到了最适合他们的地方管理方法。

三、凤凰城的经验种种

打造和维护昂扬向上、为民服务、不断创新、富有民主气氛的市政文化是凤凰城市政领导奉为神明的一条经验。在总结凤凰城的成功经验时,凤凰城的市政经理费尔班克认为,市政的价值文化观是他们的经验之中的重中之重。他说,"很幸运,我继承了一个良好的市政文化,我和我的同事们也是不遗余力地努力维护和实践这一文化中的价值理念。我们把它们总结成七个警句,鼓励每一个员工将它们印在名片上,时时提醒自己有这些责任"。这些警句是:我们会全心全意为我们的顾客服务;我们是一个工作团队;我们每人都尽自己所能;我们不断学习、变化和改进;我们注重结果;我们廉洁公正;我们使凤凰城更加美好。凤凰城定期向员工灌输这些思想,通过举办各种各样的活动来提醒员工这是他们作为城市雇员应该尊崇的价值观。领导们也以身作则,身体力行,将这些准则贯彻到他们的行动之中。笔者在进行访谈时,就亲身观察到许许多多这方面的实践。有一次,一位部门级的官员(相当中国的局级),接了一个25分钟的电话,中间只是聆听和简短表示他在听。我问他这是怎么回事。他说,"市里买下了他的一块不愿转让的地,他有一些意见,给他一个机会发发牢骚,他会感觉好一些。我们的目的就是要让我们的百姓感到满意和高兴。"凤凰城的高级领导人在第一线倾听群众意见的例子不胜枚举。一位在凤凰城工作了三十多年的副市政经理就对笔者说过一段心里话。他说,"我们有时会碰到一些十分不讲道理的人和事。但是我们在解决问题的条件下,尽可能不与他们对抗或使他难堪。市政府给了我们很高的工资,对我们不薄。我们也要尽可能按照它的要求使我们的每一个公民满意,哪怕自己受些委屈。退休后,我的私人空间就多了,那时候对不讲理人就不需要搭理了。"

凤凰城高标准为市民服务的思想也体现在城市的市政过程中。他的市政经理就曾经自豪地说,在我们凤凰城,你在马路上看不到一个路坑。一经发现,马上填平。如果有人看到墙上有涂鸦现象,可以打热线电话,马上解决。这就叫零容忍度。决不容忍任何不良现象的出现。这种对市政服务提出的高要求,使得凤凰城的干部不断寻求创新的途径,以高效地解决不断出现的复杂问题。

凤凰城的第二条重要经验就是努力聘用和培养优秀的员工,并在适当的时机大胆提拔,放在能起作用的岗位上。这一条,只要与凤凰城的中高级干部有所接触的人马上就能感觉到。在这个城市,有一批,而不是一个或数个口才出众、行事果决、才干超群的干部。在他们周围,有一批精炼肯干、忙忙碌碌的年轻人。

凤凰城的人事部门对甄选雇员有一套完整的操作规程和推荐录用体系。他们对雇用新的雇员审慎和细心,要求相关的推荐材料,并作认真的核对。一旦雇佣,就会尽快组织培训。使市政文化的价值观和为民服务的理念深入到新的雇员的理念之中。如条件容许,他们会对新人进行一帮一的训练和管理。

在培养优秀员工的多项方法中有一项特别值得提及的就是凤凰城的青年干部实习项目。凤凰城每年向全国公开招聘3—5名有志于地方政府工作的应届硕士研究生(基本以 MPA 毕业生为主)。这些学生来后的第一年被放在自己选择的3—4个部门轮岗,每个部门3—4个月时间。轮岗期由各部门首长(局长)直接管理和分配工作,向各部门首长作定期工作汇报。一年后,经双向选择决定实习生的去留和工作分配。凡是经过人事评定留下来的,都会被作为定点培养对象,分给部门领导或市政经理办公室的领导(市政经理或副经理)当助手,在待遇上也会有相当的提高,一般为3—5年工作经历的级差。这些年轻人被重点培养,让他们观察和参与市政的重要决策,作研究、准备资料、与领导一起接触群众或面对市政议会。他们一般也比普通的工作人员辛苦,上下班不光以八小时的工作时间为标准,而是以按时完成任务为目标。一般一年至两年就换一次岗。这样,在三五年后让他们负责一个项目或跨部门改革小组的组长,锻炼领导和协调能力。有业绩和表现优秀的,就迅速提拔到有担子的岗位上。这样,许多有才华、有精力的青年人,在年轻和棱角尚未磨平的条件下就得到了应有的锻炼,能为市政管理作出具体的贡献,保证市政管理的活力和决策的有力执行。美国著名的组织理论学者早在 60 年代在描述官僚的弊病现象之一时就说过,在一个组织里,由于知识更新的速度往往快于干部在科层体制下升迁的速度,所以,往往拥有新知识、新观念和能力的人不是这个组织中最有决定权的人。凤凰城这一多年总结出来的青年干部培养和使用方法,恰恰是针对这一弊病的一个克星。青年人往往经验不足,主要是机会少,就像学习汽车驾驶的前提是要有一定的坐在方向盘后的经验一样。凤凰城将青年干部培养制度化和程序化,给他们创造了锻炼和成长的机会。同时,在他们部门意识不强、工作热情的棱角又在时,让他们成为项目改进的具体负责人,职位是某某任务组的组长,而非某处或某科的处长或科长。他们跨部门协调一项具体工作,如推行某一服务项目的电子化,解决某一区域的拆迁和发展问题,或组织一项大型活动。在有了相当的经验后,才待岗进入被提拔系列。到他们正式任职时,都已业绩累累,也有了一定的资历。这时候,如对工作有一定的懈怠,新一批干事的青年人早就等在一边了。加上干部对外流通,如有职位空缺,在全国范围内竞争上岗,保证最适合的人入选。这一策略,行之有效。笔者就亲眼目睹了一些改革措施的实施过程,往往是高层领导在外界的压力下经过讨论,通过一些改革的决议,在部门收到不同程度的抵触或拖延,因为改革会影响一些部门或个人的利益。但由于有了年轻助手的细致考察和可行性调研,并被派到部门进行身体力行的实践,给中层的部门领导造成很大的压力,进而改变态度,积极加入到改革的过程中来。否则,成果旁属,奖励轮不到,位置也有问题。

凤凰城的青年干部实习项目实行了五十多年的时间,为自己和兄弟市政培养了许多优秀的人才,有口皆碑。许多政府或公司都有实习项目,但凤凰城的项目一直是管理实施最好的之一。高层干部定期轮流更替分管的工作是凤凰城的第三大行之有效的管理实践。在一个城市里,高层指的是部门首长(相当于中国城市中的局长)与副市政经理以上的干部。由于市政经理对民选的市政议会负责,副市政经理和部门首长就对市政经理负责。凤凰城有一个助理市政经理,协助市政经理工作,往往被认为是下一任市政经理的候选人,下设五至六个副市政经理,每人具体分管三到四个部门。每若干年(两年左右),这些副市政经理就要更替他们分管的部门,如原来分管警察局的下一年就分管城市用水部门或民政服务部门。这样做的好处是,帮助高层领导树立全市主体的整体观念,一方面扩大了他们的视野和知识,另一方面也避免高层领导部门化和变成部门的代言人。业务专长能力往往停留在部门甚至副职的部门领导这一层次,凸显了技术和专业要为百姓利益和意愿服务这一市政管理的设计思想。

当然,凤凰城不乏有技术头脑和视野的高层管理人员。比如说,凤凰城有美国市政府里最好的电子政务管理设施之一。其原因就是在高层市领导中有倡导使用技术的热心人。他们热心学习新技术,跟踪新技术的使用,适时提出倡导建议和拨给专款,鼓励技术创新。比如说,凤凰城早在 20 世纪 90 年代初就提出了实施电子政务的全套思路,并努力在各部门间协调,逐步向这个方向努力。当时分管信息技术和管理信息网络的副市政经理布列屯就反复说,"我们应该在这个领域投资,不是我们要做什么,而是现在这一技术已开始成熟,有应用前景,很多公司已开始使用了。百姓不管你是政府单位还是企业单位,他们看到这一技术存在而且方便,他们就会有要求。如果我们不能提供这样的服务,他们就会不满意。"他的这一战略思想被领导层接受,所以他们行动早,准备充分,在电子政务电子商务思想开始奉行的 90 年代末,凤凰城早就行动在先,因而有电子政务全国评级得高分的结果。冰冻三尺,非一日之寒。

民主治理模式是凤凰城领导认可的第四大管理支柱。民主治理的核心内容是尊重和珍视每一个雇员,倾听他们的意见,认可他们的贡献,认真地报偿他们,将他们的福利放在心上。使雇员们得到了应有的尊重,也就有了工作积极性和奉献的精神。他们就会就工作问题提出许多好的建议,市领导们会认真听取他们的建议。市政经理费尔班克说,"我的大门随时都向员工们敞开,他们可以在任何时候来找我,我一定会认真听取他们的意见。或许,一千个建议里只有一个可行,但只要有这一个,也是对工作的一种改进,我们就在这孜孜不倦的不断的小的改进中前进和提高。"凤凰城还专门设有意见箱。员工好的建议一旦被采纳并获得实效,员工会得到表彰和数额不等的奖金。许多好的意见都是改造工作流程,省时省钱的,鼓励原员工多动脑筋,提出创新的意见,对提高市政的效率大有好处。著名的"管理条件下的竞争政府模式",便是在群策群力、反复试验和磋商的情况下提出和实施的。在 70 年代末,凤凰城与许多其他城市一样,经历了一场经济危机,通货膨胀率高,人口增长过速,地方政府有压缩财政收入和地方支出的压力。开源节流,提高服务效率,成为一个重要课题。

当时,一些私营公司来到市政议会,提出一些政府的服务工作如果包给他们来做,他们保证可以更有效率,可以为市政府节约开支。政府在当时没有跟风走,而是仔细比较了私营公司提出来的服务行业和价格,根据自己的需要,选择了可行的项目,让市政府的职能部门与有外包可能的私营公司竞争。当时公共项目服务局的城市固体垃圾处理部面临服务质量不高,群众意见大,内部矛盾突出,设备老化等问题。这一部门管理 34.4 万户的垃圾处理工作,每年要对付 65 万吨的垃圾和回收的废品,有 365 个雇员,169 部大型垃圾车和 6500 万美元的年预算。① 于是,决定使用招标的方法,让市政府的固体垃圾处理队与私营企业竞标。在市政府垃圾处理队竞标失利的情况下,将员工送去培训或尽可能内部吸收或暂时安置。这一竞标过程对本市的固体垃圾处理部的员工和干部触动非常大,自尊心也受到了冲击。在市领导的组织下,他们开始对自己的工作进行反省,群策群力,重新设计工作方案和流程,比照私营企业的运营价格,提出了更合理的车人搭配和行车路线,在两年后的新一轮竞标中,重新赢回了属于他们的工作。在外包的过程中,凤凰城也发现了一些外包的弊病。如私营公司在竞标胜利后,偷工减料,服务工作不到家,引起市民的不满。当市政府要求他们提高服务质量时,他们就要求加价。他们在竞标中将价格压得很低,亏损经营;当市政府丧失或减弱了自己的垃圾处理能力时(设备闲置和报废,技术工人流失等等),他们就开始要求垄断价格。

市政府及时总结经验,将整个城市的服务区划成了六块,将参加竞标的区域控制在 50%(即保有三块在市政府的服务队手中)。这样,一方面可以保证市队的服务能力和竞争力,另一方面也可以对私营的垃圾处理服务企业一个竞争压力。如果他们价格过高,他们在竞标中就会输给市队。同时,市政在竞标的程序和后续管理中也加强了力度,在竞标过程进行严格的价格审计,在外包合同中明确细致地列出要求,在服务评估中建立了指针体系。这一切,都需要市队自己对所有的程序

---

① Wallace, Marsha(Oct. 11, 2003), Speech made at the Best Practices in Local Government Striving for Excellence in a Global Environment-Local Government Reform, Economic Development, and International Learning, Airport Hilton Hotel, Phoenix, AZ; Leonard, Mark E. and Tiana Roberts, "City of Phoenix Innovation, Management Competition: Refuse Collection", unpublished manuscript, 2004.

有详尽的了解。从 1979 年以来,凤凰城总共有 61 次垃圾处理的项目竞标,其中市队在竞标中赢了 25 次,其余的 36 次包给了私营的垃圾公司。在过去的二十多年里,仅这一项外包的程序就为凤凰城节约了近4000 万美元。从这一程序中,凤凰城打破了美国政治文化中只有私营企业才能有效做好工作的神话,提出竞争、组织和员工的服务精神是改善市民服务的关键。市场化的优点只有在有效监管和竞争制衡的条件下才能最大地发挥。

这一管理条件下的竞争模式给传统的公共服务部门增加了难度和复杂度,如监管程序和业绩评估的复杂化,但提高了服务质量和服务效率,增强了市民对公共服务的信心,也增强了员工的竞争力和自豪感。事实上,凤凰城的员工可以在同等价格标准的条件下得到比私营企业员工更好的报酬和福利,因为他们的收入分配是按人事管理标准,不如私营企业的悬殊。

在整个过程中,大量的员工参与和建议改进对完善这一管理程序中的许多细节,功不可没。在民主化管理的思想中,凤凰城的领导努力改善员工待遇。他们员工的报酬在同类地方政府中是最好的。在正常情况下,员工的薪酬增加率都在平均 5% 左右,其中优秀员工年增长8%,差一些的增长 3%。在美国长期经济衰退、很多地方政府捉襟见肘的情况下,这是一个非常了不起的成就。凤凰城的市政经理对笔者说,"我们全心全意地努力为市民服务,改善城市的居住和投资环境,税源就好,百姓满意,也愿意付给政府工作人员好的薪酬,我们也因而能够雇用和留下优秀的人才,这是一个良性循环。"

笔者的不少 MPA 毕业生,在毕业时的工作首选就是地方政府,尤其是凤凰城。相对说来,他的回报要高于联邦和州政府,加上还有相当的成就感。

加强员工培训是凤凰城保持优质高效服务的五大支柱。凤凰城每年都要花费百万美元以上用在员工培训上。这些培训有的是市内自己办的短训班,强调基本工作技能、城市工作条例和为民服务的精神;有的是鼓励员工到就近的大学修课,提高基础教育水平,学习复杂的现代管理思想和方法,提高教育水平,获取学位。市里会给予学费补贴和工时上的优惠照顾。有的是送员工参加各种相关的专业会议,了解新动态和思维,并与其他城市的同事交流思想和方法。还有的是定向选送高级管理人员,花巨资入名校进行培训。凤凰城就经常有管理人员去参加哈佛大学的高级管理人员训练班,目的是非功利的。有时就是去看看这些学者和兄弟政府的同僚们又在弄什么新名堂。由于在人力资源上凤凰城敢于和愿意进行投资,凤凰城干部的思维是前卫和活跃的。很多新的城市创新活动都由此开始。在地方政府工作的交流会上,只要有凤凰城的主要领导作会议发言,一般都是座无虚席。这是一个绝妙的评估市政管理水平的指针。

政治与专业管理的良性互动是凤凰城领导视为市政管理的第六大核心支柱。在美国的国家和市政管理中,政治考量是一个至关重要的因素。很多地方政府长期为政治斗争所困扰,不能有效和长期地为民众提供高水平的服务。在长期的管理历史中,凤凰城的管理者开始有了专业市政管理的共识,采用了市议会和市政经理的管理模式。在实际运作中,民选的政治官员和专业的市政管理人员随时都保有强烈的意识,各自在自己的职责范围内行使职权。凤凰城的民选政治官员清楚地知道自己的职责和他们所代表的选民的需要。他们认真讨论和审阅交到他们手里的各种大政方针的建议,定期开会,听取汇报和公众的意见,参加各种群众集会。他们非常敬业。虽然他们的报酬是按业余人员的薪酬(正常工资的三分之一到四分之一),但他们实际花在市政管理上的时间远远超过他们所得的报酬。有的议员常说,这绝对是一个全职或超过全职的工作。但他们乐此不疲,从来不忘自己的主人翁职责,兢兢业业,得到选民的支持。市政经理的班子对市政议员们高度尊重,所有重大决策和拨款都要按程序向市政议会报批。所有露脸的事情也都请相关的市政议员或市长出面,在受到高度尊重的条件下,市政议会的班子对市政经理的工作也是高度支持。公共决策透明度很强。高层经理人员都有很强的公众意识。当年古德诺所提的政治与行政的两分法,在凤凰城的市政管理中得到了很好的体现。

有了正面的方法,凤凰城也有自己的纪律。它的奖惩条例清楚。工作人员在工作中出错,上一级管理人员会迅速反应,从口头批评、书面批评、记过处分、限制提薪,甚至解职,一点也不含糊。核心是保证程序的公正和完整的程序记录。在文化、民主程序、宽松的管理环境的条件下,凤凰城并没有忘记执行纪律的重要性。一位管理办公室服务的官员就对笔者说过,"我手下有一些在市内各部门间传递内部邮件的工作人员。有一次,一人在传递一份重要文件时晚了五分钟,我就给他写了一个书面批评。他不服,我就叫他找原因。结果他找不到任何与工作有关的借口,是由于他的懒惰和与别人聊天而耽误的,批评当然成立。像这样的员工,如果他屡教不改,我们可以理直气壮地解雇他们。"

四、结束语

从以上讨论可以看出，凤凰城被誉为美国管理最优的城市并不是偶然现象。他们从人才、文化、纪律和高度的为市民服务的态度入手，不断努力学习和创新，鼓励信息交流，以拥有知识和信息为荣。一个新的思想和方法，往往在很短的时间内就会传到高层领导的耳朵里，如果可行性强，很快就会被实施。彼得·圣吉所提的学习型组织，可以很大程度上在凤凰城的管理实践中得到印证。

当然，凤凰城并非一个完美的典型。人际竞争、抱怨、保守、懒惰、"小山头"等现象也时有出现，但一经发现成为市政良好运行的羁绊，就会被立即解决。一支强有力的经理队伍，有市政议会的有力政治支持，配上有经验的部门领导和充满活力的青年助手，使很多棘手的问题在凤凰城都不成为问题。凤凰城最难管理的有两大部门——警察署和救火队。他们的专门化程度较高，工作性能特殊，雇员中有高学历的相对较少，但他们用准军事化和标杆管理的办法，使他们的业绩也名列全国之先。

纵观凤凰城管理的种种，我们能发现，精神、制度与方法的有机结合是它成功的关键所在。

"互补性错位机制"在社会行政体制中的功能[①]

始于 2002 年底、猖獗于 2003 年初的"非典"疫情在国际社会的极大关注、中央政府的高度重视、地方政府的积极配合、医护人员全力救治的条件下得到有效的控制和围堵。全世界有关科研机构都在努力攻关,争取早日开发出有效药物和疫苗,彻底铲除 SARS 对人类世界的威胁。回首没有刀光剑影、飞弹战舰,却同样惊心动魄的数月时光。尽管现在还不能宣告抗"非典"战役的全面胜利,有智者无一不在庆幸人类用自己的能力,避免了一场突发性的全球疫病危机。

在人类社会与"非典"短兵相接的第一回合,一个十分重要的社会机制互补性错位机制又一次显现了它的功能。

"错位机制"在英文中可以用"differentiation"来表述。它的意思是"差异"或"不相需同"。当差异或不

---

① 　本文由孔金平与蓝志勇合写,原载于《行政论坛》2003 年第 3 期。

相雷同呈互补状,互补有无,构成一个完整的社会体制时,这种差异就可以被称为"互补性差异"。相应的社会管理机制就可以被称为"互补性错位机制"。

在这一次的"非典"危机中,互补性错位机制在媒体管理方面凸现了它的效果。这一机制,将疫情的真实性和严重性通过不同的渠道和方式表现出来,即使在少数政府官员基于别的考虑运用组织力量轻报疫情的情况下,也还有小道传言、手机信息、个人信件、网络传播、新闻媒体(甚至是出口转内销的国际新闻媒体),将疫情真实状况公之于众,引起社会的重视,使之采取必要的措施。有人说,"非典"之所以在没有全面蔓延开来之前就得到了重视是多亏了媒体的功能,或是多亏了某一个负责任、敢于直言的大夫,或是互联网和信息技术的功劳,更有人说是由于世界卫生组织在小题大做、多管闲事。但是,从深层的社会机制来说,正是社会互补性错位机制的存在,使信息管道错综复杂、互相补缺,在该有的地方和时机适时出现,填补了人们的信息空白,给予人们一个相对更真实了解现实的机会。试想,如果没有这一信息传播方面的错位机制,每一个信息管道都在严格的规范和控制之下,地方报刊只是中央报刊的翻版,人们对现实的认识能力就会大打折扣。这种规范和控制越完美,人们对社会的认知能力就越有可能被局限。但是,从反的方面来说,如果人们在社会信息管理中有意识地引入错位机制,使各种信息渠道合法化和制度化,都被承认为可靠和可信的信息渠道,并使之呈互补状态,人们获得信息的能力和准确度就会大大加强。这样的错位机制越错综复杂,涵盖面越宽,互补功能越完善,人们获得信息的能力和准确度就会越强。从信息媒体管理机制的角度来说,就是设计出多媒体、多渠道、各有专长而又不尽相同的信息传播渠道,迅速对社会上发生的事情进行报道。这些媒体的可信度越高,信息传播效果就会越强。因为人们在接收到信息时,不必再等到反复核实后就会相信这一信息,并采取相应的行动。

互补性错位机制在现代社会条件下以各种形式广泛出现,是现代管理学科必须要重视研究的一个重要课题。从市场发展的角度来说,市场发展到了最高的层次,也就是完善和统一的现代市场这一层次时,它必要要依靠互补性错位机制才能平和稳定地长期运作。也就是说,少数大型的同行业的产品制造者在与小型企业的竞争中胜出后,就会自然地用错位机制来瓜分市场,各自发展自己产品的强项或特点,用产品的质量标准、价格等级、造型、功能特点等等来圈定自己特定的市场，提高别的竞争者进入的起始难度。如微机商戴尔、联想、盖特威（Gateway）和苹果；汽车商奔驰、丰田、本田、福特、通用、尼桑、大众等等。他们与竞争者的产品一样又不一样。他们各有特点，适合不同的消费者，价格等级也有差异。如果他们一味坚持要生产与竞争者一样的产品，由于对方也是大家，必会形成恶性竞争，得不偿失，说不定还会两败俱伤。因而有意形成差异，使产品各有千秋，供消费者挑选。但同时，又对对方的市场虎视眈眈，以替代产品的形式，随时准备取而代之。这就是几百年资本主义市场经济发展总结出来的绝妙的市场管理机制：产品错位，功能互补，可以相互替代，却又不尽相同。这一互补错位机制，不仅仅表现在产品方面，在人才、金融、原材料的市场方面，也无一不是如此。

在国家和社会的治理方面，互补性错位机制有着更为悠远的渊源。这一点，只懂得初级市场阶段的人是不易理解的。[①] 众所周知，社会治理在人类形成群体和部落的远古时代就已存在，发达的群体后来就建成了国家。他们依靠三种不同的方法来进行管理：行政的、市场的和思维理念的方法。行政方法的基础是权威和法规，市场方法的根基为交换，而思维理念的方法靠的是意识形态的灌输和维护。这三种方法各有利弊[②]，但都能达到管理效果，协调群体合作。它们之间的关系也是互补性错位机制。方法不一，效能不同，也能形成替代。如果它们的错位和互补功能平衡，社会就会长治久安。否则，就会有失偏颇，形成压抑、不平，直至失控和出现动乱。过去的计划经济缺了市场机制，窒息了经济的发展；20 世纪 80 年代以来西方的私有化改革忽略了行政权威，使得 90 年代末美国和一些英联邦国家的公司丑闻层出不穷；没有优良的社会文化和思维理念的维护，再多的法律和物质资产也不能使社会平和与生气勃勃。

从政府管理结构的角度来说，互补性错位机制有着更广泛的应用空间。就抗击"非典"一例来说，中央政府决策，地方政府操作，患者的隔离措施，各专业部门（医疗护理、科学研究、交通运输等）配合救治和

---

① 西方学者提出，市场的发展经历了多个阶段，即初级的原始市场—一定规模的自由竞争市场—工业寡头市场（工业寡头瓜分市场）—金融资本市场（金融资本控制市场）—国家资本主义市场（国家通过金融政策和手段干预市场）。

② 蓝志勇，《行政官僚与现代社会》，中山大学出版社 2003 年版。

护理,可以算是错位机制,但互补性是否优良还有待完善。也就是说,目前的政府结构是否合理?从眼前来说,能否在有突发事件时从容地协调各种应急措施?是否有此类的机构?它与别的职能部门是什么关系?与上级政府又是什么关系?西方有些管理良好的地方政府,有一种用现代化信息系统装备的应急通讯和管理中心,可以作为借鉴。从长远来看,地方政府与中央政府的关系如何?中央政府和地方职能部门的关系是否合理?比如说,北京市众多医院的隶属关系如何处理?应否有专业协会协调病情、医疗技术、药物管理等等?都是互补性错位机制研究的对象。

谈到中央与地方的关系,从传统上来说,由于中国受封建制度的影响(有学者争论中国受封建的影响不够,算不上封建。但地方治理经常性地以块划分,地方与中央周期性地争夺权力或利益却是不争的事实),中央政府和地方政府之间的权限是按块划分,你一块,我一块,没有遵循错位机制的原理。地方按中央政府的模式设置机构,是中央政府在地方的翻版。中央政府通过相应的地方官员和地方的相应机构了解地方和对地方发挥作用,大大减弱了中央政府对地方的了解和调控。唯一有效的方法是撤换地方官员,以保政通,其中的弊病,数不胜数。如果合理运用错位的法则,地方的功能中央政府可以没有的就不需要有,而中央政府必要的功能就不必一定要靠地方来实现。如中央的税收,直接通过中央在地方设置的税收机构和人员来完成。中央政策范围内对市政发展的援助项目不必通过省级机构而是直接通过市政来实现。对农村的发展项目也不必通过市政,而是直接通过县或区来完成。违反国家法律的行为由中央法制权威来独立处理。违反地方法律的行为由地方司法在国家司法的监督下处理。这种我中有你、你中有我、各自为一体而又可能互补替代的格局,构成现代的信息和管理网络。如果错位机制合理、完善,可以达到稳定、高效、反馈迅速、涵盖面宽的管理目的,也可以从根子上改变几千年来都没有解决好的中央与地方的关系。① 在改革的过程中,中国已经在这些方面有了长足的进步,但还远远不够,也没有上升到理论的高度来考虑这个问题。在今后的改革

---

① 几千年来,中国不是地方豪强割据就是强大的中央将地方约束到僵化的地步。发展经常性地是靠政策从一个极端走向另一个极端时夹缝中的一小段空间和时间来获得,而且不易久长。

中,如能有意识地注意互补性错位机制的运用,一定会大大加快中国管理机制现代化和完善化的进程。

互补性错位机制不完全等同于亚当·斯密所说的社会分工。它不是你做一块、我做一块的概念,而是我中有你、你中有我、互不侵犯、却又丝丝相连的一个统一体。从这一个角度来研究现代社会的公共管理,一定可以得到许多有益的启发。

经济危机与公共工程：田纳西和胡佛坝的启示[①]

一

在全球金融海啸的浪潮中，中国政府用大手笔的积极财政政策的举措来拉动内需，以抵御这场来势凶猛的世界经济危机对中国经济发展的不良影响。2008年11月的国务院常务会议决定，到2010年底前投资4万亿元，以保证中国经济的稳步快速发展。2009年3月，国家发改委对4万亿元的重点投资投向做了测算，将投资重点放在基础设施和灾后恢复重建上。这4万亿元加上它可以带动的地方投资，无疑是一股强大的资金力量，会给中国的经济增长注入巨大的活力，并已经开始在许多地方显现它的作用。

但是，金融危机揭示出来的中国经济结构的弱点（比如说：过度依赖外部市场、总体产业结构层次不高、

---

① 本文由蓝志勇与李东泉合写，原载于《中国行政管理》2009年第8期。

缺乏自主产权和内生创新力、缺乏行业生产集群的系统体系、基础设施滞后、金融服务和监管制度薄弱、缺乏良好全面的政府对市场的规制等等），也不是一朝一夕就能迅速解决的问题。如何保证积极财政的投资以及配套的地方资金能够被科学有效地使用，以提升中国产业和经济结构、拉动内需、进行城市和基础设施改造、保障中国经济持续发展的基础，是一个具有持续挑战性的课题。比如说，廉租房的建造、选址、社区管理和发展的理念设计是否科学合理？是否有系统思维？农村基础设施建设能否有长期和可持续性的回报？重大基础设施的设计年限如何划定？医疗卫生教育等改革是否一步到位？甚至灾害重建的选址和规模等，都是需要更加缜密思考的问题。

在中外建设史上，积极财政在应对危机中有许多成功的范例，比如说美国经济危机时期的胡佛坝工程、田纳西工程等；也有成败参半的例子，比如说美国20世纪60年代的模范城市工程和一些公共住房工程，虽暂时解决了住房问题，但后来成为了贫民窟和犯罪窝，留下了巨大的后遗症；也有基本失败的例子，如一些刚建好的楼房、道路和基础设施由于妨碍新的发展需要，需要立即被拆除。

所以说，实行积极的公共财政政策，在努力花钱的同时还应有许多别的考虑。在区域发展领域曾风靡一时的、源于制度经济学的路径依赖理论指出，"今天的现状是由过去的选择决定的，而同时会影响未来的发展方向"[1]。这一理论认为，一些偶然的、随机的事件或因素决定事务第一步的发展（比如说，某一个投资项目、工业或区域发展目标），然后这些发展出来的东西就通过各种动态努力进行自我演化和加强，最终造成一种"锁定"的发展模式。这个被锁定的项目、技术或工业会持续下去，一直到被外部震撼性事件打断。当然，后来的复合标准理论（Composite Standards' Model）对传统的路径依赖理论有所修正，认为内部标准、因素、目标的不同导致的变化（conversion）或新需求的逐步添加也会以渐进的方式改变路径依赖的发展方向[2]，但路径依赖的长久影响力却是不争的事实。

① Scott E. Page,"Path Dependence", *Quarterly Journal of Political Science*, Vol. 1, No. 1, 2006，pp 87-115.

② Taylor C. Boas, "Conceptualizing Continuity and Change: The Composite Standard Model of Path Dependence Journal of Theoretical Politics", *Journal of Theoretical Politics*, Vol. 19, No. 1, 2007, pp. 33-54.

今天的选择，决定明天的发展。一个正确的选择和成就，会有许多相关的后续成就相伴随；同理，一个错误，也会有一系列的错误跟随其后。这就是说，尽管出于应对危机的需要，要迅速把 4 万亿元花出去，但花钱方式对未来的影响力是很大的。我们在此介绍两个当年美国应对金融危机的大型公共工程，看看他们的经验对中国在大型公共项目投资方面会有何借鉴意义。

二

大家知道，20 世纪 30 年代，罗斯福总统临危受命，就职后推行新政，其核心是 3R：救济（Relief）、改革（Reform）和重建（Recovery）。新政的主要内容包括：成立救援振兴局（National Recover Administration），实施公共工程，整顿银行，恢复工农业生产，保护劳工权利，建立社会保障体系等。其中，田纳西工程就是这次应对危机的大型公共工程举措。田纳西工程管理局（Tennessee Valley Authority）在 1933 年 5 月成立，是一个横跨田纳西、阿拉巴马、密西西比、肯塔基、佐治亚、北卡罗来纳和弗吉尼亚 7 个州的有关航运、水灾控制、发电、化肥生产和经济发展的大型综合工程。它的管辖区域有一个州那么大，行使部分州政府的权利，如有公共利益发展优先权，可以在一定条件下强制拆迁等，但主要是行使经济发展权利，没有选民和政治选举权。

20 世纪 30 年代的田纳西低谷地区，即便按大萧条的标准，也是贫穷落后的。新成立的田纳西工程管理局依靠全国的专家和国家资源开发化肥生产，教会农民如何提高庄稼产量，控制森林火灾，改造生态和野生动物生存环境，建立大型水电工程，搬迁了 15000 多户居民，吸引企业投资落户，在环保、经济发展、社会救助、雇佣失业人员等方面提供服务。同时，联邦政府赋予田纳西工程管理局对其提供的发电和其他服务（比如航运交通等）长期的收费合同，使这些国家投资的项目可以慢慢回收成本和赢利。迄今为止，田纳西工程依然是美国最大的电力公司，为 850 万户居民和众多企业、政府机构供电。它有 11 个火电厂、29 座水坝、3 个原子能电厂、若干数量的汽轮和风力发电设施等，具有整体规划水土保持、粮食生产、水库管理、发电、交通等区域经济的功能。

基于工程性质和领导人的理念，他们在决策过程中十分强调基层公众的民主参与。在建坝的过程中，15000 户家庭需要搬迁，长期居住在此地的农民家庭对田纳西工程十分不满，他们对政府采取怀疑的态度,甚至拒绝与穿制服打领带的人说话。但工程的工作人员努力和当地居民打成一片,与社区领袖讨论、沟通、解释工程的意义,征求他们的意见,寻求他们的共识。在这个过程中,还教给农民庄稼的轮替耕种法、正确使用化肥的方法等等。所以,田纳西工程的建设过程,也是促进农业现代化、改造农民的过程。

作为财政和管理上独立运行的大型国有企业,田纳西工程管理局历经改革,至今还在经济建设和区域发展方面起着重要的作用,也没有成为国家的经济负担。2006年,它的年营业额为91亿美元,税前盈余16亿美元,税后净利3.26亿美元。后来的学者评论说,田纳西工程不仅仅是一个在非发达地区成功的经济发展范例,也成为后来发展中国家进行国家民主建设的楷模。

大萧条时期的另一个大型公共工程项目是胡佛水电站的建设。胡佛坝被称为当时世界最大的钢筋混凝土工程和最大的发电站(1936年),至今仍是世界第35大电站。它也是世界工程史上最伟大的工程之一,改变了美国西南地区的生存和经济状态。

胡佛坝位于亚利桑那州北部与内华达州交界处,与先是商业部长后成为美国总统的胡佛有不解之缘。早在1922年就成立了由相关州和联邦政府代表组成的大坝建设计划委员会,当时的商业部长胡佛是联邦政府的代表。他在1922年1月约见了亚利桑那、加州、科罗拉多州、内华达、新墨西哥州、犹他州和怀俄明州的州长,约定了科罗拉多河水资源的分配使用方案,并在当年的11月签订了科罗拉多河协议,将河域分为上下游两段,为后来建在科罗拉多河上的胡佛水电站大坝奠定了基础。大坝建成后,灌溉水的分配、洪水控制和发电都井井有条。经过多年努力和修改,建设胡佛坝的方案通过国会批准,1928年12月由当时的总统柯立芝签字生效。1929年发生大规模经济危机,1930年7月,已任总统的胡佛批准了对工程的第一笔拨款。

工程承包给了六大建筑公司的一个联合体——六公司(Six Companies, Inc.)。该公司由六个大公司组建而成,用一个执行官。而对政府来说,只与一个公司打交道,建筑方面的事情由公司自己协调解决。因为大坝的建设需要克服许多当时最困难的技术问题(如浇注水泥的热度与强度和整体性问题),六公司又与别的公司签署协议,寻求对自己解决不了的技术问题进行支持。在建坝前,政府还签约让六公司建设一个新城市——博得城,让建筑工人居住。

大萧条使政府下决心加速电站和大坝的建筑工程,工程队伍在新城还没有建好的情况下就开入工地,经历了不少困难和艰苦,还出现过工潮和骚乱,后来的建设中也出现过机器废气引发工人一氧化碳中毒事件。建设过程中有 112 个工人死亡(官方数据)。总体而言,这也可以算是成功的工程中一个值得总结的经验教训。在仓促上马的过程中,细节上的欠考虑,会造成不可挽回的损失。

总体说来,大萧条反而促进了工程的加速进展,提前两年多,在 1936 年开始为 226 英里之外的加州洛杉矶输电,后来陆续增加。胡佛电站的投资总量为 490 万美元(相当于 2008 年的 7.36 亿美元),归属联邦政府成立的开垦局(The Bureau of Reclamation)。大坝横跨科罗拉多河,联通亚利桑那和内华达州,坝顶通汽车;每年为加州、内华达州和亚利桑那州的几十个城市供水;发电量在 40 亿千瓦小时,供给周边的大城市;每天有 1.3 万—1.6 万车次通过;每年到米德湖及以之命名的米德湖国家旅游休闲区旅游的人数达 800 万至 1000 万,1985 年被命名为国家历史保护区。所以说,胡佛坝是一个集交通、供水、发电、旅游休闲等功能于一体的大型综合工程。不但在当时解决了就业问题,而且还攻克了技术难关,发展了经济和城市,并有持久的回报。

当时成立的民用工程局(the Civil Works Administration,CWA)、民事保护集团公司(the Civilian Conservation Corps,CCC)和国家重建局(the National Recover Administration,NRA)在对抗经济危机的过程中都起到了重要的作用。但影响力最大的,当属两年后成立的"工程进展管理局"。对许多人来说,这个局就是"新政"的代名词。这个局在各州都有办事机构,直接雇用失业的工人,工人工资由财政部或管理局直接支付。他们认为,工作机会能使失业的工人重新恢复做人的信心。从 1936 年到 1939 年,他们的总支出达到了 70 亿美元。①

工程进展管理局还要求州政府提供配套资金,数量不等。虽然对于工程局的存在有不同意见,如它使后来工人不愿意离开政府支持的项目而到私营企业谋职等等,但是,在当时来说,它确实起到了不可替代的作用。美国的经济危机在 1938 年左右回到了萧条前的水平。

三

这两个大型工程对中国运用公共政策和国家财政应对当前的金融

---

① Office of Gorernment Reports, Statistical Section, *Federal Loans and Expenditures* (Vol Ⅱ), Washington, D. C, 1940.

危机有许多有益的启示。

第一是选择大规模、跨地区、跨行业、具有资源性和能源性的非常规基础公共工程,用国家的力量来运行和协调。这个举措打破了条条框框管理的局限,国家投资,利益共享,合理收费,长期稳定,不求迅速回报,但求政策结果具有稳定长久的利益。

第二是勇于技术攻关,敢创世界第一。胡佛坝是当时世界最大的钢筋混凝土工程和最大的发电站,面临前所未有的工程技术难关,但因为有国家的资金支持,直接由工程局管理和承办公司负责,联邦政府出面进行管理和政治协调,极大限度地动员了社会力量,群策群力,创造了历史奇迹。

第三是设立专门机构,不急功近利,长线计划和管理,持续支持,直至见到成果。

第四是注重工程效益的可持续性。田纳西和胡佛坝都是大型的综合工程,在能源、灌溉、供水、化肥制造、旅游休闲等许多方面都有持久的回报,是功在千秋的事业。

第五是在对大型公共工程的决策过程中,注重公共决策的程序性、公开性和公民参与性,听取群众意见,教育群众,争取他们的支持和地方公民领袖的参与,保证决策的公共利益和科学化水平。

中国的发展正处于发展经济学家罗斯托所说的起飞前的积累和快速发展阶段,发展的能量和机会涌动,但基础设施不够、不全、不合理,经济和产业结构需要升级,技术需要升级,管理方法、体制和规章需要改进。从这个意义上来说,多少投资也不嫌多。但是,如果投资使用不当,创造不好的路径模式,为未来发展制造掣肘、瓶颈和弯路,那就不是好的选择。而投好资的关键在于,改造和提升中国公共决策的过程、水平、科学化和民主化的程度。

金融危机的发生,事实上给中国提升公共决策的质量和水平提供了一个契机;胡佛坝和田纳西工程,也是可以借鉴的历史经验。中国的公共决策者和学术界,应该从历史的责任者的角度,认识到这一重要的契机,不轻率行事,多讨论多规划,尊重科学和公众选择,使中国的公共决策过程与4万亿元及其所带动的投资相呼应,在扩展内需的同时,改革公共决策方式,提高其科学化程度,寻求跨区域大型国家工程基础建设的目标,完成技术和团队组建的攻关,成就功在千秋的事业。

应该特别指出的是,目前中国正处于城市化建设、城乡发展统筹兼顾的重要历史关头。在迅速城市化、城乡一体化的过程中,许多公共决策牵一发而动全身,复杂多元,需要全面认真地考虑和研究。应对危机过程中的许多基础建设投资,都与城市化、工业化和城乡统筹发展密切相关,而传统的城市规划往往以地标性的建筑设计为主导,忽略城市总体人居和社区的功能需要。在应对危机的过程中,改革和提升中国公共决策方式,注重其在城市规划与管理中的功能,对用好投资、促进中国的现代化与合理城市化的进程,有十分重要的意义。

继续改革公共财政体制，优化收支结构，提高公共财政的现代化水平[①]

一、引言

公共财政是政府工作的血脉，它与政府的施政能力密切相关。在英文的谚语里有"If armies move on their stomachs, then certainly governments crawl on their purses"[②]的说法，直译是，"部队靠肚子行动，政府靠钱包往前爬"。比较文气的译法是，"行军打仗，要兵马未动，粮草先行；在政府工作方面，必须是政策未动，财政先行。"从相当的意义上说，政府的财政能力，常常是决定政府施政能力的前提。而施政能力，又是相对施政目标而言的。要做大事，承担大的公共责任，

① 本文原载于中山大学行政管理研究中心/政务学院、复旦大学国际关系与公共事务学院、中国留美公共管理学会：《"国家治理与公共预算"国际学术研讨会论文集》，2006年，第23页。

② Naomi Caiden,"Patterns of Budgeting", *Public Administration Review*, 1978, pp. 539-544.

提供高质量的公共服务,就需要大的有效的财政能力。中央政府要管理全国事务,执行中央决策,令出必行,要有大的中央财政能力;地方政府要提高地方管理水平、提供公共服务能力,加强地方建设,也要有大的地方财政能力。这就牵涉到如何提高政府财政收入、调配资源、管理政府资金的使用问题。也就是说,在公共财政体系内,最重要的两个部分——财政收入的计划和管理(税收政策)和财政支出的分配和管理——是值得高度重视的核心部分。预算与这两者密切相关。笔者在1994 年运用财务分析和社会调查的方法对 1994 年的税改进行评价,结论是:经过 1994 年的改革,我国的税制虽然比过去有长足的进步,但是改革后的公共财政体制中仍存在诸多结构和管理上的问题。要把我国的公共财政体制真正建成合用的、有弹性的、公平的、有效率的和与市场经济原则一致的财政体制,前面的路还很长。这个结论,在十年后的今天,依然可以不变。一是当时的改革,并没有一步到位的意图,只改了财政收入的方法,没有考虑解决财政收入的合理分配问题。二是中国的实际情况也变化得非常快,改革者们当时可能还预料不到分钱竟然还会成为问题。[①] 本文就政府财政汲取能力和转移支付这两个方面展开讨论;提出了分析性的多维模式,并结合数据来分析和了解中国在财政汲取和转移支付这两个方面的大致情形,为进一步的研究和政策方向提出一些思路。

二、政府财政汲取能力的多维模式

税收,也就是“‘敛集公共财政收入’,是决定如何将公共财政的需要转嫁给社会个体的过程”[②]。也就是我们常说的社会财富的再分配过程。适当性、弹性、公平、对社会经济活动的调节能力和税收效率都是它考虑的重要因素。其中,适当性就是满足政府支出的需要,是第一性的,也是国内常说的政府汲取社会资源的能力的程度。由于税收是政府对公民的强制要求,所以,国家汲取社会资源的能力问题首先是一个政治问题。对这一议题,凯顿教授在她的早期研究中做过一个很有

[①] Zhiyong Lan, *The 1994 Tax Reform and the Road Ahead*, World Bank Project Report, China Center for Economic Studies, Beijing University, 1998.

[②] John L. Mikesell, *Fiscal Administration : Analysis and Applications for the Public Sector*, Wadsworth Publishing, 1995.

意思的描述。

她认为有五种不同的预算模式:一种是政府处在一个低经济环境、低政治能力①的条件下,靠税收筹集财政收入非常困难,但他们可以有办法获得足够的非税收的收入来维持。第二种是政府处于富足的社会经济环境中,但没有足够的政治能力来收取税金,如不能通过合适的税法来获取经常性的政府收入。但可以靠一些非税收的方法,用比较高的管理支出,来汲取足够的社会资源,帮助完成政府的工作目标。在这种情况下,有些社会成员所要付的税可能会特别高,所谓除了空气和水,任何东西都要付税。第三种是处于良好经济环境中,但没有足够的政治能力,也没有别的能力获得税收以外的财源,捉襟见肘。第四种是政府处于低经济的社会环境中,但有强大的政治能力获取社会资源,包括税收、战争赔偿、垄断利润和其他社会资源,他们可以有意地降低税收。第五种是不论处于好的还是不好的经济环境之中,政府的政治能力都超过它所在的经济基础的能力,它们也没有外部资源,因而,用强制性资本积累的手段。② 用凯顿的话来说,这并不是一个完整的预算模式的清单,主要是提供一种思路,将经济能力与政府的政治能力区别开来。

事实上,深究起来,政府敛集社会资源的能力,至少有四重意义:一是政治能力,即获得社会支持、动员社会资源的能力,不论是用税收还是非税收的形式。第二是经济环境能力,即政府所在的经济实体所拥有的总体资源能力,也就是我们常说的公共财政储备资源(reserve)的大小问题。第三是管理能力问题,即政府能否高效地、经常性地用程序性的方法,低成本高效益地汲取资源,完成政府的工作目标。第四是公共性的问题,即政府税收决策体系的公众参与和认可性问题。这四个维度,需要 16 个象限来表达(见图 1)。

———————————

① 她的博士论文是"政治能力",但她的实际意思按"政府的税收能力"(不论是政治的还是管理的)来理解,可能更为准确。她自己也提到,提供政治能力的操作性定义是十分困难的事。

② Naomi Caiden,"Patterns of Budgeting", *Public Administration Review*, 1978, pp. 539-544.

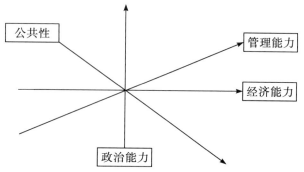

图 1　影响政府财政收入的因素

由于制图能力的局限，我们可以通过列表来表述这个概念（见表1）。

表 1　政府财政汲取能力的经纬度表

政治能力	经济能力	管理能力	公共性
强	强	强	强
弱	弱	弱	弱
强	弱	强	强
弱	强	弱	弱
强	强	弱	弱
弱	弱	强	弱
强	强	强	弱
弱	弱	弱	强
弱	强	强	强
强	弱	弱	弱
弱	弱	强	强
强	强	弱	强
弱	强	弱	强
强	弱	强	弱
弱	强	强	弱
强	弱	弱	强

　　"政治能力"的指标，衡量的是能不能获取资源。强有力的政治能力，能使政府超经济能力地获取社会资源。"经济能力"的指标，衡量的是可能获得的资源的大小。在经济环境能力不强的国家，即便政府拿

走了所有的社会资源,政府的财政能力还是有限的。"管理能力"的指标,衡量的是财政体制的管理效率。这就牵涉到政府的财政系统是否管理有序、运行高效、控制严格,用较低的行政成本,获取足够的社会资源,提供政府工作对财政支持。"公共性指标"衡量的是民主性和公开性,比较重要的考量是税收政策的社会公正性、合理性和社会认可性。也就是我们所说的,集思广益,广开财源,接受公众的建议和监督,提高财税政策的社会公正水平。当然,强弱的定义,是根据需求来决定的。如果一个政体,不能用有效的方法汲取足够的财政资源来满足既定的需要,就可认为是弱能力的。

战争时期的美国,大致可属于强政治、强经济环境、强管理、弱公共性的类型。而非战争时期的美国,可属于弱政治、强经济环境、强管理、强公共性的类型。具体表现在如果多收了税,老百姓会组织抗议(tax revolt)。改革前的中国和前苏联,用杀富济贫和国有企业利润上缴的方法,极大限度地汲取社会资源,供政府调配。因此,属强政治、弱经济环境、弱管理、弱公共性的类型。改革后的中国,特别是分税制改革和经济大踏步发展的近几年,属弱政治、(较)强经济环境、弱管理、弱公共性的类型。

这几个维度,放在同一平面上,可以用来描述总体公共财政体系的能力(见图2)。政治能力、经济环境能力和管理能力在不同的历史时期强弱不同,财政的公共性在不同的时段和政治体制内也会强弱不同,它们的总和决定着总体财政能力和公共性。一般说来,少用政治能力、多靠经济、管理能力是和平时期的最佳选择。而公共性可以在三个不同维度加强社会对财政体系的支持和监督,提高财政收入体系运行的效率和公众性。

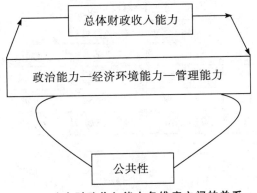

图2　政府财政收入能力各维度之间的关系

财政收入的适当性（够用否）、税收的弹性限度（会否随税基能力自动水涨船高）、经济杠杆作用（激励政府鼓励的行业多发展）和税收成本都是重要的考量。其中，适当性与政治和经济环境能力相关，弹性限度、经济杠杆作用和税收成本与管理能力有关。财政过程中公众、地方官员对财税收入和分配的参与程度，是衡量公共性的一个标准。公共性可帮助提高财政能力的透明度，加强财税体系的合理性，提高执法力度，因此是现代民主社会的重要指标。

　　从财政收入的比重来看，中国的财政收入占 GDP 20％左右，小于美国（27％至30％）的比例，更小于欧洲一些发达国家的比例①（见表 2、表 3 和表 4）。这也从一个方面解释了为什么中国公共服务水平不高的原因。当然，从税收水平和公共服务的价格性能比来看，中国的税收水平也不算太低，就是说，中国在提高公共服务的公共财政使用效率方面，还有工作可做。在目前条件下，要继续提高公共财政的 GDP 比重，在政治上和经济上都有一定的难处。

表 2　中国政府的财政收入与支出占 GDP 的比重

年度	GDP（亿元）	政府收入 （亿元）	政府支出 （亿元）	收入比（％）	支出比（％）
1978	3624.10	1132.26	1122.09	31.24	30.96
1980	4517.80	1159.93	1228.83	25.67	27.20
1985	8964.40	2004.82	2004.25	22.36	22.36
1989	16909.60	2664.90	2823.78	15.76	16.70
1990	18547.90	2937.10	3083.59	15.84	16.63
1991	21617.80	3149.48	3386.62	14.57	15.67
1992	26638.10	3483.37	3742.20	13.08	14.05
1993	34634.40	4348.95	4642.30	12.56	13.40
1994	46759.40	5218.10	5792.62	11.16	12.39
1995	58478.10	6242.20	6823.72	10.67	11.67
1996	67884.60	7407.99	7937.55	10.91	11.69
1997	74462.60	8651.14	9233.56	11.62	12.40

---

　　①　即便统计年鉴所反映的 20％左右的预算外收入没有计入总量，加上这个数字，中国的财政总收入占 GDP 的比重也在 22.4％左右。

年度	GDP(亿元)	政府收入(亿元)	政府支出(亿元)	收入比(%)	支出比(%)
1998	78345.20	9875.95	10708.18	12.61	13.78
1999	82067.50	11444.08	13187.67	13.94	16.07
2000	89468.10	13395.23	15886.50	14.97	17.76
2001	97314.80	16386.04	18902.58	16.84	19.42
2002	105172.30	18903.64	22053.15	17.97	20.97
2003	117390.20	21715.25	24649.95	18.50	21.00
2004	136875.90	26396.47	28486.89	19.28	20.81

(1) 资料来源:2005 中国统计年鉴。数据为当年标准值(亿元)。

(2) 2003 年预算外收入为 4566 亿元人民币,政府总收入的 21%(如果收入没有包括预算外的话),加预算外资金,政府总收入为 GDP 的 22.4%。

(3) 政府价格补贴视为收入项。

(4) 政府收入中排除了国内借债和国外借债。1986 年以前,它们被列入支出。

(5) 从 2000 年起,政府支出包括内外债务的利息支出。

表 3　美国财政收入和支出占 GDP 的比重(%)

财政年度	州和地方	联邦	全部
1948 年收入	5.5	16.2	21.7
支出	5.1	11.6	16.7
1981 年收入	9.5	19.6	29.1
支出	9.2	22.2	31.4
1992 年收入	11	17.5	28.5
支出	11	22.1	33.2
2000 年收入	10.9	20.9	31.8
支出	10.4	18.4	28.8
2003 年收入	10.6	16.5	27
支出	10.7	19.9	30.6

继续改革公共财政体制,优化收支结构,提高公共财政的现代化水平

表 4　各国中央政府财政收入占国内生产总值的比重(%)

国 家	财政收入	
	1990 年	1997 年
澳大利亚	24.06	22.47
奥地利	31.43	34.47
加拿大	18.24	18.01
丹麦	32.26	33.69
芬兰	28.3	28.63
法国	39.72	39.19
德国	26.95	26.94
希腊	20.66	23
冰岛	23.23	26.53
爱尔兰	33.79	33.21
意大利	37.24	42.24
日本	13.62	17.6
卢森堡	44.8	43.45
荷兰	42.84	42.99
新西兰	35.73	31.01
挪威	32.24	32.55
葡萄牙	28.37	29.13
西班牙	28.79	28.34
瑞典	37.19	36.93
瑞士	19.58	21.1
英国	33.45	33.31
美国	18.33	19.37

从税收结构来看,以 2003 年和 2004 年为例,中央财政收入占总收入的 55% 左右(地方 45.1%),但支出却只占总数的 30% 和 27.7%。也就是说,中央政府收了钱,但大多数自己不用,而是转手拨给地方,多走一道程序。从管理的角度来看,是增加工作程序、工作量和税收成本的累赘(见表 5)。

表5 中国中央和地方政府的财政收入与支出占财政总收入和 GDP 的比重

年份	财政总收入	中央政府收入	地方政府收入	中央收入比重	地方收入比重	中央政府支出	地方政府支出	中央支出比重	地方支出比重	CDP	中央财政占CDP比重	地方财政占CDP比重
1978	1132.26	175.77	956.49	15.5	84.5	532.12	589.97	47.4	52.6	3624.10	4.85	26.39
1980	1159.93	284.45	875.48	24.5	75.5	666.81	562.02	54.3	45.7	4517.80	6.30	19.38
1985	2004.82	769.63	1235.19	38.4	61.6	795.25	1209.00	39.7	60.3	8964.40	8.59	13.78
1989	2564.90	822.52	1842.38	30.9	69.1	888.77	1935.01	31.5	68.5	16909.60	4.86	10.90
1990	2937.10	992.42	1944.68	33.8	66.2	1004.47	2079.09	32.6	67.4	18547.90	5.35	10.48
1991	3149.48	938.25	2211.23	29.8	70.2	1090.81	2295.81	32.2	67.8	21617.80	4.34	10.23
1992	3483.37	979.51	2503.86	28.1	71.9	1170.44	2571.89	31.3	68.7	26638.10	3.68	9.40
1993	4348.95	957.51	3391.44	22.0	78.0	1312.06	3330.24	28.3	71.7	34634.40	2.76	9.79
1994	5218.10	2906.50	2311.60	55.7	44.3	1754.43	4038.19	30.3	69.7	46759.40	6.22	4.94
1995	6242.20	3256.62	2985.58	52.2	47.8	1995.39	4828.33	29.2	70.8	58478.10	5.57	5.11
1996	7407.99	3661.07	3746.92	49.4	50.6	2151.27	5786.28	27.1	72.9	67884.60	5.39	5.52
1997	8651.14	4226.92	4424.22	48.9	51.1	2532.50	6701.06	27.4	72.6	74462.60	5.68	5.94
1998	9875.95	4892.00	4983.95	49.5	50.5	3125.60	7672.58	28.9	71.1	78345.20	6.24	6.36
1999	11444.06	5849.21	5594.87	51.1	48.9	4152.33	9035.34	31.5	68.5	82067.50	7.1.3	6.82
2000	13395.23	6989.17	6406.06	52.2	47.8	5519.85	10366.65	54.7	65.3	89468.10	7.81	7.16
2001	16386.04	8582.74	7803.30	52.4	47.6	5768.02	13134.56	30.5	69.5	97314.80	8.82	8.02
2002	18903.64	10088.64	8515.00	55.0	45.0	6771.70	15281.45	30.7	60.3	105172.30	9.88	8.10
2003	21715.25	11865.27	9849.98	54.6	45.4	7420.10	17229.85	30.1	69.9	117390.20	10.11	8.39
2004	26396.47	14503.10	11893.37	54.9	45.1	7894.08	20592.81	27.7	72.3	136875.90	10.60	8.69

与美国的公共财政结构相比，中国企业的财政负担较重。以 1999 年的数据为例，美国联邦财政收入中的个人所得税占联邦税收的 48％，社会险税占 34％，公司税占 10％，其余为 8％（见表 6）。而中国的税收中，大的收入来源是增值税（37.32）、公司税（16.38）和企业税（14.82），出口消费和增值税也高（15.31％），但大多用来做出口退税了（14.42％）。这样看来，中国企业的负担是相对较重的（见表 7）。税收工作围绕企业收益开展，在一个篮子里取蛋，或是一个锅里抢大勺。以 1999 年和 1996 年来估算，美国的联邦、州和地方政府的公司税加起来是总税收水平的 7％左右（可从表 6 算出）。有人说，反正羊毛出在羊身上，钱都是从企业收益来。但是，如果企业收入分配给社会，如提高个

人收入,就可增加社会消费能力、置产能力、投资能力和资源流转能力,促进国家税收的多元化、稳定化,提高纳税人的社会责任感和主人翁意识与政府部门的服务意识,有经济、政治、社会心理等许多好处,还可以增加政府用公共政策调控经济的杠杆(如销售税、财产税的使用等)。

表6 美国的财政收支结构

1999 年联邦政府收入	数字单位 (10 亿美元)	数字单位 (10 亿美元)	占总财政收入 百分比
税种			
个人所得税	869	3194	48
社会保障税	609	2239	34
公司收入税	182	669	10
其他	146	537	8
总数	1806	6639	100
1999 年联邦政府支出	数字单位 (10 亿美元)	平均每人(美元)	占总财政收入 百分比
支出种类			
社会保障	393	1445	23
支出种类			
国防	277	1018	16
利息	243	893	14
收入维护	227	837	13
医疗	205	754	12
卫生	143	528	8
其他	239	879	14
总数	1727	5350	100
1996 年州和地方政府收入	数字单位 (10 亿美元)	数字单位 (10 亿美元)	占总财政收入 百分比
税种			
销售税	249	940	20
财产税	209	789	17
个人所得税	147	554	12
公司所得税	32	121	3
联邦政府拨款	235	887	19
其他	351	1324	29
总数	1223	4615	100

1996 年州和地方政府支出	数字单位 (10 亿美元)	数字单位 (10 亿美元)	占总财政收入 百分比
种类			
教育	399	1506	33
公共福利	197	743	17
高速公路	79	298	7
其他	518	1955	43
总数	1193	4502	100

数字来源:1996 年、1999 年联邦统计数据。

表 7　中国税收结构(2004 年)

	财政总收入 (亿元)	中央财政收入 (亿元)	地方财政收入 (亿元)	中央财政收入比重 (%)	地方财政收入比重 (%)	各项税占总财政收入的比重 (%)
总税收	24165.68	14166.09	9999.59	58.62	41.38	
消费税	1501.90	1501.90		100.00	0.00	6.22
增值税	9017.94	6613.51	2404.43	73.34	26.66	37.32
企业税	3581.97	110.99	3470.98	3.10	96.90	14.82
进口消费和增值税	3700.42	3700.42		100.00	0.00	15.31
资源税	98.80		98.80	0.00	100.00	0.41
城市维护与发展税	674.06	4.32	669.74	0.64	99.36	2.79
公司收入税	3957.33	2361.33	1596.00	59.67	40.33	16.38
个人所得税	1737.06	1042.24	694.92	60.00	40.00	7.19
城市土地使用税	106.23		106.23	0.00	100.00	0.44
其他税	599.00		599.00	0.00	100.00	2.48
关税	1043.77	1043.77		100.00	0.00	4.32
货物税	11.54	11.54		100.00	0.00	0.05
农业和相关税	242.00		242.00	0.00	100.00	1.00
合同税	540.10		540.10	0.00	100.00	2.23

继续改革公共财政体制,优化收支结构,提高公共财政的现代化水平

中国税收成本高、分税结构合理程度不够,是管理水平和公共性不够强的表现。从这一分析来看,中国税收改革的重点应该从提高管理能力和财政体系的公共性入手。当然,随着经济的发展,人们对政府公共服务的水平的要求也会不断提高,增加的期望值也会给公共财政造成新的压力。

三、中美税收结构比较和中国政府间转移支付的挑战

中国在分税制改革以前,使用利税包干的方法,是由于管理水平低下,对税基的不了解,对税收杠杆作用的使用不足。一度出现过中央财政增长速度低于地方,使中央感到宏观调控能力不足。财政收入占CDP比重的总体水平,也从 1978 年的 31.24% 下降到 1994 年的 11.16%。1994 年分税制改革后,财政收入占 GDP 的比重逐年升高,从 1995 年的 10.7%,逐步增长到 2003 年的 18.6%,2004 年达到 19% 以上(表2)。年均增长 1 个百分点,并维持这一速度增长。到 2010 年,中国财政收入占 GDP 的比重将达到 25% 以上。财政部专家撰文称,在正常增长因素外,加上政策调整等因素,2015 年财政收入占 GDP 的比重将达到 35% 以上。[1]

分税后,中央政府的财政分成高了,地方的财政能力相对减弱了。地方财政收入占整个财政收入的比重从 1993 年的 78% 下降到 1994 年的 44%,2001 为 47%,2001 年后在 44% 到 50% 之间波动(表5),而财政支出却在 65%—72% 之间波动,对中央政府有占国家财政总收入 20% 强的财政依赖性。这个税收结构,解决了财政收入中央分成不够的问题,但增加了地方政府对中央财政的依赖性。地方税源的不足,对中央财政如何有效管理财税收入和对地方的转移支付,提出了新的挑战。这就是近年来常常讨论的转移支付问题。

由于中国特定的历史条件和改革的过渡性,资源集中到了中央的手上,那么最突出的问题就是如何有效地将汇集的财政收入合理和及时地配置给地方。转移支付过程中的诸种因素,也可以用一个模式来表达(见图3)。

---

[1]　余天心、王石生:《提高财政比重的必要性、可能性和前瞻》,《财政研究简报》2004 年。

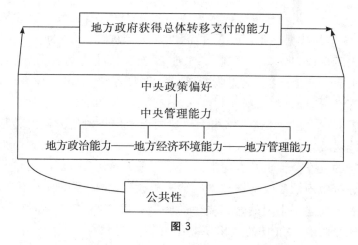

图 3

中央的政策偏好决定了转移支付的额度。而政策偏好与中央管理能力、地方政治能力、地方经济能力、地方运作能力和地方管理能力诸多因素有关。中央管理能力强，便能够正确作出宏观决策规划，高效运行转移支付程序。地方的政治能力能够影响中央决策，经济能力决定中央是否对其政策倾斜，运作能力走制度外道路获取资源，管理能力可获绩效奖励。而公共性可以影响到每一个因素，决定其有效度。面对转移支付的挑战，模式中的每一个因素都值得高度重视。

笔者在与一些市政和地方领导交谈的过程中了解到不少地方官员对分税改革后地方财政捉襟见肘的状态非常不满，抱怨好的税源都被中央拿走了，而地方自己又不允许另辟税源，资金不够，工作不好开展。我们可以参照美国的税收结构数据来更详细地分析这一转移支付的问题。

一般说来，在比较发达的国家中，好的税源也在中央政府的手中，为的是维护国家的整体利益、中央政府控制和调配资源的统治权威和协调国家的综合发展。相对来说，中央政府的财力也要大于地方政府的财力。但是，在财政支出的要求方面，地方和中央政府基本是按照自己的工作职能，各负其责，保持自己的收支平衡。表 3 可大致说明这个现象。地方政府财政收入占 GDP 的 10% 左右，联邦政府占 20%。在如何支配财政收入方面，各级政府按支出功能花自己的钱。

表 6 详细地描述了美国的税收和支出结构。以 1999 年为例，联邦政府的财政收入中，48% 为个人所得税，34% 为社会保障税，10% 为公司税，8% 为其他。支出方面，23% 为社会保障，16% 为国防，14% 为债务利息，13% 是福利和劳工辅助，12% 为医疗保障，8% 为健康保障，

14%为其他。州和地方政府的税收各地不一样,但大致的税收结构可用 1996 年的数据说明。收入方面,20％为销售税,17％为财产税,12％为个人所得税,3％为公司税,19％来源于联邦政府的各项转移支付,29％来源于其他途径(地方收费、债捐、创收等)。支出结构方面,33％为教育经费,17％为公共福利,7％为交通,43％为地方政府运作和各项公共服务的支出。[①] 这一结构大致勾画出了中央对地方政府转移支付的功能区域,主要在教育、社会保障、劳工就业补贴等领域。中央与地方政府的工作分工也基本清晰。

分析中国的税收结构和支出结构的数据,我们可以看出不少问题。

表 8 描述了中国的转移支付的幅度。以 2004 年为例,平均下来,全国地方政府 44.6％的支出要靠中央转移支付,而不是美国的 20％。对转移支付要求最少的是北京,为 17％。其次为:上海,19.99％;广东,23.45％;浙江,24.18％;江苏,25.27％,山东,30％。这些都是中国最好的省份,地方政府对转移支付的依赖性相对较少,有的与美国的平均值差不多。比较困难的省份有云南、贵州等,转移支付依赖性达60％以上。如青海,80％;甘肃,70.82％;西藏为特例,92.31％。大多数省份为 50％左右。如此巨大的对转移支付的依赖性,大大束缚了地方政府的手脚和创新能力;如果经费不能迅速到位,问题就更大。无怪乎不少地方官员抱怨过的是捉襟见肘的生活。

表 8　2004 年地方财政收入和支出

地区	总支出 (万元)	其他支出 (万元)	总收入 (万元)	其他收入 (万元)	地方财政支出中来源于转移支付的比例	中央财政收入中转给地方的百分比
地区总数	193195095.00	14558255.00	107027035.00	1447347.00	44.60	59.41
北京	8982756.00	1991204.00	7444874.00	40559.00	17.12	1.06
天津	3750212.00	211600.00	2461800.00	35907.00	34.36	0.89
河北	7855591.00	423010.00	4078273.00	79394.00	48.08	2.60

① 2004 年,这些数据有些变化。16.5％为销售税,14.49％为财产税,9.74％为个人所得税,1.53％为公司税,19.01％为联邦转移支付;35.12％来源于其他途径(地方收费、债捐、创收等)。支出结构方面,29.18％为教育经费,21.65％为公共福利,6.95％为交通,7.51％为公共安全,4.57％为政府管理,其余为地方公共事业管理支出(水、电、债务等)。这是联邦政府减税和鼓励地方开源创收的结果。

地区	总支出 （万元）	其他支出 （万元）	总收入 （万元）	其他收入 （万元）	地方财政支出中来源于转移支付的比例	中央财政收入中转给地方的百分比
山西	5190569.00	278935.00	2563634.00	23135.00	50.61	1.81
内蒙古	5641117.00	155436.00	1967589.00	27859.00	65.12	2.53
辽宁	9313979.00	476533.00	5296405.00	35853.00	43.13	2.77
吉林	5077758.00	141869.00	1662807.00	15480.00	67.25	2.33
黑龙江	6975516.00	218501.00	2894200.00	27738.00	58.51	2.81
上海	13825254.00	2547015.00	11061932.00	30544.00	19.99	1.91
江苏	13120401.00	1100495.00	9804939.00	45317.00	25.27	2.29
浙江	10629355.00	621752.00	8059479.00	34151.00	24.18	1.77
安徽	6015280.00	436443.00	2746284.00	32392.00	54.34	2.25
福建	5166787.00	589122.00	3335230.00	47886.00	35.45	1.26
江西	4540598.00	290104.00	2057667.00	77377.00	54.68	1.71
山东	11893716.00	1340828.00	8235306.00	78923.00	30.36	2.49
河南	8799580.00	565472.00	4287799.00	43595.00	51.27	3.11
湖北	6462888.00	569124.00	3104464.00	55968.00	51.96	2.32
湖南	7195435.00	531044.00	3206279.00	158916.00	55.44	2.75
广东	18529500.00	1789502.00	14185056.00	209761.00	23.45	3.00
广西	5074721.00	332756.00	2377721.00	78583.00	53.15	1.86
海南	1272006.00	134618.00	570358.00	7284.00	55.16	0.48
重庆	3957233.00	179949.00	2006241.00	22991.00	49.30	1.35
四川	8952534.00	492267.00	3837848.00	45746.00	56.91	3.51
贵州	4184)81.00	355382.00	1492855.00	60020.00	64.32	1.86
云南	6636354.00	212370.00	2633618.00	129931.00	60.32	2.76
西藏	1338335.00	139512.00	100188.00	14673.00	92.51	0.85
陕西	5163052.00	169123.00	2149586.00	21304.00	58.37	2.08
甘肃	3569366.00	176843.00	1041600.00	21606.00	70.82	1.74
青海	1373363.00	50844.00	269960.00	10324.00	80.34	0.76
宁夏	1230177.00	65539.00	374677.00	3989.00	69.54	0.59
新疆	4210446.00	171562.00	1557040.00	6582.00	63.02	1.83

继续改革公共财政体制，优化收支结构，提高公共财政的现代化水平

四川、河南、广东、黑龙江所得的转移支付的绝对数最大,分别占中央财政总收入的3.51%、3、11%、3%、2.81%。另外,经济较好的省份如山东、浙江、上海、江苏等得到的转移支付也相对较大,说明转移支付中有收入分成的成分。与其如此,不如将税收让给地方,减少中间程序。

表9可以大致描绘出中国目前的转移支付的结构。比较大宗的转移给地方政府的转移支付项目有:文化、教育、科技和健康,占财政总收入的17.51%;基本建设,7.93%;政府部门管理,7.56%;农业生产,5.88%;公安、司法,5.5%;城市建设,4.04%;其他支出,6.58%;其余部门的运作支出,3.8%;科技创新,3.67%;地方官员退休金,3.5%。中央转移给地方的基本建设、城市建设、公安司法和官员退休金的幅度都是可以讨论的项目,而财政总收入的11%(6.50% + 3.8%)都被列为其他支出,也反映出转移支付中的随意项目资金很大。

表9　2004 年中国的转移支付结构

中央与地方政府主要预算支出项目	总支出	中央政府	中央支出在总收入中的比重(%)	地方政府	地方支出在总收入中的比重(%)
基本建设支出	3437.50	1343.80	5.09	2093.70	7.93
创新和科技推动基金	1243.94	274.38	1.01	969.56	3.67
企业创新基金	759.96	18.45	0.07	741.51	2.81
科技推动基金	483.98	255.93	0.97	228.03	0.86
企业周转资本附加拨款	12.44	11.15	0.04	1.29	0.00
地质勘探支出	115.45	26.75	0.10	88.70	0.34
工业部行政支出	368.21	90.31	0.34	277.90	1.05
交通与商务			0.00		0.00
农业生产支持款	1693.79	141.80	0.54	1551.99	5.88
农业、森林、灌溉和气象	1528.09	118.43	0.45	1409.64	3.34
农业全面发展支出	165.70	23.35	0.09	142.35	0.54
城市维护与建设支出	1061.92		0.00	1061.92	4.02
环境保护与城市水资源建设支出	93.69		0.00	93.69	0.35
文教科学卫生行政支出	5143.65	520.56	1.97	4623.09	17.51
教育	3365.94	219.64	0.83	3146.30	11.92

中央与地方政府主要预算支出项目	总支出	中央政府	中央支出在总收入中的比重(%)	地方政府	地方支出在总收入中的比重(%)
科学	335.93	212.24	0.80	123.69	0.47
健康	854.64	22.39	0.08	832.25	3.15
文体广播	587.14	66.29	0.25	520.83	1.97
社保基金和救助基金	563.46	7.72	0.03	555.74	2.11
社会安全辅助支出	1524.50	195.66	0.74	1328.84	5.03
国防支出	2200.01	2172.01	8.23	28.00	0.11
政府行政支出	2417.00	421.79	1.60	1995.21	7.56
公共安全支出	1548.06	81.94	0.31	1466.12	5.55
武装警察部队	287.09	256.16	0.97	30.93	0.12
外交	94.85	83.37	0.32	11.44	0.013491
外援支出	60.69	60.69	0.23		
贫困地区支持支出	180.92	8.39	0.03	172.53	0.65361
物价补贴支出	795.80	417.33	1.58	378.47	1.43379
粮食、棉花、食油价格上涨补贴	660.41	330.23	1.25	330.13	1.25066
价格平衡和食糖储备补贴	5.22	3.40	0.01	1.82	0.006895
肉价上涨补贴	1.23		0.00	1.28	0.004949
其余价格补贴	123.89	83.65	0.32	45.24	0.171387
其他部门支出	1114.29	104.63	0.40	1009.66	3.824981
其余支出	2032.18	294.85	1.12	1737.33	6.581676
中央政府储备					
地方储备					
教育附加税	258.90	0.15	0.00	258.75	0.980245
行政部门退休人员支出	1028.12	95.66	0.36	932.46	3.532518
车辆购买税	545.09	543.61	2.06	1.48	0.005607
预算外行政支出					
内外债利息	759.03	741.37	2.81	17.66	0.066903
内债利息	723.45	708.20	2.68	15.25	0.057773
公营公司债务利息			0.00		
外债利息	35.58	33.17	0.13	2.41	0.00913

继续改革公共财政体制，优化收支结构，提高公共财政的现代化水平

· 131 ·

四、用预算工具帮助改革中国财政体系中的收入与分配

预算是计划管理和资源调配的工具,是欧洲议会政治的衍生物,它强调对支出的计划性和控制。"公共"预算是政府部门用来计划政府服务和管理行为的工具,它牵涉到政府如何合理分配和使用财政收入,提供有效政府服务并进行社会管理。"是为了防止对有限资源的浪费、界定政府部门的大小、决定哪一部分的政府行为可用公共资源来支持的一个过程。这一过程决定政府从事什么活动、如何从事这些活动和谁来享受这些活动的结果"①。如果说税收政策决定政府如何敛集财政收入,那么预算过程的重点就在于如何根据可能的收入来有效地支配财政收入,完成政府的政策目标和预定功能。

政府的支出项目一般有下列几条:(1)政府购买(包括政府内部的人事和运作经费);(2)政府间的转移支付(包括经常性的和带目的性专项资金);(3)政府直接付给个人的补助和养老医疗社保金;(4)政府债务方面的还本付息;(5)对企业、政府、营利和非营利机构的政策性资助和补贴。② 政府的支出,决定政府对社会资源的重新分配,受制于公共政策、公众议论、公共服务的需求和政府管理机构的运作效率。

从前面财政收入和支出的数据来看,中国预算工具使用得并不好。财政收入结构和支出结构中不合理的因素还较多。尤其在政府间的转移支付过程中,转移款项的额度、目的、时间表和自动性等不合理或不严谨,使得预算过程政出多门,地方政府对自己的财政能力没有全面的认识,在该用钱的时候没有钱用,突然有钱时又来不及计划分配和合理使用,造成杂乱无章的现象。这一点,在马骏和侯一麟的《中国省级预算中的政策过程与预算过程》一文中有生动的描述。他们说道,虽然是"两上两下",即部门给财政上报初步预算(一上),财政部门下达控制数(一下),地方再在控制数内作预算报批(二上二下)。但在财政部门下达控制数后,省政府依然召开经济工作会议,规划发展战略,干扰预算程序。并且,准预算机构(诸如发展和改革委员会、科技厅和领导特批项目等)也不时会干扰预算过程和管理。庞大的预算外资金流造成预

---

① John L. Mikesell, *Fiscal Administration : Analysis and Applications for the Public Sector*, Wadsworth Publishing, 1995, p. 26
② Ibid. , p. 28.

算管理的困窘。①

中国在传统上是计划经济的国家。改革开放后,面对开放的市场和迅速增长的财富,计划能力倒显得有些不够了。预算的程序、计划、执行、监控等诸方面,薄弱环节都十分浅而易见。在此,我们可以顺便看看美国用法律形式定下来的预算程序。这是一个计划、讨论、政治博弈、合理性辩论、行政与政治官员互动和接受公共监督与审计的透明的财政计划过程。以联邦年度预算程序为例,这一过程包括:

(1)OBM(总统管理预算办公室)给下级提出政策指南(7月—8月)。

(2)需要经过行政审批的各部门提出初步预算申请(9月)。

(3)不需要经过行政审批的各部门提出初步预算申请(10月15日)。

(4)立法机构的各部门提出初步预算申请(11月—12月)。

(5)总统将预算提交到国会,包括OBM的预算上报报告(2月第一个星期前)。

(6)OMB将机动预算的可能性传给各个部门(2月—3月)。

(7)总统发布预算中期评估报告和预算估计的最新调整(7月15日)。

(8)OMB发布最终预算报告(8月20日)。

(9)新财政年度开始(10月)。②

这一程序强调的是计划性、透明性和公共监督性。规定的时间表是强制运行效率的准绳。而地方政府对联邦政府转移支付的依赖,基本保持在20%的水平,多年不变。并且,转移支付的数额大多是功能性的,由职能部门按计划拨款,随意性不强。地方政府可以支配地方支出中80%的资源,灵活、能动和计划性都较强。

从事经验性实证研究的学者会发现,中国在预算和支出方面的漏洞很多。(1)在政府购买方面,不透明或腐败案例常有出现。连最容易控制的政府员工的薪金制度,都有相当的非规范性,表现在工资外附加值超过工资数。(2)在政府间的转移支付过程中,随意性极强。一个很具体的例子就是,许多省市甚至高等院校从有限的资金中拨出不菲的款项,在京建立办事处,目的就是为了要政策、跑资金、开拓关系网络,

①　马骏、侯一麟:《中国省级预算过程中的政策过程与预算过程:来自两省的调查》,《经济社会体制比较》2005年第5期。

②　John L. Mikesell, *Fiscal Administration: Analysis and Applications for the Public Sector*, Wadsworth Publishing, 1995, p.71.

追求预算外的好处,而且常常被认为是物有所值。他们的成功,揭示的是转移支付中的管理漏洞。(3)政府直接付给个人的补助和养老医疗保险管理系统,还处于开始阶段,百事待举。养老保险资金的管理,更是问题重重。(4)政府债务多数是以国有企业欠银行的钱的形式表现出来的。在19世纪末的美国,政府用公共财政为亏损的企业付债,曾引起过轩然大波,导致了很多公营企业的私有化。在目前的中国,国有企业对银行支付资产,也是改革中的一大难题。中央政府曾一再用拨款的方式解决银行的呆坏账问题。(5)政府对企业、政府、营利和非营利机构的政策性资助和补贴,由于发展的需要和历史的因袭,量大且随意性强,完全违反了预算管理的目的。但是,从中国目前的情况来看,要达到设计合理、高度理性的财政收支水平还有难度,也不实际。因为政府的职能和分工,即职能部门的事权,还在不断的改革之中。在这种两难的情况下,如何确定中国财政改革的方针呢?

五、改革方向和措施

如上所述,中国的税收和转移支付体系,甚至整个财政体系,有许多可以在制度设计上和管理程序上改进的地方。

在中国的财政体系中,中央政府的政治能力是给定的,还有很大的发展空间。地方政府政治能力迥异,有很多经验性研究可做。经济能力随着社会的发展在不断增长。真正的弱点在管理能力和财政体系的公共性程度。

从体制的运行过程来看,中国的财政体系是有特点的。对于一个财政体系基础和现代化管理能力不强、而又处在迅速发展和变化中的中国来说,体系中表面的不合理,也不一定就是坏事。美国学者凯丽在研究了一个世纪的美国预算改革后说道,美国百年来的预算改革实际上反映的是不断变化的美国公众对政府的支持力度。当美国人民把信任更多地倾斜到私营企业方面时,预算改革的重点就往往是控制预算的花费和提高预算的使用效率(efficiency)。当美国人民希望政府介入,提供私营企业不能提供的社会服务时,预算改革的重点就会倾斜到项目效果(effectiveness)上来,注重能否把事情做成功,而不是如何省钱。……历史说明,预算改革遵循的是一种政治周期。求变的时期,提倡的是不断增长的预算,而保守时期,提倡的是传统的项目支出管理

（line-item）形式，以保证财政的责任性（accountability）①。

　　她这一研究成果，对中国现阶段预算改革的政策取向有相当的启示性。就是说，在迅速求变的过程中，中国的改革首先应该注重的是效果，其次才是效率。中国目前的预算改革，处于一个承上启下而又迅速发展的特殊的历史时期。原有的规范不适用，新的规范还没有完全建立或成熟，而政策的变化、官员的变化和百姓对政府服务需求的变化，也十分频繁。加上各地差异，建立高效、稳定又有弹性的控制和绩效评估系统，如果不是不可能，也是十分困难的事。这不是说不要这些系统建设的努力，而是必须懂得，这些努力不可能达到最优的境界，也不一定就对中国的迅速改革有好处；等到制度建立，情况又变化了。

　　当然，这不是说，建立制度就不重要了。一位知名的美国公共管理学者弗雷德里克逊说得好，如果制度不好，怎么能够让人好好表现，做好人呢？② 所以说，以超前的视野，建立公共财政体系，是中国必须面对的一个挑战。

　　一般来说，这个挑战可包括以下几个方面：第一，如何提高计划性，合理分配迅速增长的财政资源，满足同样迅速增长的公共服务需求，完成政策目标。这是对预算能力的考量。从管理效率的角度来看，目前的税收和转移支付的结构不够合理。在中央与地方的分税中，中央分成偏大，财权过分集中在中央；平均起来，地方政府 44% 多的财政支出要靠中央拨款，大多数在 50%—60%，特例的高达 80%—90%，地方管理的自主性和灵活性受到很大的限制。如果中央在政策偏好上有决策错误或有管理漏洞，或是转移支付的效率不高，那么对经济建设和地方建设造成的损失是会很大的。目前常有的问题是，中国迅速发展的特定历史条件要求预算系统有超强的灵活性。中国目前存在巨大的预算外资金或预算外拨款（掌握在各地财政部门和领导者个人手中），为的就是满足灵活性的需要。预算支出管理的僵化、繁琐，上级部门多变的要求和非理性决策，地方规划和决策权的局限性和不明朗性，都会导致财政部门藏留应急款项，或将早就该转移支付的资金留到最后，不利于资金使用部门提早对预算的使用作出理性的使用规划，把钱用到刀刃上。中央财政、地方财政或执行部门过多藏留应急款项，导致资金的非

　　① M. Janet Kelly,"A century of Public Budgeting Reform：the Key Question", *Administration and Society*, Vol. 37, No. 1, 2005, pp. 89-109.

　　② Frederickson,George, PA Times, 2006.

· 继续改革公共财政体制，优化收支结构，提高公共财政的现代化水平 ·

效率使用。如果他们不留预算外应急款项,则又无法应对多变的政策环境和发展的需要。可以说,如果中国没有很多的预算外资金在流通,一切按部就班,走预算内的程序,那么有很多事情都是做不成的。中国的改革成效也会大打折扣。

　　既要建立制度,又要有灵活性,还要在制度建立的过程中高效运作,唯一有效的途径就是迅速提高公共财政、公共预算和预算执行的公共性。预算的公共性可以加强财政分配的合理性,保证对预算分配和执行的监督,减少浪费,提高制度的合理性,是一法解千愁的妙招。这一方法,放到地方政府中试行,形成竞争局面,会有很多意想不到的好处。随着中国地方经济的发展,地方土地、财产和销售的增值,地方政府的财源会更加丰富,公共服务水平也会得到不断的提高。要保证地方资金的合理使用,财政公开性也会是有力的法宝。

　　在 19 世纪中下叶,美国也有过相同的历史。19 世纪中下叶是公认的美国历史上的重要时期,所谓的鎏金岁月。工业迅速发展,经济迅速发展,城市也迅速发展。城市的迅速发展对公共服务提出了更高的要求,导致公共部门的迅速增长。传统的政党领袖、地方豪绅与新兴的改革派、企业家之间的矛盾加大,争夺市政领导权。传统的政党领袖和地方豪绅不愿意大规模的城市改革和增长,只愿意让公共部门和公共财政有有限的增长空间。但历史的车轮不可阻挡,新兴企业家和城市改革派组成的联盟要求更有力的公共部门,提供有效的公共服务,其结果是城市管理的专业化、科学化和现代化。他们的胜利,是科学、市场和政治运作的胜利。归根到底,在国家治理和资源分配这个领域,预算的政治考量大于技术考量。只有在预算公共化的条件下,才能最好地使用预算工具追求科学治理,达到以预算对治理的科学追求。

第三部分

公共管理学习篇

他山之石，如何攻玉？

——从公共管理视角看中国知识精英学习外国经验的心路历程[①]

引言

中国是有几千年历史的文明古国。一百多年以来，她饱受欺凌和创伤，内忧外患，直到 20 世纪末，才开始走上迅速发展的道路。中国的知识精英，从一百多年前开始，就砥砺奋发，学习外国，寻求重新强国富民的良方，走过的是一条不平、痛苦、悲愤、惊奇、徘徊、思考和心灵挣扎的坎坷之路。在这个过程中，有收获、有曲折、有奋进、有彷徨。该不该学，怎么学，有没有用，应该怎么用，都是经常提出来的问题。改革开放以来，中国又一次走上学习外国之路，也有许多值得思考的地方。本文从公共管理或国家治理变革的角度来回顾这一过程，从中寻找西学东渐的规律和经验，抛砖引玉，希望引起思考和讨论。

[①] 本文原载于《公共管理学报》2006 年第 4 期。

一、中国近代史上学习西方的过程

中国近代史上比较著名的学习外国的运动包括:洋务运动、戊戌变法、辛亥革命、五四新文化运动、马列主义和改革开放以来的大规模学习西方运动。其中,洋务运动发生在清王朝危机四伏、欧美国家迅速崛起的时期。有识之士开始注意国外,萌发向西方学习的思想,林则徐提出要"开眼看世界",魏源提出"师夷长技以制夷";后洋务派提出"师夷长技以自强",代表人物有曾国藩、左宗棠、李鸿章、张之洞,领导机构为总理衙门。虽有顽固派反对,由于有慈禧的支持,洋务运动迅速展开,办新学堂、培养人才,促进了教育改革,为西学东渐奠基。甲午战争的失败,导致了洋务运动的终结。后来,以康有为、梁启超、严复等为代表的维新派主张设议院,实行君主立宪(康),变法(梁),用民权否定军权(严),发展工商业,但没有形成理论,也没有付诸行动。慈禧认为,这些改革是别人欺负孤儿寡母。她用政变结束了变法。洋务运动和变法没有能使中国走上富强的道路,也没有实现维护清朝统治的目的。但洋务运动引进了西方国家的近代生产方式,培养了近代科技人员,对封建经济起到了一定的解体作用,刺激了资本主义的发展。变法和运动解放了思想,启蒙、促进了人们的觉醒,为五四新文化运动引进民主思想和马列主义奠定了基础。

民主革命在中国的失败和马克思主义在中国的胜利及其后来的曲折,本身就包含了许多重要的历史经验。其中比较核心的部分,就是要以民为本,不犯教条主义;实事求是,因地制宜,注重实践;注重大规模的文化思辨和政治动员,强调批判现实主义的思辨方法和与时俱进的精神。什么时候违反了这些核心的学习规律,什么时候就走弯路。

改革开放以来,中国又一次走上向外学习之路。由于没有好好总结经验教训,加上历史的断层,使得这一学习过程又重复了不少的历史老路。用上海交通大学唐兴霖教授的话来说,东西方有不同的话语体系。在它们的对话过程中,有很多意思失去了,也有很多意思得到了意想不到的伸展。下面几个常常困惑青年公共管理学子的例子,可以帮助说明这个在学习外国经验中屡屡出现的问题。

(1)帕累托原则的泛用,属"小马拉大车,力不从心现象"。帕累托最优原则(Pareto Optimality)是意大利社会和经济学家帕累托(Vilfiredo Pareto,1848—1923)在1906年提出来的一个概念,指的是经济资源的分配应该尊崇一个原则,即能使有的人比以前更好,而没有任何人会比以前更差。这是一个微观层面的实用主义的发明,在很多具体的决策条件下有很大的实用性,比它以前的西克斯-卡尔多原则——只要总体回报高于过去,即使有人比以前更差,也是可以接受的——更人性化和操作性更强,因而得到了很多理论工作者的推崇。但这一原则用来作为宏观国家公共政策的指导思想,则是要求小马拉大车,会力不从心。因为,贫富是一个相对的概念,受人文、传统、社会承受力的制约。在一部分人财产稳定,另一部分人财产大幅度升值的情况下,财产稳定的人自然比以前要相对更差,失去很多本属于他们的机会。这种差距可以慢慢大到有的弱势者愿意通过出售自己的器官、尊严、甚至生命权来换取对他们来说属"天方夜谭般的财富和机会"。20世纪80年代以来,很多国家的财富迅速地、合理地或不合理地向大财团手里集中,掌握了资源的特殊阶级理直气壮地侵夺别人的利益。他们还可用少量的财富,购买弱势群体的尊严、生命权、就业、受教育和享受医疗公益事业的机会。他们可以理直气壮地说,这种分配制度是建立在弱势群体并没有比以前更差,而是他们自己比以前更好的基础之上的。殊不知,社会财产的分配,包括市场运行机制下的工资制度,归根到底,还是一种政治分配。否则,我们无法解释,为什么强势阶层和管理层不论出力大小,总是在分配过程中拿大头,而且付出与回报的比例畸形。在学习西方的过程中,帕累托原则被一些经济学者自觉和不自觉地夸大使用,不经意地成了全面改革的指导思想。在改革不断深入时,社会相对贫富悬殊急剧增大,成为社会和谐发展的隐患,值得理论界高度关注。

(2)股市机制引进的过程,一度可类比为"黑虎掏心现象"。即在学习过程中,将最核心的部分拿掉,画虎成犬。中国在早期学习使用股份制的时候,也有过自己的曲折。股份制是利用产权机制来激励业绩的管理方法,核心之处在于它能引起产权、领导权的转换。股票上市后,如果管理层经营不力,企业竞争力不够,甚至公众形象不好,就会导致企业亏损和股价的缩水,甚至被别的企业兼并,造成领导权的更替。中国在学习股份制的初期,否决了产权转换的可能,将产权的使用权、收益权和所有权分割开来,使得一些经营不善的企业,以此来集资;集资后,并不关注改善管理,而是把钱浪费掉。即使股价下跌,也不影响所有权。因而,上市成了一种企业劣质领导人"借钱不要还的好办法"。这种"对外学习"的方法,自然要引起老百姓对"国际经验"的公愤。

(3)凡事用经济学的方法来分析,有"李代桃僵"之嫌。在相当长的一段时间内,国内的不少莘莘学子津津乐道于经济学的方法,它包含文献综述、命题假设、数理推导、科学实证、理论归纳,等等。这一观点认为,只有经济学的方法才能够拯救中国的社会科学。殊不知,经济学的方法是许许多多现代社会科学中共用的方法。假设的提出和逻辑推导是古希腊哲学中三段论的核心;数理推导是数学工具;科学实证是哲学家培根的经验主义和社会学家休谟的哲学思想;理论归纳是哲学研究的重要步骤。特别是现代经济学中关于人的自私心理的假设,在"人之初,性本恶"的论述里、在摩斯的十大戒条中、在弗洛伊德性心理的假设中、在马斯洛的心理层次需求理论中,也一直存在。理性假设,在政治哲学家洛克的《政府论》里关于自然人和社会人的讨论中就已经出现。洛克的《政府论》发表于 1688 年,据考证成书于 1678 年,先于经典经济学的鼻祖亚当·斯密的《国富论》(1776 年)近百年。改革开放后,中国在引进西方学术思想时,由于历史的原因,先从经济学开始。改革开放后发展得最快最好的经济学专业,积累了大批的人才,可谓相当成功。但多学科发展注重不够。一些人往往把属于人类现代科学方法在社会科学领域的积累,片面理解为经济学的独门工具,导致错误地认为经济学单一学科已经集现代社会科学之大成,进而用经济学的单一学科视角替代综合的社会发展视角,只谈经济的效益理论,没有注意系统性和全面性。在社会全面工业化和现代化的改革进程中,决策者和学术界都感到理论准备不足,预见性不够,面临的问题解决不了。这是中国在对外学习的过程中吃偏食,单一学科拿来主义,不注重学科的全面性所带来的偏颇。就好像如果一个人只吃咸鱼腊肉,不吃青菜,甚至不吃主食,他是不可能健康的。

(4)对于新公共管理的学习,属"紧跟潮流,生吞活剥"。"新公共管理"指的是 20 世纪 20 年代以来在全球范围内兴起的一股改革思潮。它的主要思想是对大政府的反思,希望通过分权、私有化、减少政府开支和提高政府工作效率来改革政府工作。它最初的推动者是英国的撒切尔和美国的里根。英国学者克里斯托弗·胡德在 20 世纪 90 年代初的一篇总结他们研究英国改革成果的论文中[1],把这一改革思潮又称为新公共管理,并综述了与之相关的一些不同学派的理论,包括公共选择理论、代理人理论,等等。他的结论是,改革的理论渊源出于不同门

---

[1]　C. A. Hood, "Public Management for All Seasons", *Public Administration*, Vol. 69, No. 1, 1991, pp. 3-19.

派,改革的结果成败参半。新公共管理改革的意图是推行小政府,提高政府工作效率,提高公众对政府的信任。但在改革过程中,为求小而小,为私有化而私有化,不顾实际社会工作的需要,给后来的政府工作,留下了巨大的隐患。比如说,撒切尔政府的私有化改革,把英国铁路私有化得七零八落,铁路运行分段和与车站管理分家,降低了管理效益。里根政府的小政府改革,强调减税和减少政府雇员,结果国债高筑,政府工作更差,政府雇员士气大减。1993 年克林顿政府上台后,为推动重塑政府改革,成立了国家业绩评估委员会,由副总统戈尔领导。他们提出,改革要削减不必要的经费,为顾客服务,增加雇员的能力,帮助社区解决自己的问题,培育优秀,创立工作目标,更多地掌舵而不是划船,授权和责任给下级,用激励来替代规制,用成绩来决定财政分配,竞争政府,用市场方法而非政府方法来解决问题,用顾客满意度来衡量成就。① 这些改革提出了一些美国地方政府过去成功使用过的创新方法,也被后来的部分学者认为是新公共管理改革,但在国家治理的层面上,效果不显著,被美国学者认为,既没有能帮助提高政府绩效,又没有提高人们对政府的信任。澳大利亚、新西兰等许多英联邦国家,也陆续展开了新公共管理的改革,成败的评价也是不一的。因此,才会有最近的新治理、新公共服务的讨论。② 就是这样一个有争议、改革成效不明朗的理论思潮,被少数学人奉为神明,认为是未来的方向,还没有想清楚用途就大肆鼓吹,难怪会引起不少争论,认为西学不符合中国国情。实在地说,就是在西方,"这一学"也不算成功。理论上逻辑不通,应用方面问题百出,在提高效率和公众信任方面败多成少,使许多国家和国际机构开始重新考虑新的改革方向。③

(5)中国的分税制也被认为是学习西方的结果。学习分税的过程,可以属"浅尝即止"现象。中国的财税政策,在层级包干和利改税的改革后,进一步发展到了中央与地方政府的分税。现代公共财政的标准是财税收入的合适性(够用否)、公正性、税收弹性(水涨船高)、税收对

---

① A. Gore, *From Red Tape to Results*: *Creating A Government That Works Better and Costs Less*: *The Report of the National Performance Review*, Washington: US Government Printing Office, 1993.

② S. Kimp, *Public Capacity and Innovations*, Regional Forum on Reinventing Government in Asia, 2006.

③ C. Hood, *Controlling Modern Government*: *Variety*, *Commonality*, *and Change*, Cheltenham: Edward Elgar Pub., 2004.

激励经济的杠杆性、管理上的可行性和效率性。分税的好处是可以根据各级政府的职能和事权,分灶吃饭,事权和财权相匹配,提高税收制度的合适性、弹性和管理效率。但是,中国在学习分税的方法时,重点要解决的是中央与地方在分级包干过程中博弈不平衡,导致中央税收减少、地方税收增大的不合理税收弹性问题。对于与分税密切相关的事权的进一步划分、税收结构的进一步改造和转移支付等问题,就不再用同样的力度来解决。因而,在分税后,很多地方政府捉襟见肘,工作难以开展,地方政府对中央财政的依赖平均达到45%左右,远远高于美国的20%的比例。所以说,中国的分税改革,并不是建立在对西方财税制度的深层次的研究和理解的基础之上,也没有体会到这一制度在既保持中央的宏观调控能力又极大发挥地方积极性方面的优势。因而可以说,这是浅尝辄止的学习。

(6)服务型政府的学习,是事实上的"同名异质"。最近,中国开始提倡服务型政府。这与西方国家的一些学者近年来讨论新公共服务有互相呼应之处。[①] 但仔细看一看,发现又非常不一样。到底是学了,还是没学,要学还是不要学,后续的力量有多大,问题并没有讲清楚,是挂着洋招牌的土特产。在西方国家,服务型政府有不同的内涵。在西方社会,有一个叫查珀曼的人写了一本书,总结整个欧洲公共管理的历史。他把欧洲的公共管理历程分成封建国家、罗马国家、绝对统治的国家、拿破仑国家,最后叫公共服务国家。他描述,在20世纪初时,全欧范围内从事公共服务活动的政府有了庞大的公务员(即公共服务)队伍。这些公务员开始有利益需求,形成公务员工会,形成公务员利益团体。这是一种他们理解的公共服务国家。这个理解在19世纪的美国也出现过。19世纪是美国城市迅速发展的一个关键时刻。这个阶段,工业化和城市化的过程非常快,社会和政治问题很多(比如新移民与原城市居民之间的矛盾)。许多市政府就开始承担越来越多的直接为公民服务的责任,结果是政府不断扩大,财政支出增加,因为政府要多做事情,直接为老百姓和企业服务,要增加政府的规模。这一阶段被学者称为服务型城市阶段。政府从前工业社会的规制型转变为服务型。用新的一套科学理念和新兴的政党和改革领袖来替代过去的商业统治集团管理城市。这是美国历史上的服务型政府的思想。谈到政府理论,

---

① J. V. Denhardt and R. B. Denhardt, *The New Public Service*: *Serving*, *not Steering*, New York: M. E. Sharpe, 2003.

现代公共管理的理性思考

从本质上来说,政府本身是一种权威性的制定和执行政策的单位。西方理论界把政府分成权威型政府、专制型政府、大众化政府、推动型政府、规制型政府、全能服务型政府(马恩理论)和协作型政府。最近大家讨论的是服务型政府和协作型政府。但中国所谈的服务型政府改革,并不是意味着要更大的政府,或是更小的政府,这实际上是中国特色的一个讨论,要的是改善政府服务态度,减少官僚行为的政府。

过去的二十多年中,在全球范围内进行的改革,注重的是分权、私营化、市场化。改革者出于对政府的不信任,认为政府在公共服务方面做得不好。所以,如何将以公共服务为导向的中国改革,与世界范围内的改革趋势有机地结合起来,不但在中国,就是在国外,也是一个很大的问题。

中国有封建的传统,有从前苏联学来的官僚体制。就是自上而下,较僵化,政治上强势,经济上不太理性(指经济理性)。1949 年以来,中国有过好几个大的举动,试图改变中国的这种现象,包括文化大革命,但是都不太成功。现在中国在工业化、城市化、信息化和全球化的道路上迅跑,提出以公共服务为改革导向,是件大好事。(1)政府官员的态度要改。过去都是自上而下的官僚体制,现在要以民为本。从思想上,我们在"五四"的时候就已经解决了这个问题,要科学和民主。但到一百年以后,才在政府的工作议程上开始把这些理想转换成现实。(2)在过去的改革中,大家也体会到了市场是非常有效的。政府不要变成市场运行的阻碍。如何能够有效地帮助市场运行,发挥其经济发展的能力,是一个政府服务的问题。(3)如何打造提供公共产品的基础设施,也是一个刻不容缓的问题。

中国处于迅速变化和改革的时期,问题非常多。中国政府需要加大规制的力度,提高推动的技巧,也必须加大对社会服务的力度。西方意义上的规制性政府和我们过去说的全民管理是不一样的,它是有选择的对市场行为进行规制,比如药物食品检验局对药物和食品的管理,反垄断法等。规制在美国工业化过程中是有贡献的。还有推动型政府,实际上很多地方政府做的很多工作,就是推动城市和地方经济的发展。在国外也有这样的过程,至今还在积极实施之中。至于服务型政府,在议程上,中国已经把以服务型为导向的政府改革提上议事日程。我们可以看到温家宝总理在"十一五"规划纲要中提出的公共服务改革,包括:变革制度结构,改善政府功能,创新治理方法,提高服务意识,建立法治、责任和服务型政府,调节经济,监管市场,创立积极的管理文化,等等。服务只是其中一个维度。

从服务型政府的提法和国外理论对服务型政府的解释,我们可以看到,中国所寻求的,是一个多维和多元的新型政府。一方面,它与国外关于政府理论的提法有不完全接轨的地方;另一方面,它又可以在国外不同阶段对政府的解释中找到理论依据。如何将改革实践提到理论高度,与国际管理智慧和文献对接,要靠中国知识群体的智慧。可以说,中国当前的改革不仅仅是一个"服务型政府"的改革,而是以公共服务理念为导向,以法治为基础,以社会管理为目标,以市场监管和经济调节为手段,以学习和创新为功能结构的一次跨时代、跨理论渊源、跨经济和社会发展阶段的全面性政府改革。要有名称,最合适的大概就是"以现代化为目标的改革政府"。至于如何形成能够承上启下的理论体系和实践操作体系,还有许多工作可做。所以说,对于服务型政府的学习,看似追随西方公共服务的潮流,但本质上又与西方理论界对服务型政府的理解大相径庭,在操作上也不可能按一套指标来完成。这样的学习,有创新,但不是基于对西方理论的深刻了解,也算不上是有人类智慧积累根基的范式的转换,其局限性是显而易见的。

以上只是几个顺手拈来的例子。审视中国理论界近年来对西方的学习,还真有些像狗熊掰棒子,一路掰,一路丢,掰得快,丢得也快,不求甚解。回想当年一位美国学者,后成为美国总统的威尔逊在讨论美国如何学习德国的过程中,从要不要学、学什么、如何学等方面做出的精辟分析[1],中国的知识精英怕是要有汗颜的感觉了。

二、看历史的经验——容闳的故事

中国对外学习的过程,并非无序可查。在这一过程中,有一个人值得特别提及。他就是历史上承认的中国第一个留美学生容闳(Yung Wing 或 Rong Hong,1828—1912)。容闳是广东香山县南屏镇人,7岁在澳门学英语,1841年入美国人布朗的 Morrison School,1847年赴美,1850年入耶鲁大学,1852年入美国籍,1854年毕业,1855年回国。由于他没有中国的学位,不能从事政府工作,就到教会做翻译。1859年,他受太平天国领导邀请来到南京,见太平军领袖,建议改革内部管理,被拒,后贩丝茶为生。1863年,曾国藩派他到美国购买机器和武

---

① 蓝志勇:《美国公共管理学科的发展轨迹及其对中国的启迪》,《中国行政管理》2006年第4期。

器,建立了江南制造局。

1870年容闳被曾国藩派到天津,协助解决基督徒被杀事件。他利用写报告的契机,提出四大建议:蒸汽船运漕粮;幼童赴美,开拓与国外交往,使用国外资源;对外开放河道;禁止罗马天主教自行处置本地教民。1868年,中美签署《博林盖姆条约》(the Burlingame Treaty),第7款规定"中国人可以享受美国政府控制下的公立学校中所有的特权"。中国因而选择美国,而不是英国作为留学的主要基地。容闳的幼童计划在1871年由曾国藩和李鸿章联名提交给清廷。"每年选送30名,10到16岁的人,在4年内选出120人,每人让他们学15年,30岁以前回,对国家最好。"

1872年,容闳的建议实施。两年后派学生,陈兰平为学监,容闳为副学监,实际负责。

在1872—1881年间,这些中国学生的学业在许多方面证明了他们自己。他们学业优秀,垒球优秀,跳舞优秀。梁敦彦("south-paw" pitcher,Liang Tunyen,后成为清廷的最后一任外交官)带领耶鲁大学的东方队,在与别的队伍的竞赛中,从胜利走向胜利。1880—1881年,耶鲁的划船比赛连胜哈佛,而这个队的舵手队长正是幼童留美学生Chung Munyew。他是当时耶鲁最著名的中国学生,耶鲁的校志上至今有他。这一段时间也是美国科技创新大发展的时期。贝尔的电话(1876年)、爱迪生的留声机(1876年)和白炽灯(1879年)等,都在这一时期问世。留学生的作业还参加了费城百年展览教育亭的展览,格兰特(Ulysses S. Grant)总统为他们开了招待会,接见了每一个人。

容闳1874年被派为赴秘鲁特派员;1875年娶玛莉·克罗克为妻(Mary Kellogg of Avon,康州,她于1886年5月病亡);1878年,陈兰平和容闳被指定为中国驻美第一和第二外使官(Minister),清政府照会白宫。从这个意义上说,他们是中国首批赴美外交官。容闳1882年回国,为江苏候补道台。

由于以下几件事同时发生,学生和教育委员会在1881年提前回国。

(1)保守与自由主义的争端。对旧学人来说,所有现代的东西都被用怀疑的目光来看待,并认为对中国的核心文化和政治价值观念有威胁性。容闳是自由主义的、现实的,受到学生的尊重。他上中学受洗,读大学成为美国公民,后来娶了洋媳妇。而这些学生在若干年后也开始吸收西洋的方法。脱了长袍马褂穿西装,剪辫子,信基督,有美国女

他山之石,如何攻玉?

朋友,跳舞。陈兰平对此大大吃惊,认为这个教育过程会培养出对中国文化有威胁的人。

(2)对学生信教的反应。1878年,学生组织了中国基督回国传教组织,准备回国继续下去。1880年的新学监武则同对此大为不满。

(3)西点事件。1880年以前,虽有人申请,但没有中国学生进入西点军校。中国认为美国违反了《博琳盖姆条约》关于中国人可以享受美国政府控制下的公立学校中所有的特权的条款。

(4)美国的反华情绪(从西部劳工开始的反华情绪)。当时的美国总统海斯(President Hayes)否决了1879年的《排华法案》(the Chinese Exclusion Act of February, 1879),但最终在1882年通过。这给反对留学的保守势力最强的口实。外交部在1881年5月的一份备忘录中谴责了留美委员会,认为:外国的习俗和礼仪是邪恶和不妥当的,学生全然不懂孔圣人的礼节,解决这个问题的最好方法就是让他们立刻回国。许多著名的美国人,包括总统格兰特、耶鲁校长波特、马克·吐温(Mark Twain)等都向中国政府申诉,不要撤回学生。当时,只有2人毕业,60多人在耶鲁学习。1881年9月,学生回国。

当中国的教育部认为幼童留美计划是一个失败的时候,1881年7月23日的《纽约时报》以"在美国的中国人"发表编者按,说"中国政府在这个国家的教育计划是经历了考验的。过去的10年,从我们的角度来看,是成功的。要那些由中国政府送出来的聪明的年轻人只学工程、数学和其他科学但对环绕他们的政治社会影响无动于衷,是不可能的事情。中国不可能只从我们这儿借到学识、科学、工业形态而不带入政治反叛的病毒。因而,她最终什么也学不到"①。

1877年容闳写信给耶鲁图书馆馆长,建议建立中国图书部和聘任中文教授,并捐赠了1237册书籍。1878年,威廉斯(Samuel W. Williams)成为耶鲁的第一任中文教授。

容闳带领的这一批留美幼童中出了中国的第一代铁路建设工程师、西医医生、外交家、大学校长和海军元帅。唐绍仪在哥伦比亚大学学习2年,成为辛亥革命后的总理;唐国安(Tong Koh-On)是清华大学的第一任校长;詹天佑11岁到美国,1881年从耶鲁科学学院毕业,后用32年时间设计、计划和建设中国的铁路。

---

① 蓝志勇:《行政管理与现代社会》,广州:中山大学出版社2003年版。

容闳的故事,是中国知识分子学习国外心路历程的一个经典的缩影,也是理想与现实、历史与个人、策略与机遇、灵与肉、理性与保守、接受与拒绝之间的博弈。

首先,作为一个到海外"吃螃蟹"的人,容闳是中国文化中的异类。作为中美文化交流的桥梁,他也牺牲了个人平静和可能优越的生活。在容闳的自传中,他曾经写到:"我的整个留学期间,特别是我即将毕业的那一年,中国的贫困常常浮现在我的眼前,沉淀在我的心头。在我沮丧的时候,我常常希望我从来没有受过教育。因为教育拓展了我的视野和思维空间,使我比没有受到教育开发的人更能感受到人世间的痛苦和不平,使我更能感受到自己的责任。知道得越多,就越痛苦。知道得越少,就越幸福。但希望没受过教育是逃避现实的态度,是胆小鬼的态度。我既然历尽艰难,追求和完成了我的教育,可以称自己为受过教育的人,我必须要问自己这个问题:我的教育可以拿来做什么用途呢?"①拳拳赤子之心,溢于言表。可以说,所有不按中国传统文化教育体制发展的人都是异类,而容闳的异,异得出格。但从另一角度来说,他并没有放弃报效祖国和民族的责任感,是异类中的非异类。这就奠定了他既痛苦,还要不断努力的生活和事业基础。

但是,光有主观意愿还不够。容闳之所以能够成就一些事情,与他遇到了想有所作为的曾国藩有关。以外籍人的身份出任中国的教育和外交高官,除了马可·波罗,他也可算是历史上的佼佼者了。负笈海外的学人,在学业和生命的旅途中时间和机遇耗费过大,没有时间和机会与国内政治磨合、建立信任感,因而,要有作为必然要有强有力的政治支持。这就需要靠历史和个人的机遇。改革开放后的今天,思想和政治支持已远远大于当年,但在人才使用的力度上,还没有超越历史。

中国对学习西方的经验,一直是持保留态度的。有几千年文明史的大国,要向别人学习,心里是不服的。但又说不出道理。这个问题,到今天也还没有解决。国学研究的建立,是否能为东西方思想的公开讨论,提供一个优质的平台,还有待于实践的检验,需要有学贯中西、思维开阔、兼容并蓄、既有民族意识、又有全球胸怀、高屋建瓴的学术领导人的带领。

中国的保守思想是顽强、庞大和根深蒂固的。在当时,要改变一些

① Kao T. Yung Wing(1828-1912)and Young Chinese Students in America(1872-1881),(2006)http://www.120chinesestudents.org/yung.html.

·他山之石,如何攻玉?·

保守的观念是大逆不道的,如剪辫子、不磕头。但今天看来也不是什么石破天惊之举。历史的车轮不可阻挡,时代的进步,自然就淘汰了一些不合时宜的传统习俗。这样的历史,对今天对外学习的过程会有什么启示?

洋务运动的失败说明,只要工具,而不注重使用工具的人和他们的思想,是远远不够的。中国几代人学习国外的经历,表明了中华民族的优秀。他们的子孙,在逆境之下,一再表现出色,在许多方面能够卓有成就。为什么堂堂的中华大国,却迟迟徘徊在发展的低谷,数百年而不振? 这是值得中国的知识精英深刻反省的问题。

120 名幼童的学习,是精心规划的结果。虽然他们过早停止了学业(回国时只有两个人毕业,其中一个就是詹天佑),但带回来的进步的时代气息还是有相当的影响,它推动了中国的历史进程。并不像《纽约时报》所说的,什么也学不到。

中国学习国外,也与国内外多动的政治气候和历史机遇密切相关。没有抓住机遇,学习和改变历史的机遇也完全可能失去。对于发展中的中国来说,历史上也曾屡屡失去发展的时机,损失是巨大的。

中国在对外学习的过程中,常常受限于大国的民族情结、特权阶层的利益。向外学习能力的深度和广度,欲进又止,欲行又不愿意公开讨论,使得学习的过程公开性、理论性、全面性、哲理性都远远不够,制约了中国对外学习的理性程度。历史的经验教训是深刻的。美国革命的领导人之一、独立宣言起草人、第三任总统杰弗逊在 1816 年时曾写到,"如果一个国家想要的是既文明自由又无知,那她要的是过去从没有过也永远得不到的东西。"[①]同理,如果一个国家要的是高度发达的经济和科学技术,但在文化和社会科学上,却是低能和驯服的知识精英,那么这是一件可能的事情吗? 这就提出了中国如何在新的基础上创造高水准的现代治理结构,以保政通人和,创新不断。这是新一代公共管理学者和实践者面临的真正挑战。

三 改变学习的思维范式

中国知识精英学习外国的心路历程,可谓艰苦卓绝,充满了曲折、牺牲、灵与肉的挣扎,保守与进步的博弈。其核心部分在于如何认识和

---

① W. Woodrow, "The Study of Public Administration", in J. M. Shafritz and A. C. Hyde, *Classics of Public Administration*, The Dorsey Press, 1987.

理解东西方的差别，以及这些差别在学习过程中带来的影响（见表1）。

表 1　一般性的东西方差别

	东西方差别	
	西方	东方
政治制度	民主—共和的资本主义	马列为基础的社会主义
政治传统	封建君主专制	封建君主专制
经济条件	富裕发达	发展中
法律传统	法制下的人治	人治向法治过渡
社会特点	多元	表面单一、实际多元
文化环境	海洋文化和个人主义	内陆文化和集体主义
地理条件	地大物博	地不够大、物不够博
思维方式	理性法理	感性人情
人性特点	"冷酷？"	"热情？"
宗教传统	基督教义： 人人是父兄姐妹亲人，因而要平等博爱；有原罪，用一生的努力来赎罪，成为平常人	儒、道、佛： 君臣父子；仁义礼智信；上有九天、下有九层地狱；修善为上仙，作恶为小鬼

　　表1是我们常认为的东西方差别。但仔细推敲起来，基本上都经不住深究，充其量，其差别在于发展的历史阶段不同，而不在于人性、文明和国家治理诉求方面本质的不同。

　　（1）从政治制度上来说，中国的马列思想也是引进的西方思想。马列主义中的平等、博爱、科学、自由和批判现实主义的革命精神，源于西方的基督精神、文艺复兴思想和宗教革命。它与西方的现代民主思想一样，既有西方古文明的影子（柏拉图、古罗马），又萌芽于西方现代革命的思想。与中国历史上的人和思想（三国）、劫富济贫思想（水浒）、人本主义的思想（孟子）、无视等级的造反精神（孙悟空的"皇帝轮流做，明年到我家"），并非没有相通之处。中国文化中，缺失的可能就是科学的精神。而西方在中世纪，对科学的压抑也是十分地严重。布鲁诺、哥白尼、伽利略的故事，对我们来说并不陌生。从国家的政治经济结构来看，西方资本主义在凯恩斯革命后，社会主义的程度不断提高。中国在改革开放后，市场的程度也在不断提高。两种制度，现在都在努力寻求公权与私权的最佳结合点。也有人谈到多党制和一党制的问题。如果

他山之石，如何攻玉？

我们记得毛泽东主席"党内无派，千奇百怪"的论述，美国的两党都是杰弗逊一人缔造，也有人批评美国不是三权分立而是精英阶层对权力的分享等史实，我们就会理解一党还是多党只是一个国家的精英阶层协调相互制衡和统一的一种工具，它在运作过程中实质上的区别要大于形式上的区别。是否以谋求现代的民主治理为目标，是最关键的国家理念，也是五四时期就在理论上解决了的问题。而如何运作两党或党内的两派，使其有互相激励和制衡的作用，则是政策管理的技术问题。

（2）从政治传统上来看，中国和西方都经历了封建君主专制的时期。西方国家用宗教革命、英国革命、美国革命、法国革命推动了历史的车轮。中国现代也有戊戌变法、辛亥革命、五四运动、新民主主义革命，甚至文化革命等。这就是说，求变的思想在东西方的国家里是普遍现象。

（3）从经济条件看，西方国家也有过赤贫的时期，而发展中的中国，在历史上也有过自己的辉煌。因而，经济条件不是常量。而且，在现代社会，观念的贫穷才是经济贫穷的真正天敌。改革开放二十多年来，解放思想带来巨变的经验教训，非常清楚地说明了这一点。

（4）法制基础的区别。经常被大家提及的是中西方法制传统的不同。但是，西方大陆法中的约定俗成和先例的概念，与东方的人性思想有许多雷同之处。西方罗马法典中讲法理的思想，与中国"王子犯法，与庶民同罪"的思想，也是异曲同工。法治的概念是培养和制度化的结果。我们可以说中国的法制基础比较薄弱，但是否我们就因此要更多地培养人治的理念，将人治作为一种约定俗成而不加以改造呢？

（5）社会特点的区别。通常认为中国是较大的单一民族，民族精神和向心力强；而西欧和北美由于历史上皇族的通婚和移民，是多民族共存。事实上，中国的多民族性是显而易见的。不但有法定的50多个民族，就是都属汉族的人口，也在气质、特点、语言、习俗、外表上有很大的差异。中国的向心力，本质上在于它是强大的政治国家，与西方国家无异。民族精神是经不起历史、科学和法理的推敲的。用传统的父系或母系的家族思想来解释中国的统治方法，其局限性是显然的。因此，现代国家的法理基础，即现代政治理论，必然是中国政治国家的立国之本。

（6）对于文化环境的认识。过去有人认为，西方属海洋文化，好冒险，崇尚个人英雄主义，而东方为农耕文化，好安逸，遵从集体主义。但是，中国历史上也有徐福东渡日本、郑和下西洋、福建广东苦力漂洋过海闯荡金山的史实。而西方教会中的社团精神、乌托邦主义的"天下大同"精神也十分强悍，使得专门研究美国政治文化的学者不得不承认西方政治文化中至少有三大文化共存：一是经济个人主义；二是社团主义；三是伟大社会的思想。它们在不同的历史时期都得到了最好的政治表达。

（7）地理条件。"地大物博才是经济发达的基础"的思想，在亚洲"四小龙"崛起后，就开始受到了挑战。新加坡与马来西亚、日本与尼日利尔、韩国与朝鲜，等等，都在说明，资源并不一定是决定的因素。东西方地理条件的差别，如果要说有，就是东方人有能力在较差的地理环境条件下创造出经济奇迹来。

（8）思维方式。也有理论说，西方文明更趋于理性，而东方文明更趋于感性。如果大家读到过美国革命时期的宣传家托马斯·潘恩的"不自由、毋宁死"的名句，读到过莎士比亚笔下的罗密欧和朱丽叶的故事，读到过狄更斯笔下的法国大革命，或是公共管理学者古德诺所说的"理性永远是情感的奴隶"的说法，就会对东西方思维方式的差别提出疑问了。西方对君权神授、天赋人权等有它的假设，东方对天子有天命在身、善恶有报的假设又何尝不是如此？

（9）至于人性的特点，东西方皆有人之初，性善还是性恶的讨论。西方管理思想里的 X 理论和 Y 理论，就是这一讨论的最好的注解。

（10）唯一可以观察到的，是宗教传统思想中对人的来世的解释。但是，我们如果能从哲学的层面认识到宗教是人类文明社会的创造，我们就会认识到宗教来世结果的说教，并不是一成不变的永恒真理。西方宗教里门派迥异，习俗不同，而它用以维护社会运转的法律体系，并没有宗教对来世的解释。

从以上的讨论来看，东西方国家差别虽有，但这些差别并不足以用来论证东西方差别的本质性，也不足以支持东西方不能相互学习的结论。因而，用东方还是西方作为思考和比较的基点，来审视国家的治理模式和社会发展道路，显然不是一个合理的思维范式。至少，它是一个矛盾百出、解释困难、雷同过多、没有相互排异能力的范式。过去被使用，不是因为它理论上的合理性，而是因为它的方便性和情感性。从中国近百年的历史来看，这一方便性和情感性事实上负面影响了中国对外学习的过程，因而有必要正本清源，从理论上给予修正。

如果我们跳出东方西方的区分方法，用现代社会发展理论来审视和解释国家的治理和社会的发展，很多问题就会迎刃而解，我们也不再

他山之石，如何攻玉？

需要陷入到底这是东方还是西方的经验这一情感因素过强的困境,作许多无谓的争论。表 2 列出了对于不同社会发展阶段中的不同社会形态及其社会特点的一个理论描述。

表 2 不同社会形态、政府目标及社会特点

	社会形态			
	原始社会	封建社会	现代社会	后工业社会
政治:				
法理依据	父母氏族血缘	天赋皇权	法理契约	权威表述
政府目的	氏族家庭生存	国王领主利益	经济发展	人性的张扬
政治价值观	氏族管理	隶属领主	民主平等稳定	民主平等和谐
经济:				
主要经济组织	家庭、氏族	地主/庄园主	企业	有效虚拟
主要产业结构	游牧农耕	农耕	一、二、三产业	第三产业
生产力	低下	相对发达	丰富到过剩	高度
科学技术使用	无或少	少量	大规模	自动
交通信息交流	慢	较慢	快	无障碍
决策模式	家长	君主	立法和组织讨论	开放讨论
资源	存在但不能开发	少量开发	大规模开发	自然资源的挑战
社会价值观:				
礼仪	重天、人	重人际	多元化	多元化
价值观念	靠天吃饭	土地是命根子	有钱能使鬼推磨	生命和对幸福的追求高于一切
社会组织:				
社会形态	流动/农村	农村	城市	乡村都市或都市乡村
社会结构	父系、母系	封建科层	现代科层	网络
政企社会关系	家族统治	绝对君主权利	税收、规制、利益团体	网络、能动、多元、制衡

这一范式可以帮助我们认识到,什么是传统,什么是现代,什么是发展,什么是进步,发展好还是不好,进步有什么问题,传统要不要扬弃。将情感因素在事实描述的层面孤立出来,有助于客观了解事实,这

是现代的科学精神,也是现代公共管理科学的立学之本。能否客观、系统地学习外国,或学习一切应该学习的经验——包括自己的过去,其答案也可由此找到。公共管理是一个需要大量学习的新学科。在这一过程中,重要的是甄别什么是好的、符合中国发展阶段和发展规律的因素,而不是什么是最新的、最外国的、最时髦的。只有公共管理的学习和学科发展跳出了东方西方之争、最新和过去之争,才能最大限度地从人类文明的成果中汲取必要的养分,辅助中华文明的成长和发展。

从公共管理视角看美国的发展经验和中国面临的挑战[①]

一、引言

鸦片战争以来,经历了洋务运动的曲折、戊戌变法的失败、"五四"时期的思想革命、大革命的浴血奋战、建国以来的艰苦创业,特别是 20 世纪 80 年代以来的改革开放,中国人民终于解决了温饱问题,积累了经验,集聚了人才,营造了强国、富民、改革和进步的蓬勃大势,与世界接轨,开始在工业化、城市化、信息化和全球化的道路上迅跑。这是中国几百年来前所未有的发展契机。在这样的时刻,研究发达国家的发展经验,审视自身发展过程的问题和教训,有着十分重要的意义。本文试图从公共管理视角讨论当今世界强国美国的发展经验,寻求对发展中国的启示。

撰写本文的一个直接动因缘于笔者 2004 年夏在

---

① 本文原载于《中共浙江省委党校学报》2006 年第 5 期。

华盛顿的一次学者与官员的交流会议上，与一些美国的中国问题专家有过一次讨论。笔者提到，很多中国大学生认为中国对美国的了解要远远超过美国对中国的了解。不料一位负有盛名的中国问题专家说，"根据我们的看法，中国对于美国的了解，就像美国人对中国一样的无知。他们看了一些好莱坞的大片、一些电视肥皂剧，知道了一些美国影视明星，就感到对美国很了解了。殊不知，那都是好莱坞炮制出来的电影故事。真正实体运作中的政治、经济和社会等情况，他们了解多少？否则，也就不会有如此多无谓的争议。"当时附和他的意见的，有学者，也有官员。他的这些话尽管有些言重，但从中美早几年的许多磕磕磕绊绊的交往过程来看，两国之间的相互了解程度还是有待继续加深的。① 仔细想来，中国和美国都是巨大复杂的多元社会，就算中国人自己，对中国自身的了解又有多少呢？同样，许多美国人对美国的了解也是远远不够的。因而，才会盲目自大，在个人甚至组织机构的决策上屡屡犯错误。

中国近年来到美国访问的个人、团体、领导干部、企业家和学者等等，有如过江之鲫。对美国的了解，已经开始从走马观花式的旅游观光到深入社会，了解政治、经济和社会的运作过程、文化背景，及其所面对的自然、历史、传统和大众偏好的挑战。笔者希望通过此文能够对这一进程有所贡献。

二、问题的提出

美国是一个疆土辽阔、人口众多、资源相对丰富、天灾频繁、政治和宗教派别众多、种群和阶级矛盾鲜明、相当富裕，在工业、科学、军事和社会管理方面高度发达的现代国家。在过去的一个世纪中，特别是第二次世界大战后，美国在经济、政治、军事、科学和外交方面强势崛起，直至在全世界独领风骚。是什么原因使年轻的美国能够在短短时间内，赶上和超过世界上有数百年帝国历史的西方列强或有数千年古文明的东方大国，成为独占鳌头、领袖群雄的核心大国呢？

这个问题，也曾反复被许多国家的领导人，先知先觉的思想家，美国的或美国以外的、崇尚美国或反对美国的文化人、企业家、政治家等等提出或探讨过。有人说，美国之所以发达，是由于它得天独厚的地理

① Lan, Zhiyong et al. , "The Growing China and Its Prospective Role in World Affairs", *Brown Journal of World Affairs*, Vol. 6, No. 2, 1999, pp. 43-61.

从公共管理视角看美国的发展经验和中国面临的挑战

位置。它有世界上与其他国家相比最长的海岸线，丰富的陆地和海洋资源，远离外部威胁的地理条件。也有人说，美国富强，得益于它的新教文化。其中坚韧、勤俭、刻苦、创新和自立的精神，是美国的建国之本。还有人认为，美国发达的最主要原因是自由民主的政治制度。许许多多的美国政治家和学者，也对他们的民主和自由的制度感到自豪和骄傲。更有人认为，美国之所以是美国，完全是由于它的幸运。在建国时期，美国涌现出了一批通今博古，具有革命和创新思想的优秀知识分子、思想家和政治家，他们在新大陆上设计和创建了一个民主、和平和高效的治理体系，以宪法为基础，以自由为理想，以制衡为机制，最大限度地发展个人的潜力，追求财富的积累和生命的极大化。他们没有因袭的重担，没有传统制度和思维体系的制约，这才可能在一张白纸上写下了最宏伟的篇章。也有人说，美国之所以能成为今天的美国，是因为它年轻和蓬勃；一旦衰老，它不可能会如此顾盼雄飞。

这些可能的答案，都似有理，但仔细深究起来，都不够有系统的说服力。比如说，一些非洲国家，也有很好的海岸线和自然资源，但迟迟得不到好的发展。英国对美国殖民和控制的历史，并不亚于它对非洲的控制。亚洲"四小龙"的资源并不丰富，但在六七十年代间也大踏步发展，进入发达国家或地区的行列。资源真有决定性的作用吗？新加坡和马来西亚比，日本和尼日利亚比，谁更有资源优势呢？而谈到民主，欧洲实行这样的制度也有很多年了。为什么还落在美国之后？并且，曾几何时，中国在没有民主制度的条件下，也达到了经济社会发展和繁荣的巅峰。至于新教文化，它的发源地是欧洲，为什么发源地没有享受到这一文化基因的优势，而让文化底蕴不深的美国能够后来居上？并且，美国是一个多元文化，而非单一基督新教文化。这一多元文化的基础，使得它与世界各地的政治、文化、商务、知识的交流都方便通畅。20世纪80年代以来的许多文献都在论证，美国的发展得益于它的多元文化。比如受东方文化强烈影响的加里福尼州，就是一个经济上欣欣向荣的大州，年GDP达到全美的13%。

事实上，美国的繁荣，与它的国家管理制度息息相关。它的公共管理平台，符合美国国情，又使多元和多层级的社会得以共存，允许它们发挥各自的优势，不断创新，解决面临的问题。那么，这是一个什么样的制度呢？本文的重点，就是要努力回答这个有关管理制度的问题，探讨一下在特定的地理、文化、历史和政治经济条件下，这一制度有什么样的功能，如何运作，在美国的发展和前进过程中是如何起作用的。在进入这个主题之前，我们先用有限的篇幅，介绍一些美国的基本情况。

三、充满挑战的美国①

美国全称美利坚合众国(the United States of America)，它地处北美洲，北邻加拿大，南接墨西哥，东有北大西洋，西为北太平洋。据 2004 年统计数据。美国的 50 个州和哥伦比亚地区加起来有 9,631,418 平方公里土地。其中陆地面积为 9,161,923 平方公里，水域为 469,495 平方公里。美国有 12,034 公里的陆地边境线，其中 8893 公里与加拿大接壤（包括 2477 公里的阿拉斯加边境线），3141 公里与墨西哥接壤。美国有 19,924 公里的海岸线（包括从古巴租借的关潭岛有 29 公里海岸线）。美国在土地面积上仅次于俄罗斯和加拿大，在人口上仅次于中国和印度。在世界格局中，算得上少有的泱泱大国之一。

美国的气候大多温湿，但在太平洋中的夏威夷和东南部的佛罗里达是热带气候，在北极的阿拉斯加属北极气候。密西西比河以西的平原带属半干旱气候，西南盆地属干旱气候。西北地区处于寒带，但落基山脉东坡的干暖的西南风时时会吹过来，减低北方寒冬的凛冽。总体说来，美国有宽阔的中部平原、西部的大山和东部的丘陵山地。可耕地面积为土地面积的 19.13%（2001）。

美国自然资源和矿藏丰富，煤、铜、铀、金、铁、汞、镍、锌、钨、钾、磷、矾土、石油、天然气、木材等稀有金属和工业原料应有尽有。同时，不太广为人知或常常被人们忽略的是，美国也是一个多灾多难的国家。常见的自然灾害包括：太平洋盆地附近的海啸、火山爆发、地震，大西洋和墨西哥湾海边的飓风，中西部和东南部的龙卷风，加利福尼亚的土崩，西部地区森林大火，时而出现的洪灾，阿拉斯加北部的冻土层，最近使全球瞩目的卡特琳娜洪灾等，都是影响美国人民发展经济、安居乐业的掣肘，也是激励美国人民不断创新，追求科学，与大自然斗争的环境因素。

科学的高度发展，对生态也产生了相当严重的破坏。美国是世界上燃烧化石燃料最多的国家，每年释放出的大量的二氧化碳所引起的酸雨和空气污染十分严重。农药和农用化肥的大量使用，也引起了水资源的污染。固体废料的处理，随着化工用品的多样化、人口的增长和

---

① 所有数据都来自美国历年的官方统计调查数据，见 www.census.gov。

对更多土地的需求,越来越难。在缺少淡水的西部地区,如何管理和使用水资源,防治沙漠化,都是美国政府和人民必须认真面对的问题。

除自然环境方面的挑战外,美国还是一个多民族杂居和多教派共存的国家。从种族构成来看,据 2003 年的统计数据,有 81.7% 的白种人口,12.9% 的黑人,4.2% 的亚裔,1% 的土著美国和阿拉斯加人口,0.2% 的夏威夷和太平洋岛屿土著人。其中,能说英语的人口占 82.1%,能说西班牙语的人口占 10.7%,能说其他印欧语言的人口占 3.8%,能说亚洲和太平洋岛屿语言的人口占 2.7%,其他语言 0.7%(2000 年数据)。据 2000 年的全国普查,在美国,在家里用非英语进行交流的人口达 17.9%,其中有 11% 是第一代的移民。所以,不仅从历史上来说,即便从当前来看,美国也是一个移民国家。美国人民的识字率很高。在 15 岁以上的人口中,能够写的人的比例有 97% 左右。

从宗教上来说,根据 2002 年的一个估计,美国的新教徒占人口总数的 52%(包括各种教派),罗马天主教教众占人口总数的 24%,摩门教信徒占人口总数的 2%,犹太教教众占人口总数的 1%,穆斯林教众占人口总数的 1%,其他宗教人口 10%,非教徒 10%。从数字上看,美国人信教的很多,新教徒尤其多。但即使在新教之中,也是教派林立,区别非常之大。

美国是技术经济大国。2004 年的经济总量为 11.75 万亿美元,人均 GDP 达 40,100 美元。其中,农业对 GDP 的贡献是 0.9%,工业对 GDP 的贡献是 19.7%,而第三产业,也就是我们所说的服务业的贡献是 79.4%。美国经济活动中的技术成分非常高。美国的支柱产业是石油、钢铁、机动车辆、航天航空、通讯、化工、电子、食品、日常消费品、木材和矿业。主要的农产品为小麦、玉米、大米、水果、蔬菜、棉花、牛肉、家禽、奶制品、山货和鱼。美国近年来面临的农业挑战包括政府对烟草、糖和棉花生产的补贴。在号称市场经济的美国,这些农产品的出口要靠补贴才能完成,使美国在世界贸易组织中非常没有脸面。

从经济形式上来说,美国自认为是市场经济高度发达的国家。在这样的经济实体中,私营团体和个体户是经济活动中份额最大的决策参与者。各级政府对企业和市场的影响是通过税收、公共政策、购买服务和产品来实行的。政府消费是经济活动中一个很大的部分,占三分之一左右。相对说来,由于经济和政治传统的原因,美国的私营企业在扩大投资和资本运作、解雇员工、开发新产品等方面比西欧和日本等国家有更大的灵活性和自主权。

美国的许多企业都是高科技企业,处于科学技术的最前沿。在计算机、医药、航天航空、军事设备等领域,美国的科技水平更是位处前列。它有 16,000 多所政府、企业、高校和非营利团体管理的科学技术研发实验室,是其高科技工业强有力的基础,其中最有中坚作用、从事基础科学研究、并不断有突破的是一百多家国家和高等学校的实验室。① 高科技产业的迅猛发展速度和资本密集型特点也决定了成功的企业获得暴利的潜力和失败企业的亏损幅度,更容易造成巨大的贫富差别。自从 1975 年以来,几乎所有的真正的收入增长都集中在收入高端的 20% 的家庭。

美国经济近几十年来也经历了一连串的考验。1987 年的"黑色星期一",股市的单日跌幅超过了 1929 年的大萧条时期;在亚洲金融危机后,金融危机开始冲击美国,使金融市场在 2000 年大幅跌落,特别是技术股份,至今还没有喘过气来;2001 年的"9·11"恐怖攻击;2003 年 3 月开始至今还不能结束的伊拉克战争;2005 年 9 月的卡特琳娜大洪灾和近年来不断攀升的石油价格,都对美国经济产生了严重的冲击。美国经济中基础建设投资的匮乏(2004 年占 GDP 的 15.7%),老龄人口的不断增长和他们不断增长的医药和退休费用,巨大的外贸和财政赤字(2004 年的财政赤字是 4760 亿美元;国债近 8 万亿美元,是当年GDP 的 65%),低收入家庭停滞不前的收入增长,都是美国经济中潜在的危机。美国之所以还在增长(2004 年的制造业经济增长幅度为4.4%),主要依靠有活力的高科技。

从就业方面来说,美国政府 2004 年的估算是,美国从事农业、林业和渔业的人口占 0.7%,制造业、采矿、交通和工艺的从业人员为人口的 22.7%,从事管理、专业和技术的人员为 34.9%,销售、办公室工作人员为 25.5%,从事其他服务的人员为 16.3%(注:以上计算不包括失业人员)。2004 年全国的失业率为 5.5%。有 9% 的家庭,即 12.4% 的人口处于贫困线以下,测量贫富悬殊的基尼指数为 0.45。低收入的10% 的人口的消费水平是全国消费水平的 1.8%。高收入的 10% 的人口的消费水平是全国消费水平的 30.5%(1997 年数据)。

美国就处于这样一个充满机会又充满挑战的环境之中。它不光有科技、财力和自由民主政治的光环,也有贫穷、不公、失业和债台高筑的

---

① 克罗等:《美国国家创新体系中的研究与开发实验室》,北京:科学技术文献出版社2005 年版。

困窘。它的每一次进步,都与历史和领导人的决策有关;它的每一个问题,也大都产生于社会和国家制度与管理的缺失。

四、从历史和美国领导人的决策选择看美国的崛起

美国1776年进行独立革命,宣布立国,从英属殖民地的地位中解放了自己,并通过1783年的"巴黎条约"得到了国际社会的正式承认。当时的一批建国先贤,在美国向何处去、如何建立国家制度等问题上,进行了持久和激烈的争论,达成了有限共识。而在独立建国的大政方针上,他们有高度的一致性。国家的体制,就是在他们激烈的论战中诞生的。华盛顿作为美国独立革命的总司令、第一任总统和不肯享受终身领导权的开国元勋,名垂青史。他的形象被后人塑成巨大的石雕,嵌刻在南达科达州的总统山上,被列为总统山上的第一人。

19—20世纪是美国成长、发展和壮大的时期。在建国初的13个州的基础上另外加上了37个州,并获取了一些海外领地。其中包括杰弗逊在1803年用当时相当于1500万美元的重金从法国手上买来的路易斯安纳及其以北的80万平方英里的土地,以及1846年通过墨西哥战争从墨西哥夺来的得克萨斯、加利福尼亚和西南地区。美国在19世纪中叶开始西部大移民,跨过了落基山脉,开拓西部,建筑铁路。在这个过程中,早期的爱尔兰人和华工都作出了巨大的贡献。

著名的"路易斯安纳购买"(Louisiana Purchase of 1803)在一夜之间使美国的领土翻了一倍,这些土地包括后来的路易斯安纳、阿肯索、密苏里、艾奥瓦、北达科达、得克萨斯、南达科他、新墨西哥、内布拉斯加等州的所有或部分土地。这是美国领导人的又一次远见卓识,它的决策者杰弗逊(第三任总统),被列为总统山上的第二人。

墨西哥战争的起因是,得克萨斯1836年宣布从腐败和集权的墨西哥独立,但没有得到墨西哥的首肯。宣布独立的德克萨斯于是寻求机会加盟美国,没有得到立即的接收。1846年2月,美国国会投票决定兼并得克萨斯,收得克萨斯为美国的一个州,并派了驻军。墨西哥在1846年4月25日派兵进攻得克萨斯南部边界,攻击美国驻军。美国开始反击。战争持续了17个月,以美军于1847年9月14日占领墨西哥城结束。1848年2月2日,美国和墨西哥在瓜达卢佩(Guadalupe Hidalgo)签订和约,墨西哥将得克萨斯、加利福尼亚、新墨西哥州的部分和全部现有的西南州领土,让给美国。美国和墨西哥的战争,是美国军事史上伤亡最惨重的战争。战争直接阵亡率为1.5%,有15%死于

疾病,还有 12% 由于疾病而退伍。很多人长期受病痛和伤残折磨。所以说,战争的直接伤亡率在 25% 以上。算上以后继续受战争创伤折磨的,可高达 35% 到 40%。但从美国国土扩展的角度来看,它又为美国后来的发展争得了条件。

美国建国以来还有过两次重大的历史转折。一是南北战争(1861—1865),这是美国建国以来的第二次革命。代表新兴工业资产阶级的北方统治者与代表南方农奴主阶级的保守的庄园主之间以革命的方式,解决了不可调和的矛盾,解放了黑奴,统一了南北经济区,加强了联邦政府的领导,为美国的全面工业化拓平了道路。林肯作为南北战争的领导人,成为总统山上的第三人。

另一次大的历史转折是 20 世纪 30 年代大萧条后的罗斯福新政。1929—1933 年的大萧条残酷地揭示了自由放任资本主义在大规模生产条件下可能对社会造成的伤害,使美国人民学会了用大规模的公共管理手段对社会的经济活动和百姓的生老病死问题进行更大的干预,用社会化管理解决了原始资本主义经济理论上的不足。富兰克林·罗斯福(小罗斯福)总统的成功,与他的远房堂叔西奥多·罗斯福(老罗斯福)总统在 20 世纪初启动政府反垄断、对行业和垄断资本进行制衡的机制有很大的关系。老罗斯福是美国的第 26 任总统(1901—1909),以建立联邦规制、反托拉斯和提倡环境保护著称。如果说前几位总统名垂青史,多由于他们在建国和拓展疆土方面的贡献,那么老罗斯福总统却是因为他在美国的工业化过程中提出的管理理念和改革措施方面的贡献而成为总统山上的第四人。2006 年 7 月的《时代》杂志以西奥多·罗斯福为封面人物,专文赞颂他在重建美国和建设现代化美国上的丰功伟绩。

可以看到,美国的发展,与美国领导人在历史大潮中所做的决策选择是不可分割的。在每一次重大的历史选择关头,他们能够有优秀的领导人,做出符合美国利益的重大决策,从而一次次将美国的发展推向新的高峰。这反映了精英决策在美国国家生活中的重要性。

五、从文化和管理体制的特点看美国的发展

美国管理体制上的特点主要表现为:九大地理文化渊源、三大政治文化、三权分立的政治体制、联邦主义的中央地方关系、有组织的利益集团、强大实在的离心力和向心力以及事实上的精英管理等。

第一,美国的九大地理文化渊源。"九大地理文化渊源"的提法,最

早见于《华盛顿邮报》记者焦耳·嘉若(Joel Garreau)在 1981 年出版的《北美九大民族国家》一书。在书中,嘉若写道,大家应该忘记过去在小学六年级地理课本上讲的东部、西部、北部、南部,忘记那些分割美国与加拿大或墨西哥的国界线,那些苍白无力的阻挡金钱、移民和思想渗透的障碍物,或是那些经过仔细筛选和编纂的、只在教科书中存在但历史的真实中并没有的光荣过去。事实上,在北美,存在着九个民族国家,每一个都有自己的首都,自己的权利、影响和关系网络。它们看起来不同,感觉上也不同,而且说话时听起来口音也不同。这九个"民族国家"或"文化区域"的疆界,很少与政治的州(省)界相吻合。最重要的是,每一个民族国家都用其独特的视角看待世界。嘉若甚至找出了每一个民族国家的首都、标志、描述词和大众十分熟悉的描述其区域文化的电视节目。下面就是一个大致的地图。[①]

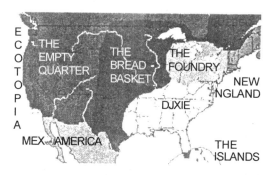

如图所示,第一个是"岛屿国家"(The Islands)。它包括南佛罗里达州和包括古巴在内的一些南美岛屿,首都是迈阿密,标志是棕榈树和金钱,描述词是毒品(Drugs),重要的文化标识在电视剧如《迈阿密的罪恶》(Miami Vice)、《杰米自助餐馆》(Jimmy Buffet)和《金发老太太》(Golden girls)中表现得淋漓尽致。

第二个是"铸造工厂"(The Foundry)。它的首都是底特律,标志是铸造工厂,核心词是制造业,深入人心的文化节目包括《拉文与雪莉》(Laverne and Shirley)、《罗珊》(Roseanne)。这一地区是北美人口聚集的制造业地带。从纽约起,延伸到伊利诺伊州的芝加哥和威斯康星州的米华基,包括中间的和南加拿大的一些大城区,是美国的工业重

① 图标来源:http://www. harpercollege. edu/-mhealy/g101ilec/namer/nacnine/na9intro/nacninfr. htm。

镇。在美国工业化时期为美国发展作出了巨大贡献。但近年来,这些老工业城开始滑坡,从"制造工业带"变成"铁锈带",经济不景气。

第三个是"墨西哥的美国"(Mex-America),标志为牛仔的靴子。它的首都是洛杉矶,描述词为"经济高潮"。区域中大众文化有代表性的电影是《埃尔诺尔特》(Elnorte)。

第四个是"面包篮子"(The Breadbasket),标志是麦穗。它的首都是堪萨斯城,描述词是"农业",有文化代表性的电视节目是《玛丽、泰勒、摩尔》。嘉若甚至说,这个传统的农业区在美国这些区域中应该是运作得最好的地区。它地处北美内陆的平原低地,被称为美国社会新思想的"认可者"。如果一个新的思想在这儿被接受了,那就可以认为它在美国别的地方已得到了认可。换句话说,这里是文化的核心高地,比较保守。只有把它攻下了,新的思想才会被真正接受,变成美国的文化。

第五个民族国家叫做"生态乌托邦"(Ecotopia),标志是常青树。文化首都是旧金山。描述词为"水",因为当地的水资源十分丰富。代表区域文化特点的电影为《公民盖伊》。这个区域主要在北美的西北岸,包括北加州和阿拉斯加。此地区个人主义和环境保护受到极高层次的尊重,可谓崇拜。它是过去右翼军事主义的大本营,也是激进的环保主义者的集聚地。当然,这里也是微软和硅谷的所在地。生态乌托邦被认为是一群喜欢稀奇古怪和外国的东西的人。比如说,它的教育中心贝克莱大学,就被认为是 20 世纪 60 年代的人的中心。总体来说,美国人认为这一带是亚太文化圈。

第六个叫做"新英格兰"(New England),标志是烧木头的炉子,文化首都是波士顿。代表区域文化特点的电视节目为电视连续剧《欢乐酒吧》。新英格兰地区包括美国的缅因州、新罕普尔、佛蒙特、罗德岛、马萨诸塞、康州和加拿大几个大西洋省,如纽斯不揽斯维克(News Brunswick)、诺娃斯科嘉(Nova Scotia)、普林斯埃德华岛(Prince Edward Island)和纽芬兰(New Found Land)。新英格兰地区主要是农业带,主要经济活动包括农业、林业和渔业。如今,旅游和休闲是这一地区迅速增长的经济活动。新英格兰地区的人有很强的历史感、自力更生的精神和良好的教育水平。

第七个叫做"空旷地"(Empty Quarter),标志是采矿的吊车和蒸汽铲,文化首都是丹佛。描述词是资源和开阔地,代表区域文化特点的电视节目为《黄土地:你征服它或是它征服你》。此地是美国生产原料丰富的地区,人口稀少。许多关于这个地区的重要决策是在这个地区以外做出的。

第八个文化区叫做"迪谐"(Dixie),"迪谐"这个词有好几个来源。一种说法是它是从一个曼哈顿奴隶主的名字迪西(Dixy)延伸出来的(直到1827年,蓄奴在纽约州都是合法的)。迪西的家园,在当时被描述为舒适的农业庄园。南北战争时期,一首由丹尼尔·艾莫特1859年写的关于南方生活的歌《迪谐天堂》(Dixie's Land)将这一词在南方广为传诵,并成为南方军队的军歌。文化首都是亚特兰大。标志是南方反联邦军的军旗,主要描述词是"变了"。代表区域文化特点的电视节目为电视连续剧《女设计师》《达拉斯》。伊利诺伊州的南部也属"迪谐"。这个地区有较多的黑人人口、低收入层的汽车房和较高的凶杀和自杀率。

第九个是魁北克(Quebec)。当然,它属法语和法国文化区。

嘉若对所谓九个民族国家(更准确地说,美洲地区的文化区域)的划分,虽然在细节上会有些争议,但美国是一个有多种文化特点、历史渊源和区域特性的国家却是不争的事实。而且,他对一些地区特点的描写,可谓入木三分。美国的国家制度,就建立在如此多元的文化基础之上。这也从另一个侧面确定了它的地方政府有地方特色、能够处理地方独特问题的特点。

中国也是一个很大的国家,区域差别大,从文化、经济、政治、地理和语言方面来看都非常大。严格地说,中国各地的人口在基因特点上都有明显的标志。不说西藏、新疆和云贵的少数民族,就是汉民族本身,也有许多不同的体格和面部特征。他们的生活条件、生活习性、行为方式和长期形成的文化环境,区别都非常明显。如何将区域条件和文化差别大的国家有效地统一和治理,也就是如何处理中央与地方管理之间的关系问题,是这种大区域、多文化国家必须面对的挑战,需要在政治文化和国家管理机制建设上下工夫。

第二,美国的三大政治文化。政治文化与大众文化的区别点在于,政治文化注重国家的管理思想和人与人、人与国家、人与社会之间的权力关系和利益分配关系。它是政治体制设计和政策制定和决策的思想基础。提出美国有三大主流政治文化的是当年布鲁金斯研究所的一位资深研究员黑克罗。一般人认为美国是一个极端崇尚个人主义和个人自由的国家。黑克罗在经过仔细研究和论证后指出,美国至少有三大主流政治文化。第一大政治文化是西方现代革命后奠定的自由主义政治思潮。这一思潮承袭洛克、卢梭、米尔等人的思想,通过美国的独立宣言,成为现代美国政治生活中的主流思想。很多自由主义的精神,也通过宪法得到了巩固和弘扬。这种自由主义认为,人人生而平等,每一个个人都是自己利益最好的判定者。个人通过自己的奋斗和努力,创造自己的生活,是崇高和值得尊敬的。从这个角度来看,国家应该管得越少越好。美国著名的政治家、思想家、教育家,独立宣言的起草人杰弗逊,就是这一政治文化的著名代表。

第二大政治文化是社团主义。社团主义在认可个人主义的前提下,注重社区、团体、家庭、教会的利益。它强调,个人自由和个人利益固然重要,但个人自由的空间和个人利益的范畴是由个人所处的团体、社区、家庭、教会等等决定的。也就是说,它并不承认绝对的个人主义,而是承认有条件的个人主义,个人利益由社团、族群来定义。严格说来,这一思想也符合西方启蒙运动的思想。比如说,洛克假设了一个人类绝对自由和平等的境界——"自然状态",在其中,每一个人都享有绝对的行为自由、财产支配自由和平等。但在这个世界上,总是有人在私利、欲望的驱使下,违反上帝意志,行丛林之法,弱肉强食,对别人进行侵夺,进入所谓的"战争状态"。为了保护自己的生命、财产安全,免受被无端剥夺,人们便组成社团,建立政府,自愿放弃一部分绝对自由的权利,服从社团和政府的管理,遵从社团和政府的法则,同时,在遇到外部袭击和侵犯的时候,接受社团和政府的保护。所以说,一个人一旦进入文明社会,脱离了原始的自然状态,他的行为就不得不受到文明团体的集体利益的制约。当然,这种集体利益的制约,也是有条件的——它必须建立在保护个人利益的基础之上。否则,人民就可以有理由造反。可见,集体主义的精神,也是西方政治文化中的一个重要思想。在20世纪80年代里根时代,个人主义和私有化保守思潮风靡全球,而里根自己还在大谈社区、教会、家庭和民族。其原因正在于此。

第三大政治文化是"伟大社会的政治文化",即我们所说的社会主义的文化。说到这里,有些人会十分的不理解,认为一个资本主义国家,怎么会信奉社会主义的思想。事实上,欧洲的圣西门、傅立叶和欧文的乌托邦社会主义思想的根底,就是基督教文化精神中的平等、博爱和"普天之下皆兄弟姐妹"的思想。这是人类社会的崇高理想,也深深影响了以马克思为代表的共产主义理论家。正因为有这样的民族文化基础,当年的麦卡锡极右派才会对社会主义思想忧心忡忡,大搞白色恐怖,利用战争和国际冲突来压制国内的反对声音。

第三,三权分立的政治体制。美国的建国先贤们既希望建立一个强大、统一的中央政府,又想保证不让政府中的某个个人或一小部分人过分集中地掌握权力。由此,他们创立了三权分立的格局,将政府的权力一分为三:立法、司法和执法;用宪法这一国家大法,将各自的权力定义下来。宪法的第一款给出了立法机构的定义,将立法的权力赋予美国国会。宪法的第二款给出了总统权力的定义,第三款给出了司法机构即联邦最高法院及其下属法院的权力定义。在这样一个三权分立的体系内,每一个权力分支都按照给定的功能独立运行,但同时,它们又在权力的使用方面受制于其他两个体系,形成一套互相制衡的格局,使得某一个分支不能因为权力过分集中而滥用职权。他们希望这种制衡的体制可以达到保护公民的自由和权利的目的。比如说,总统有权否决国会通过的法案,有权力为联邦最高司法机构的法官提名。同样。联邦最高法院可以通过判决宣告国会通过的法案或总统采取的行动不符合宪法精神。国会也可以弹劾总统或联邦法庭的最高法官或其他法官。

第四,联邦主义的中央与地方关系。美国的中央与地方关系是以联邦主义思想为主体的,联邦主义思想是中央集权的思想。在美国的历史沿革中,先有不同的地方政府,再有中央政府。建国初年的联邦党人认为,要有强大的美国,一定要有统一的中央意志和中央权力,同时,也让地方有足够的自主发展的空间。联邦主义的基本思想是,联邦政府是有限政府。凡宪法有明文规定的联邦权力,联邦政府有绝对的权威。美国宪法对州政府的权力、地位及其与联邦政府的关系,做了详细具体的定义和限制。宪法第一款第十节明确规定,任何州政府之间不得订立条约、建立同盟或成立联合体,铸造钱币,发放信用券,用金银币以外的任何形式偿还债务,通过任何否决合同责任的法律和分封贵族的头衔;也不能在没有国会批准的情况下,征收进出口税,豢养军队,订立外交关系合约或宣战。而没有明文规定的权力,就不属于联邦政府。宪法第十修正案中明确指出,宪法中没有明确赋予联邦政府、也没有被明文禁止的政府权力,归于州政府或者人民。也就是说,州政府被认为是人民权益的最终代表。

地方政府被认为是州政府的创造。区域划分、权力分配都从属于州政府。在历史上,地方政府曾经被州政府管得很死,无法发挥积极性。后来,有的城市开始向州政府要求扩大地方的自主权。申请地方自治,也就是申请州政府把一定的权力下放给地方(市、县、镇或乡)。

这些权力包括功能的(多大权限)、财务的(财源、税收、借贷等等)、人事的(雇工的条件和规定)等方面。每个州、每个城市情形不一。但这些权力一旦批准给地方,若干年内不变,地方政府不必每次就事论事与州政府讨价还价,地方有就相关问题做出决策的权力。这一制度给了地方政府很大的自主性和灵活性。其结果是,美国的许多地方政府可以像大公司一样来管理,灵活、充满创新的动力和可能。

这种中央与地方关系演变的结果是,美国的地方政府有了更大、更灵活的自主管理权限,直接对辖区内的市民负责。同时,它的灵活和自主,不能违反中央和州政府的基本法律。

第五,有组织的利益团体。有组织的利益团体是美国政治生活中的另一个重要因素。公民们根据自己的政治利益或偏好结成社团,表达政治意愿,游说国会,捍卫自己的权力,参与地方、州和全国的选举。在这样的制度下,一些有时间、有资源的大财团,比小的团体对政策更具有影响力。但是,如果个人碰到了巨大的不公平,想要极尽一切力量申诉,他也可以通过自己的团体及与之有联系的议员、民意代表、媒体和司法体系表达自己的意见。这也是我们常看到美国政府在多方压力下,对个体利益表现出比较高的关注程度的原因。

第六,强大实在的离心力和向心力。美国地方政府和各个部门管理的范围不一,传统上有很强的分权思想,这是离心力的基础。但是美国联邦宪法、以总统为代表的强大的执政官僚和执政党所代表的政治理念(不是一成不变的),形成了强大的行政向心力,使美国在国家层面的公共政策得以推行和实施。这是美国制度中张力与合力的统一。

第七,事实上的精英管理国家。美国尽管以民主国家自居,但在政治运作过程中,精英阶层的能力、政治和管理智慧、包括选举法中的选举人团制度,都使精英阶层占尽先机。即使在宪法中,他们也认为美国是"共和"的国家,并非大众理解中的"民主"国家。在这样的政体中,社会上有能力、有资源、有管理经验和知识的精英分子,在国家的管理中事实上能起到更大的作用。民主的意义在于国家制度中对人民的基本权利和意愿表达的保障。

六、美国发展历程中的公共管理改革

在建国以来的两百多年间,美国政府经历了多次大规模的以思想运动为先导的公共管理改革。这些改革,大都在推动美国社会的进步过程中起到了重要作用。我们可以把美国公共管理的改革历程分为如

下几个阶段:(1)建国时期理想主义与现实主义的博弈(杰弗逊与汉密尔顿的争论,1775—1783);(2)人事改革使美国从腐败中重生(1883—1911);(3)科学管理改革(1911—1933);(4)人文关系学派使美国步入人力资源管理的轨道(1933—1945);(5)新政拯救了美国的资本主义(1933—1950);(6)伟大社会运动(20世纪60年代);(7)里根革命(20世纪80年代);(8)克林顿改革(1992—2000);(9)小布什改革(2000—现在);(10)新公共服务到新治理。①

建国时期,杰弗逊与汉密尔顿的争论尽人皆知(1775—1783)。两人都是开国先贤,联邦党人。杰弗逊是美国独立宣言的起草人,第三任总统;汉密尔顿是联邦文献的主要思想家之一,华盛顿总统的军事顾问,第一任财务卿。杰弗逊崇尚个人自由、小政府、绝对的自由市场、利益集团政治,认为政府对社会的干预越少越好;而汉密尔顿作为美国的第一位财务卿,饱尝当家的艰辛,主张政府对经济的有限干预、保护民族工业、开拓公共工程、建立国家银行。杰弗逊是美国自由、民主、激进的理想主义的代表,而汉密尔顿是美国务实的现实主义的代表。他们的每一次辩论,都是杰弗逊胜出,但美国建国后的发展轨迹,如国家干预、国家工程、国家银行的建立(联邦银行)等等,又无一不是沿着汉密尔顿勾画出来的轨迹前行。理想与现实的博弈,是美国政治生活中的一件大事,一直延续至今。美国的国策,往往就是在理想主义批判下的现实主义的表现。

人事改革使美国从腐败中重生(1883—1911)。19世纪上中叶,美国的腐败问题十分严重,选举过程中"政治分肥"的现象普遍。当时的杰克逊总统倡导平民政府,认为只要参加了助选的人,就应该在政府分得一份工作。因为政府的工作应该是人人都能做的。1883年的公务员法案,是美国行政改革的一个里程碑;它的具体有效实施,是若干年以后的事。但它反映了一种用理性和公正的公务员制度来反对腐败的意图,将美国的公务员制度引上了现代轨道。

以"科学管理之父"泰勒开其端绪的科学管理理论,是美国管理制度现代化的理论基础。它追求效率、效益和经济,提出用科学的方法生产和管理,提高生产效率和回报,达到资方和工人的双赢,从而缓解了当时十分尖锐的劳资矛盾,推动了社会进步。当时的美国政府,通过媒

① 蓝志勇:《美国公共管理学科的发展轨迹及其对中国的启迪》,《中国行政管理》2006年第4期。

体和国会听证,大大宣扬了科学管理的精神,为美国的工业化科学管理推波助澜。

在科学管理基础上发展起来的人文关系学派(human relations,1933—1945),注重生产和管理程序中员工的心理感受,将参与管理、员工激励和发展的思想引入企业和政府的工作与管理程序,提高了国民的人文情怀、民主意识和自我价值意识,将美国带入人力资源管理的轨道,也为有后劲的持续性发展开辟了道路。

罗斯福新政(1933—1950)开了政府大规模干预经济的先河,使自由放任资本主义变成了在国家制度规制范围内有序发展的资本主义。不少学者认为,新政拯救了美国的资本主义,使之走上了现代的发展道路。

20 世纪 60 年代,在约翰逊总统的领导下,美国开展了一场伟大的社会运动(Great Society),目的是建立新城市,反贫困,追求男女和族裔间具有平等权利。这一运动对社会的开放和性别、族裔之间的平等,起到了正面的作用。

在罗斯福新政近四十年后,20 世纪 80 年代的里根政府开始了小政府、分权和私营化的改革。里根改革是对四十年大政府运动的反思,目的是削减政府官僚,提高政府效率。但由于里根政权很快陷入与苏联的军备竞赛,债台高筑,改革的成效被大大抵消。

克林顿政府(1992—2000)上台后,挟中青年政治家的改革雄风,进行了重塑政府的改革。这场改革注重基层平民、创造就业机会、开展信息技术革命与保守的政治势力斗争,在美国现代政府改革中,浓重地写下了自己的篇章。它提高了美国人民的士气,平衡了预算,创造了美国历史上最长的经济增长期,提高了就业率。克林顿政府时期是一段值得认真研究的公共管理改革史。

2001 年小布什政府上台后,提出了以市场为基准的政府改革,增强了始于克林顿时期的绩效管理,强调外包和公共服务第三部门化。即便在伊拉克战争中,也大批使用雇佣的私营机构为战争服务。至于改革成效,布什自己也承认他的工作重点在战争,而非政府改革结果和业绩。

出于对新公共管理和布什政府以市场为基础的改革的不满,一些美国学者提出了"新治理"和"新公共服务"的思想。但这些思想基本还停留在理论探讨的范围之内,在理论上和实践操作方面都有待进一步完善。

七、美国的未来方向和中国公共管理的挑战

通过以公共管理视角对美国发展历程的考察，可以看到一个大国的发展、成长和壮大，靠的是历史的机遇、优秀的领导群体、开放的思维、相关的制度保障和能动的适应时代潮流的不断改革。表面的偶然，往往存在于历史的必然之中。美国的成长，与它在革命的关键时刻拥有一批有理想、有能力、有激情的人才群有相当的关系；在西部开拓、南北战争时期和工业化时代，美国都产生了一批大智大勇的领导人，他们从国家的长远利益出发，制衡分裂力量和行业垄断大财团，还借用学界的力量，不断推行改革，调整社会的发展方向，使政体内充满了变革和创新的活力。

当然，领导人对国家发展的巨大影响，也有另外的一种表现。近年来小布什政府以市场化为基准的政府改革，成果并不显著。他代表石油和军工利益集团的强势政治运作，已经开始遭到学界的系统批评。在 2006 年的美国公共管理年会上，资深管理学者爱伦就批评布什政府违反宪法精神，拒绝或逃避对公众的财务和战争问题问责，控制公众舆论和躲避公众批评，严重违反美国的政治程序。爱伦还号召行政官僚系统的公务员，以职业理性和制度法规，与违反国家管理程序的利益集团政治作斗争①，以维护国家的公共理性和利益。她的这些批评，代表了相当的民意，隐含了新一轮政治与行政改革的先机。由于多民族、多党派、多元文化和多利益集团的特点，美国不是大家所想象的一个美国，而是有多个美国。美国人民通过他们内部的政治与管理程序，将他们自身的思想和需要通过不同的利益团体进行政治表达。如果他们能够妥善解决国内的这些问题，美国就会继续发展和强大。否则，他们也难以避免重蹈当年大英帝国衰落的覆辙。

再来看中国的情况。经过 28 年的改革开放，中国已经积累了相当的人才、资源、管理能力和经济建设经验，准备开始现代化的发展起飞。② 如果中国的领导精英能够正确决策，建立现代政府的管理体系，

---

① Rubin, Irene S., "Don't feed the crocodiles: Public administration's role in restoring democracy", Donald C. Stone Lecture, April 3, 2006 in Denver, Colorado during the American Society for Society for Public Administration's National Conference.

② Rostow, Walt Whitman, *The Economics of Take-off into Sustained Growth*, Proceedings of a Conference Held by the International Economic Association, New York: St. Martin's Press, 1964.

发挥中国的政治文化特点，又借鉴发达国家的良好经验，就一定能抓住这百年难逢的历史机遇，把中国引向新的未来。

当然，多年来的单目标（经济发展）改革，也积累了很多的社会问题。在历史上，中国失去了一些发展的机遇，使当前的全面现代化改革先天不足。比如，在欧洲社会动荡导致欧洲现代化革命的17—18世纪（英国革命、法国革命等），中国在经历动荡后又重新沦入新一轮封建王朝（清）的统治。在19世纪日本明治维新和美国反腐败改革的时期，中国的洋务运动由于改革理念的局限而夭折。在19世纪末和20世纪初美国、日本迅速工业化的时期，中国引进了进步运动的口号（科学、民主），但辛亥革命失败后，又陷入了军阀混战。20世纪60—70年代是亚洲"四小龙"腾飞的时代，中国却在轰轰烈烈地进行文化大革命。进入新的世纪，中国的学界和领导精英努力学习发达国家经验，致力于融入世界发展潮流。但较真起来，应该认识到，中国要补的课还很多。以现代改革的要求来看，中国社会环境表现出科学不足、市场不足、官僚不足和现代性不足的特点。政府工作中所表现出的是规制不足、管理不足、推动不足、服务不足。从思想资源来看，西方意义上的哪一种方法都有意义，但单靠哪一种方法都还不够。现在要学要做的事很多，但过去的课也要补。不是发达国家的经验能不能用的问题，而是自己学没学好，有没有用对地方，有没有营造配套条件和社会发展基础的问题。这一问题，笔者将另文专述。

在文化支撑方面，中国传统文化的力量在五四运动和文化大革命中被削弱，新的现代的文化力量还没有形成。中国现代的知识、管理和政治精英，面对的是前所未有的压力与挑战，有的是前所未有的机遇，能够完成的也很可能是前人梦寐以求但无法完成的伟大使命。而通向胜利的道路，很可能取决于中国如何借鉴发达国家的经验，在世界管理和文化遗产的基础上，自主创新，走出自己的道路。

当代西方公共管理前沿理论述评^①

一、一个富有挑战性的命题

对当代西方公共管理理论前沿的述评,是一项十分具有挑战性的命题。挑战性之一在于公共管理是一个大规模协调人类共存与合作、具有社会管理工程特性的大学问。它的理论前沿反映了时代的特点与诉求,在全球化、多元化发展不平衡,理念不统一,仁者见仁、智者见智的时代很难恰当地把握。挑战性之二在于公共管理是一个既古老又年轻的学科。说它古老,它与人类文明相伴。"它(公共管理)是人类文明的基石。它帮助创造了人类文明,是人类文明的舞台。"^②底格里斯和幼发拉底两河流域的城邦国、中国的商周之礼和秦汉以来的文治武功,都有公共管理雏形的烙印。有关人类文明与发展的学问,能有多少是全新的

---

① 本文由蓝志勇与陈国权合写,原载于《公共管理学报》2006 年第 3 期。

② D. Waldo, *The Enterprise of Public Administration:a Summary View*, Novato, Calif.：Chandler & Sharp Publishers, 1980, p.51.

命题呢？说它年轻，它又是与现代技术、现代理念和社会进步息息相关的与时俱进的学问。历史上，它至少有过数次历练与重生的经历。著名的美国政治学家达尔和林德布罗姆在他们的经典名著《政治、经济和社会福祉》中曾经说过，人类的知识历史可以清楚地显示现代人试图用自己的理性能力来控制和改造自己的环境的三大思想运动。（1）文艺复兴。通过文艺复兴，人们重新发现了自己的能力，建立了对自我的信心，从中世纪的黑色宗教的阴影中走出来，认为人类可以通过以理性、观察为工具的科学活动来控制和改造自己的环境，创造自己的新生活。（2）现代自由主义。现代自由主义有两个重要的内涵：一个是用民主的方法来控制和管理政府，另一个是用资本的方法，通过传统的市场运作来控制和管理经济事务。（3）民主社会主义。人类理性管理自己的政治与经济事务的能力，可以通过经济活动的政府管理化，即公共管理化，而得到大大地加强。① 民主社会主义的思想，很早就在欧洲出现。圣西门、傅立叶和欧文的乌托邦思想就是这一思想的体现。19 世纪欧文在英国的兰开斯特和美国的印第安那州建立乌托邦试验基地，特别是印第安那的"新和谐村"（The New Harmony），更是将这一思想付诸实践的努力。② 美国 20 世纪 30 年代的新政，也是这一思想在工业化中后期的继续。达尔和林德布罗姆提到的三大思想运动，反映的都是现代人不认天命，顽强地要用自己的理性能力来改造自己的生存环境的意愿和思想境界。从这个意义上来说，人类文明的活动，或人类对社会的管理活动，自有史以来就从来没有停止过。要在滔滔历史的洪流中甄别出闪亮的浪花，辨析出它的时代甚至历史的新义，也是本文的难点所在。

挑战性之三在于公共管理是实践性很强的学科。它从传统的政治学的象牙塔中分离出来，另立门户，原因就是传统的理论渐渐沉溺于远离现实、有模式但不能应用、能引起兴趣但不可能有结果的抽象世界，不能满足解决社会迅速发展过程中涌现出来的许许多多的现实问题的需要。探讨这一学科的理论前沿，重点在于找到理想型的抽象理论与现实中可操作理论之间的结合点，唯理论，又避免象牙塔中的抽象。

---

① R. A. Dahl and C. Lindblom, *Politics*, *Economics*, *and Welfare*: *Planning and Politico- economic Systems Resolved into Basic Social Processes*, New York: Harper, 1953.

② 蓝志勇：《美国公共管理学科的发展轨迹及其对中国的启迪》，《中国行政管理》2006年第 4 期。

尽管有这些挑战,西方公共管理的前沿理论对中国的公共管理,甚至对中国的社会科学研究能提供什么借鉴,却是中国公共管理的学术研究和管理实践迫切需要回答的问题。中国正处于改革、进步和现代转型的攻坚阶段,过去曾促进西方社会公共管理科学大发展的市场化、工业化、城市化等诸多因素,正在中国大规模涌现,社会矛盾不断增加,新旧问题层出不穷,在中国公共管理必须迅速发展的国内背景下探讨世界公共管理的理论前沿,尽管难度很大,但还是必须要做的工作。因此,我们将一个时期以来西方公共管理学科探讨的热点课题,有选择地进行介绍和评论,旨在抛砖引玉,引起大家的思考和讨论,将这一讨论继续下去,寻求中国公共管理发展的理论依据和有效途径。

二、公共管理的理论范畴

由于公共管理在中国是一个新兴的学科,不同学者各有自己对它的理解。因而,在探讨公共管理理论前沿之前,有必要先界定一下公共管理的理论范畴。

理论是人类对某一事物或事物的某一方面提出的一个系统看法,目的是对事物的现象和因果关系作出系统合理的解释并指导未来的实践。理论包括一些特有的定义、抽象构建、关键词和通过假设、观察、论证而得出来的有关现象和因果关系的一系列互相关联的结论。理论的价值在于它对事物的解释力和对未来的指导意义。美国教育哲学家杜威有一句名言:"学问的价值在于对未来事务的预知。"[①]

公共管理学科回答的是人类社会用什么方法来处理和协调人与人之间、人与群体之间、人与自然之间的矛盾,及共同存在、共同发展的大问题。它不同于传统的学科分类,是进行制度设计和操作的"国家的治理"方面的"万人敌"。公共管理的理论自然就牵涉到社会组织形态和管理方法的有关社会治理的理论。从这一学科特点来看,它是边界宽广或难有边界的大学科。兼容并蓄,博采众长,使用人类所有学科的智慧和成就,来完成人类组织建设文明生存环境的目标是它的学科使命。但它却是有坚实和合理的内核的,这个内核就是它以公共利益为价值观、以组织方法为手段的软硬件组合。

公共管理的软件核心,即价值核心是公共利益观。它的硬件结构

---

① J. Dewey, *Educational Theory*, Urbana: University of Illinois, 1951.

是政府的组织设计和管理程序。公共管理理论研究的目的是甄别、定义公共利益或公共价值观，并用有效的组织、人事、财政、政治策略、现代科技等手段处理好政府、企业、社会之间的互动关系，高效地实现公共利益或公共价值。它注重的不仅仅是什么是公共利益，更注重如何将其操作化和实践化。它应该帮助界定哪些是政府应该做的，能够做的和如何能够做得好。美国早期公共管理的探索者、后来的美国总统威尔逊就说过，公共管理学研究的目的，首先就是要帮助揭示什么事情是政府可以做并且做得好的，再就是寻找能够将这些政府该做的事以最大的效率和最少的经费与精力来做好的方法。……学习管理的目的就是将管理从混乱和狭隘经验主义的现状中解救出来，建立在坚实的科学理论基础知识之上。①

公共管理的近期操作目标是国家、社会的稳定和经济的发展。它的长期目标是追求人类平等、博爱、自由、正义、富足和繁荣的崇高理想。从这个意义上来说，公共管理的学科使命是宏大、严肃和庄重的。②

美国著名公共管理学者罗森布罗姆在仔细梳理了美国公共管理的历史的基础上，发表过一个名篇，追溯了公共管理学科的三大学术渊源：政治的、管理的和法律的。政治学给公共管理提供了社会价值的视角；管理学帮助公共管理强调效率、效益的理性；法学给了公共管理一个寻求稳定的制度工具③。如果说，政治学的视角关注政治利益的分配结果，经济学的视角关注资源配置带来的资源使用效率，法律学科的视角注重先例，心理学的视角注重感受与行为，公共管理科学的视角注重的则是在政治目标的指引和约束下，运用组织工具和法律结构，在社会心理能力可承受的范围内提高资源配置效率，追求社会宏观效益的一种以政体组织（郡县、国家或政治联合体）为单元的综合理性，也就是以产出为目的的人类行为的有效协调。

公共管理学与政治哲学的理论有十分重要的相关性。它一方面帮

① W. Wilson, "The Study of Public Administration", in J. M. Shafritz and A. C. Hyde, *Classics of Public Administration*, The Dorsey Press, 1987, pp. 23-24.

② J. Locke and I. Shapiro, *Two Treatises of Government and A Letter Concerning Toleration*, New Haven: Yale University Press, 2003; A. Smith, *Theory of Moral Sentiments*, Indianapolis: Liberty Classics, 1976.

③ D. H. Rosenbloom, "Public Administrative Theory and the Separation of Powers", *Public Administration Review*, Vol. 3, No. 43, 1983, pp. 219-228.

助实现政治哲学所提出的目标,另一方面又对政治哲学提出的目标的实现和发展有重大的推动作用。这一关系,可从图1中看出。

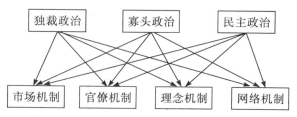

图1 政治哲学与公共管理工具之间的关系

图1的上一层表述的是亚里士多德在他的《政治学》中讨论过的人类社会的几种可能的政治统治模式。(1)独裁政治,普天之下,莫非王土;(2)寡头政治,少数权力精英掌控天下,互相制衡,共同管理;(3)民主政治,人民是政治意志的主体。在封建社会,封建独裁政治是常态,也不存在公共利益的讨论。普天之下,包括臣民,都是封建帝王的私产。进入现代社会,特别是经过了启蒙运动、英国革命、美国革命和法国大革命,洛克、卢梭、密尔等现代政治思想家的有关生命、人权、民主的自由主义思想深入人心,成为现代社会的核心政治理念后,公共管理才有了一个脱胎换骨的新基础——从封建帝王个人的管理工具变成造福于人民大众的生命、生活和平等权利的社会管理工具,也是决定社会政治的关键。政治哲学家密尔就曾经说过,官僚是一种将民主与效率结合起来的工具[①]。没有效率,民主就不可能延续。中国两千多年以来反反复复的农民革命,最后还是回归到使用秦汉封建王朝遗留下来的政治统治形式,与他们没有找到比传统封建体制更有效的管理工具有关。

从图1中我们可以清楚地看到,公共管理的理论比较偏重于如何用一种或数种管理机制有效地追求治理的效率和效益。当然,由于这一学科的现代特性,以英法美革命为里程碑的现代化思想革命后的民生、民权、民利的理念是它的行为基础。

市场机制常常被认为是私营企业的管理方法,这是一种片面的理解。现代资本主义经济的理论鼻祖亚当·斯密的《国富论》的基本立论就是,在国家制度的框架下(立法、司法、公民监督和警察),国家可以利

---

① J. S. Mill and C. V. Shields, *On Liberty*, New York: Liberal Arts Press, 1956.

用人们对私利的追求,用平等交换、互通有无的市场管理机制,促进专业化和社会生产效益,达到国家财富的增值。市场是社会管理机制的一种工具,国家需要精心维护它的有效运转,以达到社会发展的目标。许多年后,林德布罗姆在《公共政策制定》一书中也清楚地指出,私营企业有重要的公共社会功能。它们从事社会需要物品的生产,决定社会生产的投资,创造就业,完成或协助完成公共工程,提供部分公共产品。所以,政府部门要帮助它们的发展,给它们必要的生存和发展条件,让它们为社会服务。① 因此,如何管理市场,让市场发挥其积极的公共功能,限制市场的负面影响,是现代公共管理学科或现代政府的一个重要课题。

官僚机制传统上被认为是政府管理的主要组织形式;官僚体系的设计、激励、控制等运行管理和改造,包括人事、财政、技术使用及公共工程项目等都是公共管理学科最关注的问题。韦伯认为,现代官僚制度是人类有史以来最高效的大型组织管理形式。这一点从军队、国家和大型企业的核心结构都无一例外地采用官僚机制的实践中得到了有力的证明。但是,官僚机制也像市场机制一样,有使自己失灵的天敌,如人浮于事、臃肿、繁冗的程序等等。这些天敌会负面影响官僚机制的良性运作,需要得到管理和监督。②

理念机制主要依靠的是人们的信仰。组织形式往往是多样和自发的,如教会、协会、自由社团等。它们不是官方固定资源支持的组织,稳定性一般不强,功能有限,但机动灵活,运作成本小。近年的政府改革使得很多人开始注重非营利组织或第三部门的研究,看看它们在社会服务和公共产品的提供方面有何好处。

除了以上三种传统的管理机制,网络机制也是近年来西方学者乐此不疲的一个研究方向。本文的后面,还要专门探讨这个问题。

这几种管理机制以及它们之间的互动过程是公共管理理论的重点研究对象。在宏观上是社会或国家治理机制的问题,在微观上是地方

---

① C. E. Lindblom, *The Policy-making Process*, Englewood Cliffs: Prentice-Hall, 1968.

② K. Mertonr and A. Nisbetr, *Contemporary Social Problems: an Introduction to the Sociology of Deviant Behavior and Social Disorganization*, New York: Harcourt, Brace & World, 1961; Z. LAN, *Administrative Bureaucracy and the Modern Society*, Taiwan: Zhongshan University Press, 2003.

政府和地方公共组织的管理问题，包括政府管理体制、社会管理体制、公共人事体系、公共财政体系，专项公共政策等的设计和改革等。中国在五四思想革命以后，接受了科学、民主的现代思想，在封建的基础上，经过了战争的洗礼、国家基础建设的坎坷，终于开始了全面现代化建设的进程，提高了对公共管理的要求。因而，中国公共管理学科的诉求，在本质上与现代化的历史潮流是相符合的。

三、西方公共管理若干前沿理论

作为一门综合性的学科，公共管理前沿理论五花八门，但其中比较宏观和有持续影响力的当属 20 世纪 70 年代末 80 年代初兴起、到现在还在继续的一股强劲的政府改革思潮。这一思潮的主要理论基础是 20 世纪 60 年代出现的公共选择学派。同期和后来的比较重要和同样宏观的新公共管理、新公共行政/服务和治理理论都是建立在与公共选择理论对峙和发展的基础之上的。本文重点就这四大理论的特点、渊源和理论效度进行综述和评论，并讨论它们对中国公共管理发展的启示。

1. 传统公共管理的回顾

在讨论以公共选择学派为理论基础的改革之前，我们先回顾一下传统的公共管理。传统的公共管理（1865—1970 年）源于西方工业化和城市化的过程之中。德国的俾斯麦时代、法国的后拿破仑时代、美国的进步运动时代，强调的都是用国家的力量管理社会和推动社会的进步。美国进步运动时代提出的口号是"科学、民主、好的生活"。其中，"科学"注重的是如何提高人文水平和社会效率与效益，也就是我们常说的效率、效益、经济和民主意识。① 在工业化和城市化的过程中，政府被认为是民意的代表，有责任提高自身甚至社会的管理和运行效率。美国建国先贤汉密尔顿早期提出的国家干预经济发展、保护民族工业、国家工程、联邦银行等思想都随着美国的发展，逐渐在它的公共管理中得到了体现，并在 20 世纪 30 年代的大规模经济危机后得到长足的发展。传统公共管理强调政治与行政两分，政治上靠依赖民主程序的立法机制汇集和表达公民意志，行政上靠传统的官僚管理机器来实现国

---

① 如何在追求效益的过程中不妨害公民民主意识的培养，在梅奥（1880—1949 年）的《工业文明中的人文问题》中被认真地提出。他所领导的研究团队成为后来人文学派的先驱。

家和民主意志。① 政府在管理过程中强调效率和效益,大包大揽,是达尔和林德布罗姆所说的经济事务政府化的民主社会主义的社会形式。这些方法曾被认为拯救了西方的资本主义,使之从原始资本主义走上了能够有持续活力的现代资本主义;同时,也大大增加了政府的规模。这个趋势在 20 世纪 60 年代末开始减缓。

1979 年和 1981 年,英国撒切尔夫人和美国的里根分别获得大选胜利,入主白金汉宫和白宫。他们代表民意,要求对当时膨胀、低效的政府部门进行改革,提出了私有化、分权化、市场化的口号。英国当时有 70% 的国有企业运转低效,人们不满。里根以 72 岁的高龄当选美国总统,代表的是怀旧的保守主义思想,追求的是"过去的好时光"。面对大政府臃肿、膨胀、人浮于事的现象和沉重的社会福利的包袱,他们想用传统的私有化和个人奋斗精神来进行改革。② 当然,他们所采用的方法,包括他们深层次的改革理念,并不完全相同。

应该指出,这一后来引起全球性政府(公共管理)改革的思潮,绝对不是一个偶然现象。在西方,它有着十分深厚的历史渊源、思想基础和长时间的理论准备。在历史渊源和思想基础方面,西方现代革命的基调就是崇尚个人自由、个人奋斗,反对政府统治的现代自由主义思想。这一思想,由洛克、霍布斯、密尔、卢梭等人奠基,追求可能条件下的个人自由极大化,是西方中产阶级向封建皇权要权力、要机会、要发展的重要思想武器。霍布斯就把政府描述成一个巨大的怪兽,一旦将权力集结,就再也不肯还给公民。③ 卢梭提出,现代政府的合法性基础应该是人民与政府之间的契约。美国的建国先贤们深受自由主义思想的影响,认为权力对一切人都有强大的腐蚀作用,所以极尽其才智和精力,设计出一套以制衡为重要原则的政府管理制度。④ 后来一些著名的作家,如欧威尔、哈耶克等也反复描述了政府权力过大会导致公民失去自由的可能。⑤

---

① F. J. Goodnow, *Politics and Administration: a Study in Government*, New York: MacMillan Co, 1965; Z. Lan and D. Rosenbloom, "Public Administration in Transition", *Public Administration Review*, Vol. 52, No. 2, 1992, p. 57.

② H. Heclo, "Reaganism and the Search for a Public Philosophy", in J. L. Pamlmer, *Perspectives on the Regan Years*, Washington: Urban Institute Press, 1996, pp. 31-64.

③ T. Hobbes, *Leviathan*, N. Y.: Collier Books, Macmillan Publishers, 1962.

④ J. Madison et al., *The Federalist Papers*, Harmondsworth: Penguin, 1987.

⑤ G. Orwell, *Nineteen Eighty-Four*, London: Secker & Warburg, 1949; F. A. Hayek, *The Road to Serfdom*, Chicago: University of Chicago Press, 1976.

2. 公共选择学派

在科学革命以后,现代社会科学开始积极借用科学的假设、观察和论证方法来研究社会问题。最早的是哲学社会学①,后来是政治学和经济学。现代经济学借市场经济的成功得到了良好的发展,一些学者(政治学、经济学和社会学学者)开始用经济理性来分析不同的社会现象,解释社会问题。在 20 世纪 60 年代初,布坎南和图洛克两人合写了一本《允诺的微积分:宪政民主的逻辑基础》(国内译成《同意的计算》),尝试用经济学理性经济人的假设来解释政治运作和决策的过程,包括宪法理性。这就是大家所知的公共选择学派。这一学派认为所有的人都是理性自私的,国家只是人们在一起进行公共决策和执行的工具。如果收益大于成本,人们就会参与决策;否则,人们就不参与。参与的人越多,决策成本越高,但执行成本越低;参与的人越少,决策成本越低,但执行成本越高。用他们的理论,同样能解释为什么参加全国大选投票的人少,而在基层参与投票的人会多。这一理论的核心是否定公共利益的存在,认为所谓的公共利益只不过是个人利益的总和。② 理性经济人假设也影响了对组织管理感兴趣的学者。道恩斯(Downs)就写了一本影响很大的书——《在官僚的内部》,把官吏描写成一切都为利益而工作的自私自利的人。终身研究自由主义的政治与公共管理学者文森特·奥斯特罗姆受公共选择学派的启发,在 1971 年出版了《公共管理的知识危机》(国内译为《美国公共行政的思想危机》)。他认为,西方革命的目的是自由主义。但是,革命成功后,一直沿用的管理机制却是韦伯所描述的自上而下的传统官僚体制。这种官僚体制是不能给人们带来自由的。要想自由,就必须将决策权力下放到最基层,搞多中心的治理。奥斯特罗姆根据公共选择学派的理论,描述了一个非官僚化的国家体制。其基本思想大致归纳为表 1。

---

① D. Hume et al. , *A Treatise of Human Nature:Being an Attempt to Introduce the Experimental Method of Reasoning into Moral Subjects and Dialogues Concerning Natural Religion* (*New impression ed .*), London:Longmans, Green and Co, 1898.

② Buchananjm and G. Tullock, *The Calculus of Consent:Logical Foundations of Constitutional Democracy* (*1st ed.*), Ann Arbor:University of Michigan Press,1965.

表 1　韦伯的传统官僚国家与奥斯特罗姆的公共选择国家

比较内容	韦伯的传统官僚国家	奥斯特罗姆的公共选择国家
国家管理的主要目标	追求现代国家的效率、效益和经济发展	追求公民满意度和政治上的民主和稳定
宪法的功能	界定公民权利、政治程序和权力机构	给不同的人、社区和办公室分配决策能力和资源
政治与行政的关系	政治行政二分,行政服从政治	政治与行政决策相关,越近越有决策和执行的效率
主要国家管理结构	统一意志的科层结构的官僚体制	权力分散和下放的多中心
对政府官员的观点	政治上中立的技术型人才	理性经济人
对公共利益的看法	国家保护和实现超越个人利益的社会公认的公共利益,如平等、问责、伦理道德等	没有抽象的公共利益,个人利益的总和是公共利益
政府与市场的关系	政府宏观调控,用规制、金融激励来维护市场	小政府和自由市场,政府只在市场失灵时干预,建立竞争、开放和透明的政府
政府与社会的关系	控制	协调
政府的主要责任	提供社会管理和服务	提供劝诫和说服
政府与公民的关系	爱护、发展和培育公民	接受公民管理和监督

　　从这一比较可以看出,公共选择学派将传统公共行政国家对经济效率和效益的追求变成了政治价值观优先的理论,符合西方自由主义传统。同时,它又从经济理性的角度出发,演化出政治参与的逻辑假设——个人利益的最大化。也就是说,将公民的满意度和民主政治的效益等同于综合的个人利益的最大满足。

　　另外,委托代理理论、交易经济理论和布坎南的以公共选择为基础的官僚行为理论[①]都属于用理性经济人的假设分析社会管理体制的学派。他们用假设和推断的方法,将人设定为单一理性的高等动物。表

　　①　A. Ackere, "The Principal/Agent Paradigm: Its Relevance to Various Functional Fields", *European Journal of Operational Research*, No. 70, 1993, pp. 83-103; C. Althaus, "The Application of Agency Theory to Public Sector Management", in G. Davis et al., *The New Contractualism*, 1997, pp. 137-153; W. A. Niskanen, *Bureaucracy and Representative Government*, Chicago: Aldine, Atherton, 1995; W. A. Niskanen, *Bureaucracy and Public Economics*, Brookfield: E. Elgar, 1994.

当代西方公共管理前沿理论述评

面上，他们似乎谈的是追求效率、效益和经济结果，但实际上他们的努力反映出一种很强的价值观念——努力求证西方传统政治中传统自由主义的理想和价值观的有效度和普遍性。这就是所谓的部分现代经济学者的"走火入魔"，即在效率和效益观的掩盖下追求传统自由主义，或是激进市场主义的价值理想，用他们所不熟悉的道德理性，而不是科学理性来求证科学不能证实的结论。

公共选择理论的优点在于找到了一个定义清楚、逻辑一贯、有相当预见力的衡量组织运作的描述和测量方法。它的问题在于忽视了组成国家的不完全是具有经济理性的人，还有非经济理性的。美国公共管理学大师古利克在他年近百岁的时候说过，管理学的挑战在于它的研究对象是复杂多变的人。这样一种高等动物，他们可以为贪婪而侵夺，为荣誉而竞争，也可以为爱情而牺牲。人的情感的变化和特定条件下的自我牺牲精神（道德理性），是经济理性学派的死穴。20 世纪 90 年代中期，曾任美国政治学会主席的耶鲁大学教授罗义[1]在总结美国 20世纪政治与公共决策最重要的理论突破时认为，很不幸，竟然被公共选择学派占了主流。但是，诺贝尔奖得主西蒙教授认为，罗义错误地高估了决策理论的作用以及西蒙自己的学术观点。西蒙不认为自己是经济理性决策学派，而是不折不扣的新政民主党人。西蒙认为，博弈和公共选择理论家们带着巨大的热情进入政治分析领域，也不时重新发现了政治学家早就发现了的真理，甚至会提出不可思议的极度理性的假设，但只要简单翻一遍《美国政治评论》，就可以知道公共选择学派并没有占据理论上的霸主地位，而是常常面临许多挑战。正如他自己在《管理行为》一书中论证的，即便是有限理性，也是在一定的社会条件下形成的。罗义对美国政治理论思潮的评价不对。要说谁是反对公共选择理论的斗士，罗义并不是孤军奋战，西蒙自己就已经战斗了四十年[2]，更不用说还有许多别的学派的存在。值得公共管理学者和国家决策层深思的是，为什么在理论界有争议的公共选择学派能够成为影响政府改革潮流的理论进入政策领域。政治需要、学术热情、无知无畏的精神、群体效应和学术工具的使用，都不能不说是重要的因素。

---

[1]　T. J. Lowi, *The End of Liberalism: Ideology, Policy, and the Crisis of Public Authority*, New York: Norton, 1969.

[2]　H. A. Simon, *Administrative Behavior: A Study of Decision-Making Processes in Administrative Organizations (4th ed.)*, New York: Free Press, 1997.

政治的需要,加之与经济学界回归政治自由主义的保守思潮(经济自由主义、货币主义、拉法尔曲线、供给经济学派)遥相呼应的官僚和决策理论,形成了一股强劲的改革势力,促进了里根时代美国政府改革的私有化、分权化、市场化和政府部门的减税减员。必须指出的是,里根改革的重点不在提高政府内部的管理效益,他将政府工作政治化,选取意识形态雷同的政治领导人入主联邦机构,大规模减员,努力消减政府开支。他认为,只要政府小了,一切问题都会迎刃而解。[①] 实际上,里根改革是以国家债台高筑、贫富差距增大、政府管理减弱、市场服务弱化、人民对政府信心降低、失业率增高的结果而告终的。

公共选择学派更致命的弱点是对传统自由主义思想中公共利益的否定。西方民主政治和自由主义的开山大师约翰·洛克在他著名的《政府论》中否定了君权神授或以弱肉强食的"丛林之法"作为政府的基础后,提出了人类的"自然状态""战争状态"和"共同体状态"(即"公民状态")的概念。在"自然状态"下,每个人都是绝对平等和自由的个体,只要他对自身价值的追求不损害到与他同样平等自由的别人的利益,他的行为就无可挑剔。这是自然状态下和谐社会的理想。但实际上由于人的动物属性,他很容易因利益、贪婪、情爱、虚荣、生存需要等等缘由侵夺别人或被侵夺。一旦这一现象发生,人类就进入了"战争状态",自身的生命财产等权益就得不到保障。不论是谁,不管多么强大,都有可能被攻击。为了较长久地保护自己的生命和财产,人们选择了"公共体"(集体),制定一套奖惩的法规,保护生命、财产权不受任意侵犯。为了这个目的,人们自愿放弃一些在"自然状态"应该属于自己的权益,如完全自由、不从属于任何人、不必尊崇任何法律等,进入"共同体状态"(公民状态)成为社会人。至此,完全自由的个体就已经不存在了,也就是说,微观经济学里假设的纯"个人利益"和"自由选择"已经被放弃。在现代社会,人们已经选择或被迫放弃他在自然状态下拥有的绝对选择权,接受了共同体的保护和法则。他们所能做的就是追求这些法则的公平、公正、清廉和有效执行。人们常以为,对私有产权的保护是一个经济概念,为的是效率和效益。殊不知,它更重要的是一个政治概念,保护的是生命的权利和尊严。洛克的《政府论》写于英国光荣革命(1668 年)前十年,被认为是光荣革命的宣言;而现代经济学的鼻祖亚

① I. V. Sawhill and J. L. Palmer, *Changing Domestic Priorities Project*, Washington: Urban Institute Press, 1982.

当·斯密的《国富论》成书于 1775 年,他的"放任自由市场"理论是对洛克自由主义的继承。这一理论建立在已有的共同体(政府)的各项法则的基础之上,受制于"共同体"利益的制约。亚当·斯密在 1759 年出版的《道德情操论》一书中就提到了公共利益的问题。在亚当·斯密的市场里,个人已经是"社会人"而不是"自然人"。亚当·斯密说得非常清楚,没有政府的保护,纯意义上的市场一天也存在不下去。这就是著名的市场失灵学说。这一学说认为,只有在市场失灵时,政府才对市场进行干预。洛克和斯密的理论都是建立在"共同体"的基础概念之上的,承认了大"公"的存在和个体为了寻求政治保护(第一位和核心的)与经济利益(第二位和非核心的)而对个人权利的部分放弃。在社会哲学的世界里,康德以唯心主义抽象的"绝对命令"来界定公共利益的准则——"按大家都能接受的准则行为"(Act only according to that maxim whereby you can at the same time will that it should become a universal law)①,很有"己所不为,勿施于人"的意味。他认为,人类社会如果要和平共存,一定要遵从这样的最高信条;维护这样的信条就是维护公共利益。中国传统智慧里的"杀人偿命"和这一信条异曲同工。但这一最高信条——现代自由主义国家的合法性的核心——是抽象推理而不是依靠按照私利来进行公共决策的选择而获得的。公共选择理论作为微观管理理论有它的独到之处,但作为国家理论就找不到国家的核心价值观。因为,多数人的利益和少数人的利益、强势集团的利益和弱势集团的利益总是矛盾的。强势集团的利益必然要由弱势群体来做铺垫,就此,笔者之一蓝志勇与奥斯特罗姆夫妇当面讨论过,他们也承认这还是没有解决的问题。社区是可以多中心的,但县政府、州政府或中央政府以什么标准立法呢?西方自由主义利用利益集团来推动民主,但利益集团的力量随着现代工业集团和金融财团的壮大而壮大,制衡越来越少。只要少数大财团达成内部协议,就可以操纵国家政治命脉,侵夺大众的利益。这一点在罗义的《自由的终结》一书中有清楚的描述。传统自由主义国家用资本和市场来管理经济,用道德和理想主义很强的议会政治来管理政治和对市场失灵进行制衡。当道德被腐蚀,政治运作市场化以后,用什么方法来制衡利益集团操纵的政治腐败呢?

如果说公共利益的核心是人的平等权利,那么,当社会贫富悬殊大

① I. Kant, *Grounding for the Metaphysics of Morals*, Hackett, 1993, p. 30.

到富人可以用几百万、几千万来购买穷人的器官或生命时,什么是政治的合理性呢? 所以说,公共选择学派试图以微观的思想、方法和手段来替代宏观的国家治理理论,至少到目前为止还没有成功。利益集团政治、里根改革和小布什政府的市场型政府改革导致大利益团体侵吞社会财富,都从不同的侧面佐证了这个结论。卢梭对传统自由主义中的个人主义也是颇有微词的。他认为,启蒙所带来的个人主义和自私自利等堕落道德观,激发了竞争、等级、嫉妒及其他邪恶冲动,全体人民都将因此堕入悲惨的深渊。卢梭希望通过达成社会契约的方式来实现善治。卡尔·马克思沿着卢梭的道路走得更远,他指出阶级斗争和无产阶级专政是取得善治的唯一途径。功利主义哲学家约翰·密尔相信,理性终究会超越偏见,只要官僚制坚持理性和宽容,取民主决策机制,那么自由还是能够实现的。

里根代表保守的传统自由主义,但时过境迁,他没有与时俱进。传统自由主义是中产阶级向封建皇权要权力,弱势的个体抗衡强大的皇权。而现代利益集团自由主义却是强大的社会利益集团向民主立宪(更准确的是共和立宪)的国家争夺权力。联邦文献起草人麦迪逊曾认为众多利益集团的存在,可以互相制衡。而现代大规模企业、行业的存在,使利益集团开始集中在少数有影响的大财团手中,多数的小利益集团的影响力被围堵。如果私利优先,制衡就应该是一个关键问题,公共选择理论在这方面偏偏是缺项。

3. 新公共管理

与美国的里根改革同时进行,有相似之处但又不完全相同的是英国撒切尔夫人的政府改革。这场改革后来也波及英联邦的不少国家,包括新西兰和澳大利亚,并在一定程度上影响了克林顿政府的改革。经过学者们后来的追加描述,进一步论证和丰富,这场改革被冠名为"新公共管理"改革。在这以后的理论探索也往往以此为新的发力点。严格说来,新公共管理并不是一个理论或一种学说,而是一种思潮在公共管理领域的体现。用它的原始命名者胡德的话来说,这是一个为方便起见而做的标签。①

在英国,撒切尔夫人领导的改革似乎更注重政府的运作。他们一

---

① C. A. Hood,"Public Management For All Seasons",*Public Administration*,Vol. 69,No. 1,1969,pp. 3-19.

方面将国有企业（如铁路）私有化，另一方面强调政府管理中的"三 E"（economy，effectiveness and efficiency，即经济、效率和效益）。这一运动注重管理主义，注重业绩评估和效率，注重用市场或准市场的方法来改造政府业务部门的运作，用限期合同、节约开支、确定工作目标、金钱奖励以及更大的管理自由度等方法来加强政府工作的竞争性。① 胡德还将新公共管理归纳为七点：(1)注重让专业管理人员实际操作。这就是说，让管理人员来管理（即让经理人员来经营），注意责权相配。(2)应该注重明确的业绩评估的标准和测量方法。这就需要明确标准，设置业绩目标。(3)更重视对结果的控制。资源被直接用到可以进行业绩评估的领域，强调结果而不是过程。(4)将公共领域的各单元分割得更小，创造可控制的单元，以便得到跟公共领域或私营领域比起来都有利的效益规模。(5)向公共管理领域内更强烈的竞争的方向变化。比如说更多地使用定期合同和公共程序监督，用竞争降低成本，提高业绩标准。(6)强调在管理实践中使用私营企业的风格和方法。逐渐脱离军事化的公共服务道德标准，使用灵活雇工和灵活奖赏的方式。(7)强调在资源使用方面更强的原则性和节约性。限制企业在执行公共政策法规方面的花费；限制公共部门的资源需求，用更少的钱办更多的事。

到 20 世纪 80 年代中期，英国的"经济社会研究院政府和法律委员会"发动和资助了一个经费达 35 万英镑，历时三年之久的大型研究活动，探讨撒切尔夫人改革对政府管理系统的影响。英国公共行政杂志社邀请伦敦大学的行政学家胡德领衔捉刀，将英国的改革放在全球的视野下来讨论。这些研究人员就用"新公共管理"这个词将收集到的改革思路和特点表述出来。这些研究结果发表在 1991 年春季的英国皇家公共行政研究院的杂志《公共管理》上。不同的研究人员研究的重点各不一样，但基本的结论是：高层的政治支持是保持公共管理改革势头的关键；在改革中，大家往往下意识地认为好的管理就是节约经费的同义词；改革后实质性的变化其实不大；尽管叫得很响，大不列颠政府的管理革命实际是建立在很脆弱的基础之上的。这就是新公共管理最初的研究队伍对撒切尔夫人改革的基本认识。他们的结论是，改革的理论渊源出于不同门派，改革的结果成败参半。新公共管理改革的意图是推行小政府，提高政府工作效率，提高公众对政府的信任。但在改革

① R. A. W. Rhodes，"The New Public Management"，*Public Administration*，Vol. 69，No. 1，1991.

过程中,为求小而小,为私有化而私有化,不顾实际社会工作的需要,给后来的政府工作留下了巨大的隐患。比如,撒切尔夫人的私有化改革,把英国铁路私有化得七零八落;铁路运行分段和与车站管理分家,降低了管理效益。

1993 年克林顿政府上台,推动重塑政府改革,成立了由副总统戈尔领导的国家绩效评估委员会。他们提出要削减不必要的经费、为顾客服务、增加雇员的能力、帮助社区解决自己的问题、创立工作目标、更多地掌舵而不是划船、授权和分解责任、用激励来替代规制、用成绩来决定财政分配、竞争政府、用市场方法而非行政方法来解决问题、用顾客满意度来衡量成就。[①] 这些改革措施,不同于里根对政府釜底抽薪的改革方法,反而在不少方面加强了政府支出(如公共安全和福利)。他们提出了一些美国地方政府过去成功使用过的创新方法(如竞争政府),这一改革也被后来的部分学者认为是新公共管理改革。[②] 这些措施与撒切尔夫人的改革倒有相似之处。至于这些措施也被认为是新公共管理的组成部分,和新公共管理在美国成为人人都知道的词,是 20 世纪 90 年代后期的事。当时发表的文章,大多也是对其进行批评的。

克林顿政府的国家绩效评估委员会的改革目标是帮助政府提高绩效和对人民显示政府工作业绩,以提高人民对政府的信任。这两个目标,经过美国学者论证,认为都没有达到。原因在下面的讨论中还会提到。

新公共管理改革叫得最响的是新西兰,在澳大利亚也有不少举措。但根据胡德等学者的最近评估,他们的改革效果也是不佳的。[③]

由于行政改革的潮流是世界性的,胡德也尽力找出一些世界潮流性的改革共性。这些共性包括:减少或降低政府公共开支和人员数目;尽可能私有化或半私有化;争取用信息技术来提高自动化,达到改善公共服务的目的;注重国际趋势和国际行政管理改革的经验。胡德也尝

---

① A. Gore, "National Performance Review Report" (2006), http://govinfo. library. unt. edu/npr/library/papers/bkgrd/nprtoc. html.

② 美国凤凰城从 1979 年开始试验和实行竞争政府措施,到 1992 年时已有十多年的历史。

③ D. F. Kettl, "The Transformation of Governance: Globalization, Devolution, and the Role of Government", *Public Administration Review*, Vol. 60, No. 6, 2000, pp. 488-495; C. Hood et al., *Controlling Modern Government: Variety, Commonality and Change*, Northampton: Edwar Edgar Publishing, Inc., 2004.

· 当代西方公共管理前沿理论述评 ·

试将制度经济学、公共选择理论、委托代理理论、私有化理论、博弈论等归到新公共管理的范畴。但从实践来看,里根政府的改革是釜底抽薪,使政府瘫痪,激活市场;撒切尔政府一方面推行私有化,一方面搞评估;而克林顿政府注重业绩评估,强调要以业绩评估改革政府,提高效率,提高公民信任度。他们的改革目标是十分不一样的。新公共管理注重的效率、效益是传统公共管理的价值观;它注重的绩效评估,在过去的科学管理法、目标管理法、质量管理、项目预算管理法中都有过;它注重的管理主义(Managerialism)和强调责权一致,扩大了管理权限,是政治与行政两分法和首长责任制思想的继续;它的分权思想是联邦主义的内核;它的私有化思想,是西方市场经济的传统;它认为公共管理可以无条件地向私营管理借鉴方法,是反复受到过质疑的通用管理主义(公私一体论)的翻版。① 美国著名的公共组织问题专家赫尔·雷尼(Hal Rainey)与合作者写过一个比较政府与私营企业管理的名篇,其中提到政府与企业的区别有三大类:(1)在环境因素方面,政府组织较少具有市场环境的压力,更多受到法律条文的约束,受政治因素影响很大。(2)在组织与环境的关系方面,政府组织的决策有垄断性、强制性和影响的广泛性。同时,也更受到公众的监督,面对更广泛的公众期望。(3)组织目标、内部管理机制、管理程序和对人员素质的要求也非常不同。在目标方面,公共组织部门具有多元性,管理程序更制度化和官僚化,奖励机制不同,人员素质要求也不一样。② 其中,目标的不同和目标的难以测量,决定了管理方法的不同。比如说,在目标方面,除了利润、产品质量、健康程度、社会服务效果、环保因素、工作机会等等,都是十分重要的业绩指标,不是光从利润的角度就可评估的。再如,政府鼓励中小企业发展,其目的显然不是为了提高生产力,而是为了解决民间闲散劳动力的就业问题,给人以劳动贡献的机会和做人的尊严。

---

① 通用管理主义的基本观念是,管理的主要任务是用一些方法来实现管理的目标,虽然企业和政府的目标可能不同,但他们用来达到目的的方法常常十分相似。但批评者完全不同意这一观念,认为企业的底线是利润,就这一条就可以完全将企业一些好的方面,如产品、服务和提供工作机会等等扭曲或降格。政府部门重视的是政治结果,各利益团体的协调和妥协,需要得到绝大多数人的支持。并且,政府产品与企业产品完全不具备可比性。将政府与企业相比就如将橘子与苹果相比,不是一类的水果。

② H. G. Rainey et al., "Comparing Public and Private Organization", J. L. Perry and K. L. Kraemer, *Public Management*: *Public Private Perspectives*, CaliPalo Alto: Mayfield Publishing Company, 1983, pp. 93-108.

要从效率和效益的角度来看,资本密集型的大工业和高技术产业可以用人少,产出高,投资效益更显著。还有,许多公共产品,如国防、外事、环保等等都是花钱不易见直接效益但又是社会正常运转不可或缺的。因为这些原因,有的学者如哈佛大学的著名学者埃里逊(Alison)就说,"公共管理与私营管理基本上在不重要的地方有相似的,而在所有最重要最关键的地方都是不一样的"①。在新西兰,人们偏重公共选择、交易成本和委托代理的提法;在英国和澳大利亚,人们偏重管理主义;在美国,里根偏重前者,克林顿偏重后者。如果一定要说这是自成一家的理论,那么一定会让学习这一理论的人越理越乱,莫衷一是。所以说,一定要说新公共管理是一个理论,那么这个理论的问题就是:在渊源上出自不同学派,在实践上被偷梁换柱,在逻辑上自相矛盾,在作为国家理论的前景上一窍不通。在阐述、引进甚至推动了新公共管理理论一段时间后,美国著名学者克托自己也作出了结论。克托把新公共管理的实践分成三组:轻微修改型(法、德)、渐进型(美)和大刀阔斧型(新西兰等)。看起来,它们的核心都在寻求对政府的绩效评估。但归根到底,新公共管理的改革并不是一个管理改革,它是有政治目的的。②

在公共管理学界,一直都存在对公共选择学派的异议。在公共选择学派的诞生地——布坎南的公共选择研究中心所处的弗吉尼亚的黑堡城(弗吉尼亚多种技术大学),就有一批主张公共利益的学者,他们继承了新公共行政的大旗,发出了著名的"黑堡宣言"(Blacksburg Manefesto),要用服务于公共利益的理念重建美国的公共管理。新公共行政(New Public Administration)缘于 20 世纪 70 年代初。当时的一批青年公共管理学者由雪城大学的麦克斯韦尔学院组织,在那里的明纳布洛克会议中心开会,提出了新公共行政的口号,强调积极、爱心、推动民权和民主的积极干预政府。③ 这一派的思想,成为后来"黑堡宣言"的核心理念,也是后来新公共服务讨论的理念基础。

"黑堡宣言"是由华姆斯利(Wamsley)等著名公共管理学者起草的。宣言首先出现在 1983 年美国公共管理学会年会上,1984 年出版,

① J. L. Perry and K. L. Kraemer, *Public Management*: *Public Private Perspectives*, CaliPalo Alto: Mayfield Publishing Company, 1983.

② D. F. Kettl, *The Global Public Management Revolution*, Washington: Brookings Institution Press, 2005.

③ F. Marini, *Toward a New Public Administration*: *the Minnowbrook Perspective*, Scranton: Chandler Pub. Co., 1971.

1990 年由华姆斯利等主编为《重建美国民主公共管理》一书。① 它的目的是反对里根改革时代对政府官员的鞭挞和缓解不断高涨的反政府情绪,也是对公共选择学派的批评。这些学者认为,政府的职能机构是根据宪法精神由宪法规定并通过社会契约赋予权力、代表最高公共利益的权力机构;是社会学习、技术标准、实践智慧的汇集点;是反映宪法原则、提供公众对话、开发政策意图和方向的最佳场所。公共管理人员,作为对宪法宣誓、有公共服务精神的公务人员,从他们的公民道德、职业标准、管理专业知识和经验中获得领导的合法性,是民主管理和民主政治的中坚。他们带领人民探讨和寻求公共利益的最大化。他们认为,公共管理是一项崇高的职业——一项为同胞公民服务的道德实体,而不只是一个经营工具。20 世纪初的传统公共管理建立在效率、效益的工具理性之上,是错误的。新的公共行政必须建立在遵从宪法精神的公共服务的道德基础之上,公共管理人员带领积极的和赋予了权力的人民共同寻求公共利益,管理国家。

亚利桑那州立大学的登哈特教授夫妇于 2000 年在美国《公共管理评论》上发表了一篇文章,后来又写成书出版,核心观点也是批评新公共管理学派以私利为基础的行政改革,表达的是黑堡思想的理念。他们对服务的定义是:谈判和交易公平,社团之间的利益,创造共有的价值观念。1999 年,布鲁金斯研究员、美国纽约大学教授保尔·赖特也写了一本同名的书,叫《新公共服务》,猛烈抨击了始于里根的联邦政府管理改革。他认为政府正在输掉与私营机构的人才争夺战,政府雇员招聘制度冗长琐碎,无法与私营企业相比;政府业绩评估制度虚浮,使得每一个雇员都得到近似优秀的评价;政府工作程序如此复杂、不合理和无意义,没有充满挑战和有趣的工作给优秀的雇员。但事实上,从 20 世纪 60 年代开始,联邦政府就基本上没有作为。在后来公司也减员的情况下,当然也不可能再有发展。过去那种以政府为中心的公共服务已经风光不再,替代兴起的是多中心(政府、企业和第三部门)共同合作的公共服务。他给了政府两个选择:一是继续在无为的道路上下滑,使得员工素质越来越低;二是在政府内建立一种有作为、有挑战、能够吸引优秀人才的职业道路,迎接新公共服务人才的挑战。②

新公共行政和新公共服务是对公共选择和新公共管理学派的批

① G. L. Wamsley,"Refounding Public Administration", *The Encyclopedia of Public Policy and Administration*, 1990, p. 200.

② P. C. Light, *The New Public Service*, Brookings Institution Press, 1999, p. 110.

判。他们在西方国家也有非常深远的历史渊源。新公共行政提倡利他、福利、民权和积极政府,是美国约翰逊时代"伟大社会"思潮的延续,在基督教精神、乌托邦和欧洲民主社会主义思想中都能找到根源。哲学上,黑堡学派的道德政府的根源可以追溯到亚里士多德时代和康德的思想。他们的核心成员之一罗尔(Rhor)就是宪法学派成员。他们的优势在于,道德国家符合自由主义单一政府中心的思想,宪法原则有序可循;也正面承认社会科层结构的存在和功能(智者和领导人指引方向,协调合作和治理),追求用道德、法律、公共职务职责来约束公共领导人。虽说他们也没有最终解决公共利益的定义问题,但他们认为它是存在的,而这种存在就是国家的基础。这一学派的弱点是,理想化的境界虽然是人类孜孜以求的,但在操作过程中权力的力量使得理想型的政府一再被腐蚀,领袖人物一再率先出问题。特别是在政体过大、公民监督不够、制衡不力的时代,理想的理论总是变成了灰色,而赤裸裸的私利追求却获得满堂喝彩。在公共利益的讨论上,美国著名公共管理学家伯茨曼在《公共管理评论》上发表了一篇新作,尝试用公共利益失灵而不是市场失灵的方法来确定政府工作的目标,非常具有新意,值得学界的关注。①

4. 治理理论

治理理论是近年来越来越受到重视的理论。按照词典上的标准定义,治理一般用来指代统治和控制。麦科迪(McCurdy)曾把公共管理学称为治理之道,一门致力于寻找管理政府和公共事务之最佳途径的学问。缪勒把治理定义为"关注制度的内在本质和目标,推动社会整合和认同,强调组织的适用性、延续性及服务性职能。治理包括掌控战略方向、协调社会经济和文化环境、有效利用资源、防止外部性、以服务顾客为宗旨等内容"②。

治理的提法缘于世界银行专家对发展中国家挪用国际援助款、腐败等问题而提出的对策。但大规模政府改革的不成功,使得越来越多的学者加入治理的讨论。治理理论提出,国家的管理既不能私有,又不能放任;既不能由官僚机构一言堂,又不能让大的利益集团操纵;用减

① B. Bozeman,"Public Value Failure: When Efficient Market May Not Do", *Public Administration Review*, Vol. 62, No. 2, 2002, pp. 145-161.

② R. K. Mueller, "Changes in the Wind in Corporate Governance", *Journal of Business Strategy*, 1981 (Spring), p. 9.

当代西方公共管理前沿理论述评

税的方法限制政府支出,寻求第三部门的参与。但第三部门又往往没有政府的社会权力、大规模的公共资源和多种的管理能力,因此就需要私营部门、第三部门和政府部门协作努力,寻求用网络管理的方法,来迎接新的挑战。世界银行的许多学者参与并推动了近些年对治理的研究,他们把治理界定为公平而有效的惯例和组织制度,基于治理国家权威能够有效地服务于公共福祉。他们甚至制定了一套衡量治理的指标,如:良好的问责能力,对公民的服务要求的回应能力,管理创新能力,公私部门的协作能力,分权管理,网络管理,人力资源管理,等等。①

事实上,历史上的统治活动都可以被认为是治理:(1)前现代权威型治理,例如封建领主制和奴隶制;(2)前现代民主治理理想,其目的是维护公共利益,承担更高的道德目的;(3)马基雅维利型治理,关注君臣关系,主张用铁血手段维护秩序;(4)自由利益集团治理(启蒙治理哲学),强调所有个体和社会力量之间长期互动和相互影响,保障个人利益和财产权利;(5)官僚型治理,遵循法律和道德激励的方式来设计制度、推崇信任,一些启蒙思想家和理性社会精英持此观点。而最新提出的更高水平的治理模式——高效、民主、道德、人性化的治理,希望摆脱传统官僚的方法,用社会参与和治理网络来达到。在东方社会被传统的人际关系网络缠绕和压抑,负重不堪,意图靠科学的现代管理原则突破重围走向现代化管理格局的时候,西方社会却绕了一个大大的弯子,回过头来想依靠隐含在网络方法中的合作和制衡力量,寻求人类善治理想的突破,也可以算是一个理论上的回归。② 不同之点在于,现代信息技术的突破,可能成为新网络管理具有突破意义的重要工具。这个问题牵涉制度、历史和技术的许多方面,既不能是技术决定论,又不能忽略核心技术改变历史的力量。对此需要专文探讨。

四、总结

本文对近年来风行西方公共管理领域的几个主要理论流派进行了梳理,重点评述了影响西方公共管理改革三十年的新公共管理思潮。

① Methad,"Urban Governance:Lessons from Best Practices in Asia", in *UMP-Asia Occasional Paper No.* 40. 1998.

② L. J. O'Toole,"Treating Networks Seriously:Practical and Research-based Agendas in Public Administration", *Public Administration Review*, No. 57, 1997, pp. 45-52; M. Mcguire,"Managing Networks:Propositions on What Managers Do and Why They Do It", *Public Administration Review*, Vol. 62, 2002, pp. 599-609.

这几个学派相关又不尽相同,与西方思想界都有着十分深厚的渊源。到目前为止,它们还是呈互补状态,反映不同思想阵营和不同理论的博弈,并没有达到能够相互替代的程度。但对这些理论的梳理和他们在西方改革实践中的作用,对中国现阶段的发展和公共管理改革有着重要的启示作用。

(1)西方的自由主义思想和西方早期的以行政效率为目标的政府设计,显示出政府理念和管理机制是人类的创造。它不是一成不变和历史的必然,而是革命、知识,机遇、思想领导和历史的产物,也可能是人类的优秀分子为改变自己的生活和自身与社会和环境而进行的制度设计,或许还可能是反历史传统的结果;西方也有很长时间的封建皇权和教权统治。西方思想家和改革者对管理机制的改革,多派思潮并存,敢想敢干,大胆泼辣又不乏程序理念,使得改革既激烈又和平,让历史和时间对是非一一作答。

(2)公共选择理论虽然不够成熟,却符合了时代的政治需要,因而登堂入室成了过去近三十年政府改革的急先锋。但它只能在微观的层面阐述问题,而不能成为国家的理论栋梁。"理性经济人"提供了一个分析能力很强的观察问题的方法,但它并不是人类理性的全部。用新的分析方法来解释过去没能有效解释的现象是它的长处,但路径替代了政府管理的目标,以私利为准绳来设计所有政府的管理方法和程序,一是没有达到目的,二是侵害了现代民主国家的人性、人权、人生、公正、平等和尊严的民主社会的目标。美国二十多年改革造成的巨大贫富差距和大多数老百姓长期不见的收入增长,还有 2006 年美国共和党中期选举的失败,其实都说明了私有化改革的不成功。对于国家制度设计的理论,需要慎之又慎,也需要发动大规模公开论证,兼听则明。在公共选择学派重要发源地的弗吉尼亚,就有不同的学派共同存在。公共选择学派还是非主流学派,但公共选择学派预见到了改革的需要,并较早涉及改革问题的研究,在各个领域得到了支持。一个优秀的理论学派没有相当的思想和学术群体,实践功能就会受到限制。凯恩斯主义的胜利,使经济学成为显学,到 20 世纪 60 年代后,庞大的经济学家队伍开始进入政治科学,被西蒙称为"经济学对政治学的殖民",其进攻的武器就是数学工具。而数学又是在科学时代成长起来的强大基础科学,它的发展,使它成为现代经济学的主宰。这个现象从正反两个方面说明:第一,从学科发展来说,掌握最先进的科学工具,是占领学术高地的必要发展条件;第二,从国家政策和科学发展过程中追求真理、全面受惠于人类学识积累的需要来说,需要学科的平衡发展。赶潮流就会顾此失彼,给社会和科学造成损失。

（3）最新的不一定是最对的或最好的。公共选择理论比传统官僚理论要新,但英国、德国、法国、美国,包括日本的发展,都不是全靠自发市场而是在国家管理条件下的"市场竞争"的结果。在其工业化和城市化的历史中,公共决策、政府规制和干预都起了重大的作用。自20世纪80年代以来,西方国家的保守势力对罗斯福和凯恩斯主义以来的大政府有一个强烈的反弹,是矫枉过正的力量。如果我们在学习过程中认为这就是西方历史的全部和西方发达的原因,并用来指导中国的改革和制度设计,就是管窥蠡测,会贻害一方。即便在西方世界致力于市场改革的时候,他们还是十分重视国家竞争力的讨论,用议会拨款和公共政策的力量介入国家竞争力的维护和发展。

（4）公共管理的公共核心不可或缺。传统自由主义有非常理想化和非常务实的两面性。传统自由主义的国家用理想型的道德观来制约资本和私利驱动下的市场,因而有了国家的宪法精神。在市场力量过强、道德力量减弱的时候,公民的权利就会受到侵犯,平等的利益就会被践踏。西方近三十年的改革结果,对此提供了不少有说服力的注脚。

（5）人类对自由主义的追求和向往是顽强和不计成本的。新公共管理与其说是有关效率和效益的改革,不如说是有关分权、市场和制衡的价值追求。军队的建制用行政官僚的体系而不用其他,企业在成功以后就兼并,用官僚的方法而不是市场的方法来进行管理,从一个侧面说明了官僚体制的管理效率。但由于官僚体制可能造成的对自由的剥夺,使得许许多多有识之士穷毕生的精力来改革官僚。布什政府用高于公共财政的支出,来雇用第三部门为政府服务,以达到政府减员的目的就是这其中的一个极端的表现。到目前为止,人类还没有找到有效管理官僚机制的办法。市场的吸引之处在于它能容忍的自由度。但在垄断条件下的现代市场,又使不少人对市场又爱又恨。如何运用好官僚机制、市场机制和非营利机制,使治理既高效、又民主和自由,是未有穷期的改革。公共选择学派提出传统官僚不符合自由主义的诉求的问题,新公共管理尝试要解决传统官僚低效的问题,都还没有解决。新公共行政、新公共服务或是治理理论提出的道德理想也还没有实现。如何设计出有挑战性、有成就感、有道德力量和能够获得社会尊重的公共服务工作,吸引更多的优秀和创新人才参与公共管理体系的设计和运行,是提高社会整体文明、自由、繁荣与和谐水平的关键。

公共政策的缺失与当前世界性经济危机①

一、次贷危机引起了世界性经济危机

美国次贷危机从 2007 年初期就开始蔓延,不少基金、借贷公司及银行宣布倒闭。到 2008 年 9 月,危机大规模爆发,开始引起世界性的同期经济危机。下面的一些大事记,记录了这个过程。

2008 年 3 月,美国第五大投资银行贝尔斯登因濒临破产而被摩根大通公司(Goldman Sachs,J. P. Morgan)收购。9 月 7 日,美国政府接管房利美(Fannie Mae)和房地美(Freddie Mac)两家由美国政府担保的全美最大的按揭贷款公司,这两个公司共持有或承保住房按揭债务达 5.2 万亿美元,占全国总量约一半,相当于美国 GDP 的 40%。此外,"两房"发行债券达数万亿美元,其中万余亿美元由海外投资者持有,包括许多外国央行,中国也是大户之一。通过接管,政府承接了"两房"超过 5 万亿美元的房贷债权。9 月 11 日,美

---

① 本文原载于《公共管理学报》2009 年第 1 期。

国百年金融巨擘、有 158 年历史的第四大投资银行雷曼兄弟(Lehman Brothers)积极寻求买主的消息披露,股价跌落 45%;9 月 14 日,雷曼兄弟与买主美国银行和美林证券公司的收购谈判失败,美国政府拒绝提供收购担保,这两家潜在的收购者宣布放弃;雷曼兄弟在 15 日宣告破产,债务为 6130 亿美元。9 月 15 日,美国第三大投资银行美林证券被美国银行以近 440 亿美元收购。半年内,华尔街排名前五名的投资银行垮掉了三家。美国媒体以"流血的星期一"和金融海啸为题进行了报道。

2008 年 9 月 16 日,恐慌的美国政府宣布用 850 亿美元应急贷款拯救美国最大的投资保险公司——美国国际保险集团(AIG)。给各种投资银行担保高达 4400 多亿美元的信用违约保险费是这一保险集团陷入危机的直接导火索。通过注资,政府相当于承担了这一公司 80% 的金融责任。后来又追加了 550 亿美元。

2008 年 9 月 19 日,在财政部长保尔森(Paulson)的要求下,布什政府提出用 7000 亿美元救市。最初推出的方案是,美国财政部通过发债募集 7000 亿美元用于购买银行体系内的不良资产,通过增加需求稳定市场价格、恢复市场信心。后来,美国财政部在 11 月 12 日宣布,对 7000 亿美元政府救市资金的使用方向做出重大调整,政府资金不按照原计划被用来购买不良资产,而是直接投放到金融市场中,稳定并重振信贷市场——先不管金融资产的质量如何,只要价格缩水严重,就进行干预,把资产价格托起来再说。①

2008 年 9 月 21 日,高盛和摩根大通两家仅存的华尔街大投资公司经联邦政府批准改为控股银行。至此,美国华尔街的五大专业投资银行全部消失或变性。

2008 年 9 月 26 日,华盛顿互助借贷银行破产,损失财产金额高达 3070 亿美元。

2008 年 10 月 8 日,英国政府在过去宣布向银行注资 500 亿英镑之后,又在当天下午的议会上宣布要动用多达 5000 亿英镑资金来维持金融稳定。财政部长宣布,英国政府将分三步来恢复银行体系的信心:首先,提供足够的流动性;其次,补充银行机构的资本金;再次,为银行间借贷市场提供担保。

---

① 任白明:《4 万亿 vs 7000 亿中美救市:貌似而神不同》,(2008—11—17),http://www.cnstock.com。

2008 年 10 月 23 日,美国政府斥资 400 亿美元解救购房人。同日,美联储承诺提供 5400 亿美元,用于购买货币市场共同基金手里的短期债务,保护共同基金的稳定性,增加美国货币市场流动性。一年前,美联储共有 8500 亿美元资产,大多数都是美国国债。现在美联储共有超过 1.7 万亿美元资产,其中大多数都是银行和其他需要现金的金融机构的贷款和承诺……

美国联邦储备委员会前主席艾伦·格林斯潘说,美国正陷入"百年一遇"的金融危机中。在这次金融危机中,许多中小银行破产,联邦存款保险公司(FDIC)还列出逾百家濒危银行,予以密切监视并准备接管。①

这个危机不仅仅发生在美国,它还向全世界蔓延。

2008 年 9 月 16—17 日,日本银行通过公开市场操作向短期金融市场注资 3.5 万亿日元;同期,俄罗斯紧急向金融市场注资 4750 亿卢布;10 月 7 日,在名义金融资产高达实体经济的 800 倍后,泡沫终于破裂,金融业一度高度发达的小国冰岛宣布面临破产,向俄罗斯借贷渡过难关;10 月 12 日,欧元区 15 个成员国在巴黎举行首次欧元区峰会,会上通过了一项行动计划——同意由各国政府为银行再融资提供担保,并向银行注资;第二天德国政府拿出 5000 亿欧元救市;英国宣布救市方案,将动用 5000 亿英镑救市②;法国政府出资 3600 亿欧元救市。

2008 年 10 月 15 日,欧盟 27 个成员国的领导人又聚集在欧盟总部所在地布鲁塞尔。10 月 16 日,27 国原则上采纳了欧元区行动计划:欧盟各国政府承诺拿出总计 1.7 万亿欧元,用于支持欧盟成员国的银行和其他金融机构,由各国政府为金融机构新发行的中期债务提供担保;政府以购买优先股的方式向金融机构直接注资。

2008 年 10 月 17 日,乌克兰、匈牙利发生金融危机,向国际机构寻求支持。

中国也积极加入应对国际金融危机的行列。2008 年 11 月 9 日,国务院宣布将在两年内采取 10 项措施,投资 4 万亿元人民币(5860 亿美元),扩大内需,促进经济增长。

2008 年 11 月 15 日，二十国集团领导人金融市场和世界经济峰会在华盛顿举行，寻求解决目前这场金融危机的有效途径……

二、金融海啸的深层次原因

在这次全球性的金融海啸中，媒体开始从各个角度分析其原因。总括起来，列举的原因包括：市场和公众投资信心降低，克林顿政府"让人人有住房"从而放宽借贷条件的住房贷款政策，从格林斯潘开始的长期的刺激市场投资的低利率低通胀政策（克林顿和小布什政府都有份），华尔街的贪婪，等等。这些都可以算是原因，但在它们的后面，其实有着更深层次、大家不愿意提及或深究的原因。本文重点对其进行阐述。

1. 政府改革政策及其导向的失衡

20 世纪 80 年代以来的政府改革政策及其导向的失衡反映在政府改革矫枉过正，放松监管，放任和帮助强势群体对弱势群体的掠夺，造成社会不公，平民经济能力低下；政府为解决平民住房，刺激经济发展，又频出下策。市场和公共投资信心降低的原因，是市场和政府已经失信于民，这不是一朝一夕形成的，它与这些改革路线的失衡有关。

20 世纪 80 年代以来以撒切尔和里根为首的、激进的私有化改革，本是为回应 20 世纪 40 年代以来（罗斯福新政为代表），大政府逐渐变得臃肿和低效的改革诉求而进行的。但改革在打压政府对企业的监管、减少政府规制、无原则相信市场能力方面走得过远。这一强大的改革浪潮，在激进的保守党人（Radical Conservatists）的推波助澜之下，打破了新政以来社会与市场互动的基本平衡。他们推崇以私利为上，认为政府越小越好，市场万能，相信经济收益会自动流淌给贫困阶层，却忽略了亚当·斯密当年提出"看不见的手"的思想时的时代背景和亚当·斯密对政府制衡市场重要前提的讨论，容忍收入贫富悬殊的巨大化，鼓励和追逐财富贪婪和巧取豪夺，社会良心失声。在舆论和利益的双重驱动下，许多优秀的学子被诱出公共决策部门和实业部门，成为帮助大资本家打压平民和圈钱的助手。

在规制改革方面，具体到金融监管规制改革，一个有直接关系的政策变化就是《格拉斯－斯蒂高尔法案》的取缔。《格拉斯－斯蒂高尔法案》（the Glass-Steagall Act of 1933）在 1933 年美国大萧条时代通过，它建立了联邦储备保险公司（The Federal Deposit Insurance Corporation，FDIC），将商业银行与投资银行分离开来，目的是防止商业储蓄银行用收集来的储蓄款进行金融投机。

这个法案在 20 世纪 80 年代受到了挑战。其中关于联邦储备银行可以限制储蓄利率的 Q 条款（Regulation Q），被 1980 年的《银行业规制减化与金融控制法案》（The Depository Institutions Deregulation and Monetary Control Act of 1980）所取缔。1982 年，国会又通过了《加恩-圣杰曼存储机构法》（The Garn-St. Germain Depository Institutions Act of 1982）。该法案是里根政府的杰作，全名是《通过加强住房借贷机构的稳定性和确保住宅贷款的提供来重新激活房产业法案》（An Act to revitalize the housing industry by strengthening the financial stability of home mortgage lending institutions and ensuring the availability of home mortgage loans）。为了刺激房产业的发展，这一法案废除了对储蓄和借贷行业的规制，允许了浮动贷款利率。这一法案是 20 世纪 80 年代后期震惊全美的林肯借贷腐败案的重要导火索之一。① 可惜的是，人们没有从那次的损失中吸取教训，而迎来了完全类似、但牵涉机构更多、规模更加巨大的金融风暴。

到 1999 年，有关禁止银行拥有其他金融公司的条款也被《格雷姆-里奇-比利雷法案》（The Gramm-Leach-Bililey Act）所取消。如果这些条款没被取消，许多商业银行属下就不会有投资分支机构，也不能用担保、债券等方法参与风险投资。金融风暴的损失就不会如此普遍，损失也会小得多，会仅限于投资银行业。一些报纸和杂志因而把这次金融风暴归咎于克林顿。当时的投票结果——法案在参议院是以 54 票（53 票共和党，1 票民主党）对 44 票（全部民主党）通过，在众议院以 343 票对 86 票通过，最后于 11 月 12 日由克林顿签字生效。不难看出，强大的以共和党为主导的意识形态浪潮和当时的公共政策困境，使克林顿政府为了实行自己的政治主张，不得不面对现实做出妥协。

为什么这样说呢？图 1 至图 5 反映的是美国的财产结构和 20 世纪 80 年代以来政府政策对社会的影响；这也是美国在保守主义思潮影响下，一系列保守的经济政策所导致的结果。在这一过程中，供给经济学、货币主义、激进市场主义（有人称为市场原教旨主义）在政府的税收政策、债务和赤字管理以及对市场的监管方面对国家的宏观经济管理全面出击，促成了财富向富人手上集中，国家借贷和赤字畸形膨胀，市

① 蓝志勇：《行政管理与现代社会》，广州：中山大学出版社 2003 年版。

场监管失却。

图1是财产分布情况,5%的人占有近58%的财产,10%的人占有70%的财产。图2是社会各阶层的收入增长率。在过去的二十多年里,高收入者的收入增长率高,而80%的普通工薪阶层的收入增长呈负值。图3显示了美国历届政府的债务情况,从1938年至今呈不断上涨的趋势,至今已经是债台高筑。图4显示公司主管收入增长与普通员工收入增长的情况。公司盈利增长率为106%,而公司总裁平均收入增长率在有所下降的2005年还高达近300%,普通员工的工资增长率为4.1%。图5显示,从1983年到1998年,底层40%人口的家庭财产总值下降了78.4%。

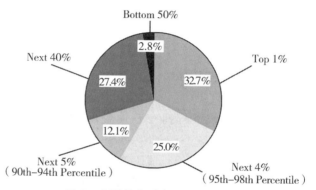

图1 美国社会财产分布(2001年)

注:2001年美国社会总资产为42.3892万亿美元。

资料来源:Arthur B. Kennickel, "A Rolling Tide: Change in the Distribution of Wealth in the U. S., 1989-2001", Table 10. (Leavy Economics Institute: November, 2003)。

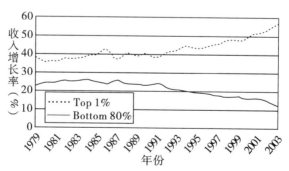

图2 高端收入阶层与低端收入阶层的资本收入剪刀差

资料来源:Shapiro, I., & Friedman, J. (2006), "New, Unnoticed CBO Data Show Capital Income Has Become Much More Concentrated at the Top",

Washington,D C:Center on Budget and Policy Priorities。

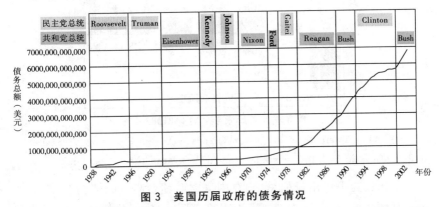

图3　美国历届政府的债务情况

资料来源：United States National Debt，An Analysis of the Presidents Who Are Responsible for the Borrowing，By Steve McGourty，http://www. cedarcomm. com/～stevelml/usdebt. htm。

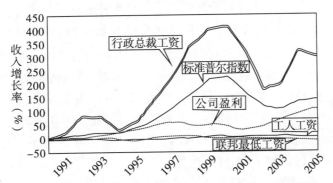

图4　行政总裁工资、标准普尔指数、公司盈利、工人工资和联邦最低工资的年度比较(1990—2005)

资料来源：Executive Excess 2006，the 13th Annual CEO Compensation Survey from the Institute for Policy Studies and United for a air Economy。

　　如果别的发展中国家(包括中国)没有给美国提供源源不断的廉价消费品,比如说,通过沃尔玛(Walmart)进入美国的廉价产品,美国人民的生活水平早就大大下降了。在这个问题上,世界经合组织(OECD)还出了报告,指出美国有劫贫济富的现象。

公共政策的缺失与当前世界性经济危机

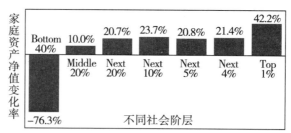

图 5　家庭收入平均水平的变化（1983—1998）

资料来源：Edward N. Wolff，"Recent Trends in Wealth Ownership，1983-1998"，April 2000，Table 3，http://www.levy.org/docs/wrkpap/papers/300.html。

　　克林顿为平民出身的总统，在国家财政债台高筑的情况下，为了解决无力购房者的困难，支持"两房"用低利息和在低信用度情况下给贫困家庭贷款，不够之处要靠市场解决，就需要靠次级贷款。没料想到又被失去社会公德的商家钻了空子。他们如何能钻到空子呢？这与缺乏掣肘的现代资本主义金融体系的内生性制度缺陷密切相关。

　　2. 现代资本主义金融体系的内生性制度缺陷和制衡政策的缺失

　　从一定的意义上讲，危机是市场经济的一个必然和经常发生的现象。市场经济的特点就是竞争、兼并、优胜劣败，通过危机，淘汰经营不善、不负责任或竞争力弱的企业。金融资本主义是资本主义市场经济的高级形式，在经过了小商品生产的竞争到行业垄断竞争之后，资本开始替代商品、技术、资源和土地成为控制生产和竞争的力量。在现代金融资本主义的体制中，经济结构的调整和改造屡屡是靠经济危机完成的。所以说，经济危机是资本主义制度的内生性疾病，若干年必有一次。已知的、世界同期性经济危机就有不少。自 1847 年爆发第一次世界性的经济危机后，有 1857 年、1866 年、1873 年、1882 年、1890 年、1900 年、1907 年、1920 年、1929 年、1937 年爆发的经济危机，欧美各个主要资本主义国家都一齐卷入。第二次世界大战以后，国家干预增大，只有 1957—1958 年、1973—1975 年、1980—1982 年有世界经济危机。除此之外，还有不少危机是先在一个地区出现，然后再慢慢影响到别的国家。比如说，亚洲金融危机对美国的影响较小，而且滞后。

　　市场运行的动力是利润。这个问题在马列的早期著作里有过丰富和深刻的讨论。马克思在《资本论》第 24 章第 7 节的注释中引用邓宁格的话说："一有适当的利润，资本就会非常胆壮起来。只要有百分之十的利润，它就会到处被人使用；有百分之二十，就会活泼起来；有百分之五十,就会引起积极的冒险;有百分之百,就会使人不顾一切法律;有百分之三百,就会使人不怕犯罪,甚至不怕绞首的危险。如果动乱和纷争会带来利润,它就会鼓励它们。走私和奴隶贸易就是证据。"①

正是资本的这个特质,使得现代资本家从商品拜物教转向货币或金钱拜物教。"昨天,资产者还被繁荣所陶醉,怀着启蒙的骄傲,宣称货币是空虚的幻想,只有商品才是货币。今天,他们在市场到处渲染,只有货币才是商品。他们的灵魂渴求货币这一唯一的财富,就像鹿渴求清水一样。"②

金融资本主义,特别是国家金融资本主义是资本主义发展的最高形式。它的基础是社会的高度资本化。一方面,资本成为生产力和技术发展的强大的动力,另一方面,它也把人的欲望推到了无以复加的地步。从资本原始积累的过程来看,它是以牺牲道德、挑战法律、蔑视人性为代价,充满着血腥和肮脏。在《资本论》中,马克思详尽剖析了资本主义原始资本积累的历史过程,指出:"如果按照奥琪尔说来,货币'是在一边脸上带着天生的血印来到世间的',那么,资本来到世间,就是从头到脚,每个毛孔都滴着血和肮脏的东西。"

正因为资本的这些特质,在现代资本主义发展过程中,基于反复的经验和教训,国家开始制定法律和规范,包括使用国家资本主义的制度形式,对资本进行监管、制约和调控。1933 年美国大型经济危机后出台的许多金融法规,虽然不够完善,但都是出于对历史教训的反思。这些经验和认识,在 20 世纪 80 年代以来的市场化改革过程中被轻易抛弃了。事实上,本世纪初以来一系列大规模的公司丑闻(Enron,Global-crossing,Tyco,World Com,Xero,等等)早就给政府管理者敲了警钟,是这次大危机的预警,只是没有引起决策层的重视,才使得次贷危机愈演愈烈,直至把许多大型金融机构和广大民众拖下水。

我们知道,传统上的商业银行,业务范围以存贷业务为主,风险不大,而投资银行则与商业银行不同,主要为资本市场服务,从事有价证券的投资。房地产、保险、金融是投资银行主要投资的板块。投资银行从商业银行拆借和通过有价证券的销售(股票、债券等)从投资者处集聚财富,借贷给需要资金的机构或个人。

---

① 赵刚:《被张冠李戴的"马克思名言"》,(2006),http://club.beelink.com.cn。
② 马克思:《资本论》第 1 卷,北京:人民出版社 1958 年版,第 839 页。

20世纪90年代以来,一个新的金融产品——次级贷款(Sub-prime Lending)开始风行。次贷与初级贷款(Prime Lending)的主要区别是,初级贷款是传统贷款模式,要求借贷者有相当的还款能力或借贷信誉,还需要大百分比的首付款(20%—30%)。次贷则放松了对信誉历史和首付款的要求,扩大了可能借贷的客户群,促进了金融流动。但由于收回借款的风险提高,条件是贷款利息增加,评估费用和贷款起始手续费提高,保险费用增加。

　　这一方法得到了克林顿政府的支持,鼓励次贷,目的是让穷人可以贷款买房,有自己的住房。过去穷人不能贷款买房,现在可以,但代价是要为贷款付出的手续费和利息更高。就是说,金融资本家要让过去不能买房的穷人以更高的利息和手续费来借钱。在实际操作中,贷款机构和代理人为了获取更高的利息和提成,鼓励和诱导有条件有初级贷款能力的人也拿次贷,使次贷市场迅速膨胀。国家在这个过程中推波助澜,联邦储备银行长期用低利率的政策,鼓励金融机构融资和向国家银行拆借。结果是,金融机构便宜借钱进来,却可以用次贷的方法高利贷出去,两头挣钱。后来的小布什政府由于反恐和战争的需要,也给格林斯潘施压,继续坚持低利率政策,使金融泡沫更加膨胀。

　　允许次贷的政策给金融机构增加了赢利的机会,也增加了风险。金融机构一方面发行次贷,另一方面将次贷打包,进行保险(Credit Default Swatp,CDS),将次贷的房地产权变成有价证券,在市场上炒作。要么作为抵押发行股票(Mortgage Backed Securities,MBS),要么转卖给别的公司炒作。一个本来就含有大量泡沫的资产被成倍甚至几十倍地炒作,在金融资产转手的过程中,经纪人获取交易暴利。

　　一段时间后,由于贷款人无力偿还住房抵押贷款,住房抵押贷款担保的有价证券急剧下跌。雷曼兄弟公司、美林公司等大型投行主营业务所受到的影响巨大,它们所持有的与住房抵押贷款相关的数额巨大的"泡沫资产"在短时间内价值暴跌,公司利润下降,发生了严重亏损,资不抵债,现金断流,陷入危机和宣告破产。

　　一般情况下,在公司现金流不够的时候,有商业银行、个人投资者,或兄弟金融机构注资维持运转,公司还不至于倒闭,但是这笔欠款实在太大,债滚债,没有谁再敢往债务无底洞里投钱了。谁敢借钱给债务累累、无力偿还的人呢?信心危机源于这些金融巨子超额滥用了人们对他们的信任。

这些大公司一方面在贪婪的驱使下，追求超额利润，没有自我约束；另一方面，使用环环相扣、交叉投资和互相保险的方法，一荣俱荣，一损俱损，直到逼着政府出面，用政府没有的钱来救市，最后将债务负担摊给全国、甚至别国的老百姓，这就是所谓的政府救市。可以说，是华尔街绑架了政府，绑架了美国人民。

政府在金融危机形成的过程中，"没有规制，没有监管，没有原则"（美国众议院议长 Pelosi Nancy 语：No Regulation，No Supervision，No Discipline），甚至还推波助澜，为公司的贪婪创造了机会。商家在这个过程中，没有自律，没有制衡，在超额利润的驱动下，甘冒天下之大不韪，不断冒险，抢夺超额利润。

3. 治理结构中的脆弱点

为什么政府没有作为呢？这就是我在此要提到的第三点，源于深藏在现代西方历史和文化渊源中的治理结构中的脆弱点。

风行过去三十年的鼓吹私利至上、私有化神圣和小政府优越的观念，是亚当·斯密以来的现代自由主义思想的核心价值观，是现代自由主义革命冲击封建皇权和教权，并取得胜利的思想基础。这一思潮有自己的历史局限性，加上一些大众媒体的片面宣传，形成一种文化传承的定式。在现代技术条件、企业组织和市场条件有了变化，传统上的自由市场完全竞争的条件也不复存在，这一文化传承的定式已经不适合社会的发展和平衡。如何突破传统，从观念上有所突破，是西方国家必须面对的问题。

传统自由经济和小政府的思想，反映在公共政策上，就是减少规制、减少政府干预和减税。在过去的一段时间内，美国政府的一些主要改革者不负责任，不讲收支平衡。一方面大事举债，进行军备竞赛和侵略战争，把沉重的负担摊给美国民众；另一方面却在国家需要更大的财政支持的情况下，从政治私利出发，大幅减税，甚至做假账，以争取选票，是典型的不负责任的行为。但这个现象，是美国政治现实中的常态。美国学者斯蒂尔（Steuerle）在讨论美国税收问题时曾痛心地说："美国是一个没有办法解决自己问题的国家。"[①]政治官员要靠选举产生，而为了胜选，政客们不得不满足掌握资源和宣传工具的大财团和部分选民要求减税的要求，又同时要满足人们提高公共服务的要求。他

---

① C. E. Steuerle，*Contemporary US Tax Policy*，Urban Institute Press，2004.

们没有办法，加税就意味着政治生命的结束；不加税还要提高公共服务，加上还要满足党派要求，就只得向未来借债。这是美国治理结构中的一个深层次的问题，不是一朝一夕能够解决的。

4. 资本主义特质在现代技术条件下对社会提出的新挑战

互联网和现代交通技术使全球化融资、生产和交易成为可能，全球市场已经事实上形成。由于全球经济联体，美国的金融资本已经成功地将经济的风险分摊给所有的债权人和债权国。因而，一旦发生危机，大家都是一根绳子上的蚂蚱，谁也跑不掉。比较起来，中国能够避免亚洲金融危机和这次在全球经济危机中损失较小，与没有成功进入西方金融体系有很大关系，是不幸中的万幸。

在高度发达的市场经济中，价值创造、资产和商品定价、投资体系回报是增值链中的三大要素，其中重要的就是定价。在现代化和全球化的产业链中，具有强大资本和技术力量的国家拥有事实上的定价权。因而，一般性消费产品的价格往往被定得很低，如粮食、原材料、基本消费品，包括一些非核心的技术等，而后续的包装、服务、市场、金融和核心技术等往往被定价很高。这就是中国经济学家常说的，十元钱的出口产品，中国的制造商只拿到一元钱，而多的都被拿走了。事实上，产品的利润分成不一定要这个形式。比如说，企业主管的工资回报率不一定要高于普通工人数十甚至数百倍，关键是看谁有定价权。掌握资本和现代技术的国家有强大的定价权，使得发展中国家在世界商品生产过程中占劣势，处于长期被剥削的地位。同时，金融资本的全球联体和缺乏合理的和有知识的全球金融监管体制也成为新的全球金融秩序的挑战。庞大的金融系统已经超出其传统的融资功能，成为一个庞大的食利集团，用陆续创造出来的金融衍生工具对社会巧取豪夺。从20世纪60年代末开始，资本的经济活动的重心从实业转向了金融。大资本家发现，由于生产过剩（其实并非真正过剩，大多数是穷人买不起），在实业部分扩大再生产已无厚利可图，于是就把大笔的资金转向金融市场，钱生钱、生大钱。到1990年，美国广义金融业产值占国内生产总值的比重首次超过了制造业。美国衍生金融产品的市值曾高达300万亿美元，是美国国内生产总值的23倍。这个产值有两个来源：一个就是圈来的国际资本，另一个是吹大了的资本泡沫。吹大了的经济泡沫为什么会挣钱呢？比如说，经济实体有10元钱，在金融交易中，交易者拿5%，就是5角钱。如果他告诉大家这是300元钱，5%的佣金就可以高达 15 元钱,就是把实体中所有的钱都拿走还不够。泡沫不破,大家以为还有 285 元钱;泡沫破了,大家发现经济实体已经分文全无,还借了 5 元的债来付金融操盘者的佣金。而美国金融市场上的泡沫,据非权威估计,远不止 23 倍,而是实际金融资本的 30 倍。

国家的经济发展,靠虚拟经济和圈别人的钱,迟早要栽跟斗的。

对于国家与金融集团、国家与国家来说,资本与社会发展的博弈,是一个斗智、斗勇、斗思想、斗制度、斗实力的政治经济学和人文哲学思想的博弈过程,不是一个简单的经济或者技术问题。

在过去的三十年,获得胜利的无疑是以华尔街为核心的大资本大财团,他们麾下的商学院、法学院及其在知识理论界的代表人物。[①] 有些是有意识的,有些是无意识的,但都参与了对超额利润的追求。受到损失的是世界各国、美国本国和世界各地的比较低层的劳动者和中小企业者。美国政府在自身的改革过程中也迷失了方向,损失了人才,忘记了责任。这些都值得深度反思。

5. 公共伦理精神的缺失

公共伦理精神缺失是美国 20 世纪 80 年代以来不少政府腐败、公司丑闻,包括这次金融危机的一个重要原因。追溯西方文化渊源,基督教精神曾经产生过世界大同、人人平等和乌托邦社会主义的思想(这些思想开始有基督教的局限性,后来慢慢发展成普世的价值观)。在美国的政治实践中也有过社区精神、公共服务精神和伟大社会运动。当然,在西方的宗教革命和现代化革命的过程中,追求自我和个人利益的思想也得到了弘扬。以亚当·斯密为代表的现代资本主义思想家,为西方现代市场经济和资本主义的发展开疆拓野,立下了不朽的功勋。西方资本主义在发展的过程中也时有对发展不平衡的修正。但是,近年来,亚当·斯密资本主义思想中的个人主义精神得到了弘扬,而其中国家财富和公共利益的思想却被严重忽略。罗斯福以来的大政府思想,也受到激进保守主义思潮的猛烈攻击。政府改革不是改造和完善规制,推动公共利益,而是认为公共利益并不存在,个人利益的最大化就是公共利益的最大化。这些思潮事实上也是对美国建国的思想基础——以洛克为代表的自由主义的一种挑战。

---

① 加拿大著名管理学家、商学院教授明兹伯格(Mintsburg),就对商学院的一些所作所为有过激烈的批评。

索罗斯在 9 月中旬接受德国《世界报》的采访时说："这场自上世纪 30 年代以来最严重的金融危机祸起于金融体制之内,而非外界因素。经验表明,金融市场往往自失重心。"尽管在历史上,有不少文献讨论企业责任,但近年来发生的一系列公司丑闻,反映出在巨大私利诱导和激烈竞争过程中道德力量的微弱。

雷曼兄弟公司的首席执行官理查德·富尔德 2001 年的薪酬高达 9100 万美元。美国议员问:"你的公司破产了,国家处在危机之中,而你却(在 8 年里)得到 4.8 亿美元。我有一个最基本的问题:这公平吗?"在这次巨大的金融危机中,美国主流媒体对企业界贪婪的批评,竟然轻描淡写,一带而过,远远不如 30 年代对这种只顾私利、对社会巧取豪夺行为的谴责和批评。

美国国际公司(AIG)在接受了政府为避免它破产的 4000 多万美元救援款后,马上花费 40 多万美元搞了一个豪华的招待会,并理直气壮地说是原来就计划好的,毫无内疚之心。

美国福特、通用和克莱斯勒三大汽车制造商的掌门人,在公司不景气、面临倒闭的时候,在 2008 年 11 月坐着私人飞机到国会来申请政府救助。在受到批评后,他们承认了错误,再度赴国会山的时候,自驾自制的节能减排小汽车,长途跋涉赴会。但他们将申请的救济额度,从 250 亿美元提高到了 340 亿美元。这说明,亏空真的很大。而不经过此事,他们对节约支出、改变办公方式,毫无意识观念。这些社会现象是几十年来公共价值观教育严重缺乏的表现。

现代美国比以往更需要理性和社会良心的引导,也就是我们常说的公共伦理。但强大的资本势力常常使社会力量失衡。一方面,他们可以成功地将不少优秀的人才吸引进商界和企业界,成为创造社会财富的动力;另一方面,将不少优秀的人才和技术精英赎买下来,成为他们掠夺社会的工具。近几百年来,美国这个社会是在资本与基督教精神和社会良心的博弈过程中前进的。美国传统的精英教育是以道德理念、宗教精神和价值观打造为主导的,大多数早期的学校都是教会学校。比如说,哈佛在成立一百年前,培养的学生也基本是牧师。在后来美国社会发展的过程中,公立的赠地学院在农业技术和工程技术发展和人才培养方面立下了汗马功劳。从这个角度上来说,在相当长的时间里,以伦理为基础的社会价值观和以技术为主导的世俗教育是两条教育路线,人才通过不同渠道成长和发展,有的成为牧师、政客或学者,就是名校常常鼓吹的"培养学生的领导能力";有的成为世俗的工商人士,从事以赢利为目的的常规的经济活动。这是市场经济中两股相互制衡的力量,也就是过去所说的理想与现实的博弈。但近几十年来,精英教育的世俗化、市场化,伴随着金融资本的发达,对传统的教育体制形成了极大的冲击。传统名校利用学校声望和社会资源培养了大量的商界和法学精英,不少没有成为西方传统社会良心的卫道士和制度设计者——我们所说的公务员和社会道德领袖,反而成为资本社会世俗力量中的食利急先锋,活跃在咨询、会计、金融、公司买卖和媒体的最前线,成为资本寻租的得力干将,将资本对社会的侵夺推高到无以复加的地步,值得社会反思。

三、金融海啸的教训

金融危机发生了,美国政府和世界各国政府一起联合救市。但是,金融市场股价还是一路下落,效果并不明显。尽管不少政府官员出来给市场打气,说是大规模危机基本控制住了,但是,要真正消化这次危机,仍需要很长时间的理性经济。这一点,从图6可以略见一斑。

美国2007年的国内生产总值为13.8万亿美元,欠债额为13万亿美元,其中,联邦债务为10万亿美元,退休金总额为10万亿美元(包括IRA、401K、州政府等等传统保险金),但美国政府在社会安全税、社会医疗保障税方面的亏空(就是到时要给退休人员兑现的资金)是59.1万亿美元。根据新闻报道的数据和非权威统计,CDS造成的亏空在5.5万亿美元到6万亿美元之间。"两房"等金融机构的信用违约调期保证额是5.2万亿美元,雷曼兄弟的亏空达6.3万亿美元。我们往小算,假设"两房"资产不亏钱,只算雷曼兄弟6万亿美元的CDS亏空——这个计算不包括将来更多的金融资产的缩水,美国政府的7000亿美元救市不过是6万亿美元的1/8强。根据另一非权威统计,这九牛一毫的7000亿美元,竟然是美国所有的流动资金(2600亿美元的现钞)加上支票账户和普通存款账户里的资金(4200亿美元)的总数强(这个6800多亿美元,是美国所有可流通货币总数的20%)。

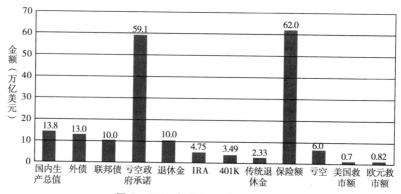

图 6　2007 年美国政府亏空情况

注：IRA(Individual Retirement Annuity)和 401K 是美国政府设计的个人退休存款基金。个人在政府规定的上线之下存入退休金,可以免税,退休后按月支取。

美国政府欠这么多债,拿什么救市呢? 税收、铸币、出卖资产、寻租? 看来每一个手段都必须使用。从这个角度看,美国的经济危机还没有开始呢。

但如果不救市,这么一个庞大的空架子,倒下来真没有什么东西可以撑得住。尽管金融危机是资本主义制度的必然过程,但这次金融危机的巨大性、突发性、全球性和造成的负面影响,却是不可忽视的。现代技术和现代资本主义已经达到了一个前所未有的境界,有着前所未有的社会影响。它们力量巨大,兴风作浪,转嫁危机,逼迫政府出手,打破了现代资本主义政府与企业分工的界限。具体结果还是,政府打肿脸充胖子,让老百姓来买单。

美国著名公共管理学者伯茨曼教授指出[1],当一个社会价值观的表述和集中不灵,公共部门不能垄断性地提供公共产品,特殊利益集团只为自己谋利,公共价值短缺,短期私营利益危害长期的公共利益,政策分析在没有合适替代途径的时候还是注重寻找替代品,市场交易威胁最基本的人文需求的时候,也就是社会的公共利益的道德失灵的时候。纵观美国过去很长一段时间的现状,他提出的这些问题都非常突出。美国价值观的表述基本一边倒,以保守偏激的传统价值理念占主导,正义的社会声音得不到表达,在发动伊拉克战争时,反战的声音非常微弱。在改革的过程中,特殊利益集团为自己牟私利,富了个人,倒

---

[1]　Barry Bozeman,"Public Value Failure: When Efficient Market May Not Do", *Public Administration Review*, Vol. 2, No. 2, 2002, pp. 145-161.

了公司,害了国家,苦了人民。

　　政府和公共政策的制定者在过去改革的浪潮中,只从意识形态出发,走极端,不注重研究和事实依据。比如说,矫枉过正,宣扬市场时,就鼓吹市场万能,忘记了市场失灵的经验教训,无视科学发展的精神,导致了公共政策失衡。

　　传统上,美国社会中个人主义、集体主义和伟大社会思想等各种流派共存,在思想界和政治生活中博弈。而过去的三十年间,美国的激进保守势力占国家主导,在思想上比较偏激,导致了相当程度的公共伦理标准的混乱。一方面,私营机构的行为准则缺少了制衡;另一方面,公共决策也有偏颇,累累失误。国家的方向误入歧途。布什政府在事实依据不足的情况下发动战争、在政府需要财政收入时减税、无节制向未来借债、不搞经济建设、不进行有效的政府改革,国家充满着管理危机。[①] 奥巴马和希拉里政府[②],捡了一个巨大的烂摊子,将来要走的,也必然是充满坎坷的荆棘之路。发展中国家应该审慎自律,从美国的经验中吸取教训,不要被豪华、美丽、虚荣的泡沫所迷惑,要认识到自己所处的发展阶段,科学决策,把握自己的公共政策的方向,实行责任政府,控制社会分配的贫富悬殊水平,控制金融业与实业的比例,调节好社会人才结构,做好制度设计和监管工作,继续鼓励在规制和法律条件下的合理市场竞争,脚踏实地地发展生产、发展科学技术、发展社会国家,为人民造福。

　　① 德国著名哲学家和社会学家哈贝马斯提到过社会可能面临的几种危机:经济危机、管理危机、合法性危机和社会文化危机。当社会不能提供足够的消费价值的时候,就有经济危机;不能提供足够的理性决策的时候,就有管理危机;不能提供足够的公民认同的行为动机的时候,就有合法性危机;不能提供足够的行为意义的时候,就有社会文化危机。

　　② 新闻报道希拉里同意出任奥巴马政府的国务卿。

新奥尔良飓风灾难应对失当的成因剖析[①]

一、引 言

　　"卡特里娜"是 2005 年大西洋飓风季的第一个五级飓风,也是自有记录以来大西洋盆地的第六大风暴。2005 年 8 月 25 日,它以一级飓风登陆美国佛罗里达迈阿密北部;8 月 26 日,又穿过墨西哥湾,对阿拉巴马、密西西比和路易斯安那州的沿海区域造成威胁,当然包括新奥尔良的大部分城区;然后于 8 月 29 日再次以四级飓风登陆海湾中部,路易斯安那州的新奥尔良市因此遭受重创。风暴引起的海浪很快就冲垮了新奥尔良市与庞恰特雷恩(Pontchartrain)湖之间的大坝,洪水淹没了城市的大部分地区。飓风对海湾地区,包括路易斯安娜、密西西比以及阿拉巴马州所造成的一系列打击,使得这次飓风"荣登"美国历史上代价最高的自然灾害之首。官方统计的死亡人数达到 1836 人

---

　　① 本文由孙春霞与蓝志勇合写,原载于《中国行政管理》2008 年第 2 期。

（其中路易斯安娜 1577 人），失踪 705 人。[①] 上百万受灾群众流离失所，骨肉分离。据美国国会预算办公室负责人称，飓风最终造成的损失约为 250 亿美元。[②]

政府对这次灾难也采取了很多应对措施，并在灾后展开了一系列的救援工作。但由于应对措施不够系统和救援工作过于仓促，还是导致大量难民滞留当地。容纳难民的体育场和会议中心卫生条件和治安条件都极度恶劣，进一步引发了治安混乱局面，从而给这次灾难雪上加霜，并造成了更大生命和财产损失。原本有限的救援警力也被迫分流一部分用于保障社会治安。

"卡特里娜"飓风给美国新奥尔良市和路易斯安那州的人民造成了极大的生命财产损失和心灵创伤。这次飓风之所以在美国反响极大，不仅仅是因为它造成的各种物质损失以及人员伤亡，更重要的是，联邦、州和地方政府在这种紧急状态中的反应令人失望，此前被许多国家的政府官员和学者高度赞扬的美国应急反应机制在此次灾难中丝毫未显。

人们在不断地寻找自然因素之外导致重大损失和救灾不力的原因：是政府因伊拉克战争而消减了灾难预防专家所要求的资金支持？是战争转移了灾区原本应该拥有的救援队伍？是转移灾民的措施不当？是位于海平面以下的特殊地形？是城市发展规划失误和缺乏应有的防灾规划？是环保意识的缺乏？是危机预警意识薄弱、应急管理措施设计不当？是财政支出倾斜？是政府间关系协调失灵？是对弱势群体的忽视？还是政府官员的迟缓与无能？本文基于官方公布的数据，从公共管理、城市管理和危机管理的角度，剖析了导致这次灾难加深加重的内外在原因和政府间协调失当方面的原因。

二、新奥尔良飓风灾难加深加重的内外在原因

这次卡特里娜飓风对新奥尔良（和路易斯安那州甚至美国）所造成的灾难性影响，既有新奥尔良自身的环境和管理等内在原因，又有国际国内政治、军事和体制上的外在原因。内在原因主要体现在：

---

① "Bay St. Louis Katrina Death Toll Now at 1281", *The Washington Times*, October 19, 2005.

② Taylor Andrew, "Gov's Tab of Katrina May be Below 150B", *Political News*, October 6, 2005.

第一，人口与地理原因。新奥尔良位于河口冲积平原之上，呈碗状下凹地形，南临密西西比河，北临庞恰特雷恩湖，而东面则是墨西哥湾，整个城市的大部分地区都位于海平面以下。城市安全完全依赖于239英里长的防洪大坝。该城最初并没有违背自然规律，城市还是建在地势较高的地方。然而，作为一个移民城市，随着移民规模的急剧增加，在20世纪40—50年代人们修筑了护城大坝之后，城市的发展越来越多地向低地扩展，直至新奥尔良的大部分地区都位于海平面之下，成为灾难的隐患。

第二，短期的经济利益助长了违建行为。随着新奥尔良城市的发展，人们在城市建设中破坏了大片海边滩涂，使城市在海潮和洪水的冲击中缺乏必要的缓冲：为了促进旅游业和商业，该市在洪水缓冲带建设繁华商业区、海边休闲观光区和住宅区。这样，海边的繁华商业区就处于海潮洪水的直接威胁之下。

第三，城市管理设备不足且配置不当。像新奥尔良这样非常容易遭遇水灾的城市，却没有完备的抽水系统。那些设计用来对付洪水的抽水站在飓风到来之后都因为地势的问题而被淹没于洪水之下，只有在城市的水被抽干后才能派上用场，可谓形同虚设。而且，即使水泵都能使用，它们的抽水能力也完全不能应付五个堤坝决口，结果洪水在一天之内就淹没了城市80%的面积。

第四，自然环境的破坏。一是湿地的破坏。城市周围大量的自然湿地原本好比海绵，能够吸收降水并减少洪水侵袭的程度以保护城市，但在城市建设中却排干了大部分湿地。二是密西西比河带来的淤泥，本可以缓慢地沉积在入海口，增加城市的缓冲层，但如今却被管道加速冲走。三是工厂污染。当地石化企业为了节约成本，在靠近港口的海边建了大量炼油厂、油库、化工厂和仓库。这些工厂和仓库在被洪水淹没后又造成了严重的水污染，加重了危害程度。

第五，挪用专项资金。新奥尔良是一个以爵士乐、狂欢节和赌博业闻名的城市。在具体城市建设中，管理者们忽略了城市最主要的功能，即为人们的生活和生产活动创造安全和优良的环境，安全因素在实践中被巨大的经济效益所掩盖，城市的财政支出主要以促进旅游业和赌博业为重。联邦政府的防洪拨款大多都在短期利益的驱使下被挪作他用。人们不断地批判大坝委员会投入过多的精力从事码头建设、赌博业和商务活动而忽视了本职工作。比如，该委员会网页上的11个建筑项目,只有两项与控制洪水沾边。①

第六,疏散不力。新奥尔良是贫困的少数民族聚居之地和美国黑人人口比例最高的城市,其中,20%以上的居民和40%以上的儿童都生活在贫困线以下,他们很多集中在地势最低也最容易遭受水灾的地区。所有被淹的地区,98%的居民都是黑人,而其中1/3以上都在贫困线之下,而"卡特里娜"入侵之际,正是他们期盼下个月的救济之时。报道说,很多灾民之所以没有迅速撤离,就是因为他们不想错失政府的救济。而且,他们很多人都没有自己的交通工具。

外在原因主要表现为:

第一,预算削减。由于伊拉克战争和打击恐怖主义活动,美国政府每年留下巨额财政赤字,从而导致国内公共事业开支大量削减,包括保护人们安危的修堤建坝,结果用于防洪的预算被压缩了80%,从而削弱了美国政府对付紧急自然灾害的能力。

第二,机构改革。国土安全部成立后,原来的联邦应急署成了国土安全部属下的危机准备和反应司。这样,应急管理变成了一个庞大官僚机构中的一个分部,先期就埋下了协调困难的种子。加上任命的联邦应急总署执行官是一位不懂业务的政治官员,使得危机处理不当。这个问题在后来的应急救灾过程中突出地表现了出来。

三、决策失误和政府间关系协调失当

"卡特里娜"造成巨大损失之后,人们开始反思这个问题,发现在政府决策和政府部门之间的合作中存在相当多的问题。"卡特里娜"飓风原本是"天灾",但由于新奥尔良市政府的决策失误和关系协调失当,从某种意义上又可以称之为"人祸"。政府的决策失误表现在:

第一,政府部门漠视学术界和媒体的预测。在"卡特里娜"飓风来袭之前,美国的学术界和媒体早就做出此次飓风袭击将会造成巨大损失的预言。早在2001年8月,美国地质勘探局地震学家露西·琼斯曾与联邦应急总署官员参加了一个关于应急培训的会议。当时她提出美国将可能遭遇的三大灾难,其中之一就是超强飓风袭击新奥尔良。"在南路易斯安娜遭受强飓风袭击时,决堤只是时间问题,到时候,虽然政

---

① Lisa Myers and the NBC Investigative Unit,"Is the Orleans Levee Board Doing its Job?" *NBC News*, September 15, 2005.

· 新奥尔良飓风灾难应对失当的成因剖析 ·

· 217 ·

府将会为此投入上亿美金，但我们仍将难以脱离苦海。"①

　　第二，政府没有事先告知市民撤离方案、避难所选择、搜救方案等应急常识。在2004年7月，路易斯安那州曾作了一个台面上的模拟三级飓风侵袭新奥尔良的演习。当时大约有来自50多个联邦、州、地方政府以及志愿者机构的250多位应急人员参与了该项目。该项目包括制订有效搜救计划、确定短期避难所以及对该市洪水的处理。当时的撤离训练并没有取得预期的成果。在新奥尔良的官方网站上，有一个"撤离计划总体方案"，他们为那些没有私家车的居民提供的解决途径是：如果你需要搭乘别人的交通工具，请求助你们的邻居、朋友或亲戚。② 政府以为交通工具的分布是均衡的，但事实并非如此。他们的公民自救设计其实建立在脱离实际的假想之上。

　　第三，地方警力与联邦军队难以合作。9月2日，布什要求路易斯安那州政府将救援工作的管理权交给联邦政府，这样，就可以派联邦军队进行搜救工作。但如果把管理权交给联邦政府，州政府就不能动用自己的国民卫队和地方警力协助救灾。而且，过去并没有将地方民兵（国民卫队）与联邦军队放在统一的总统领导下实施救灾的先例。当然，联邦总统有在出现地方反叛时接管地方国民卫队的权力，但飓风不算是反叛，历史上还没有过先例，所以布什也不愿意这样做。结果是州政府领导的国民卫队与联邦派来的军援队伍协作指挥。直到9月3日，国民卫队才报告从两个大型的公共设施（会议中心和体育场）撤出了所有的人，5日才报告恢复秩序。

　　第四，地方政府低估了灾难的严重程度，在寻求外部支持和准备自己的力量方面有不足之处。28日，路易斯安那州州长就接受了新墨西哥州长提出的派他们的国民卫队参加救援的提议，但24小时后她才完成必要的请求兄弟州派兵支援的书面文件。另外，州政府到飓风发生的第三天才想到要向更多的邻州求援。地方管理能力和警察素质也低。警察部队工资低微，管理不善，在关键时刻，沟通不灵，有的警察临阵解甲。

　　第五，作为整个赈灾活动总指挥的联邦应急署，完全没有计划，指挥失灵、信息失灵、沟通失灵。联邦应急署的主任承认，当广播报道了有2万人被困在体育场的24小时后，他才知道那儿有这么多人。在体

① "It's Just Time", *The New Orleans Times-Picayune*, January 23, 2002.
② "City of New Orleans, General Evacuation Guidelines", www.cityinfo.com.

· 现代公共管理的理性思考 ·

育场附近的 500 多辆校车没能被及时用来疏散难民,直到后来被淹。联邦应急总署的电脑设备也经常性地死机,在关键时刻技术派不上用场。

第六,市长没有成功地实施应急计划。在新奥尔良的灾难过程中,除了美国总统布什成为众矢之的外,新奥尔良的黑人市长那金也受到了轰炸式谴责,主要是因为"对于大多数基层部门来说,导致没有有效实施飓风应急计划的关键问题就是,所有部门的决策者们根本就不知道计划是什么!"[1]无视飓风登陆前 56 小时就发布的警告,市长和州长直到灾难降临 19 小时后才颁布撤离命令,而那金市长的决定是选择避难所而不是完全撤离城市,个人决策的失误造成了不完全的撤离,而不完全的撤离又造成死难人数的剧增和可怕的灾后场景。[2]

他最主要的决策失误有两方面:首先,没有最大限度地使用公共资源——校车。路易斯安那州的飓风撤离与避难计划写到,"在飓风引发的撤离行动中,最首要选择的是私人交通工具。校车、市政车辆、政府所有车辆,还有援助机构提供的车辆可以用来服务于那些在撤离中没有交通工具以及需要帮助的人们"[3]。在飓风到来之前,通常用于交通的灰狗(Greyhound bus)以及美国全国铁路公司(Amtrak)的火车早已停止了营运。当时可以用作公共交通的只有校车,但市长好像根本没有意识到校车的存在。几百辆校车就停在离当时的避难所(超级穹顶)不到 1 英里远的地方。9 月 1 日,为灾民们准备的休斯敦阿斯特罗运动场迎来了唯一的一辆校车。这辆"叛乱"校车是由一名普通市民开来的,他私自"盗用"了被政府弃置不顾的大量校车之一,满载急需援助的灾民投奔休斯敦而去。

其次,避难场所准备不足。8 月 28 日,市长那金下令,整个城市强制疏散,这也是该城历史上首次颁布该命令,州内向西方向的 10 号公

① "The Federal Response to Hurricane Katrina: Lessons Learned", Washington, DC: Executive Office of the President (2006), www. whitehouse. gov/reports/Katrina-lessons-learned. pdf.

② U. S. House Select Bipartisan Committee to Investigate the Preparation for and Response to Hurricanes Katrina and Rita, *A failure of initiative: The Final Report of the Select Bipartisan Committee to Investigate the Preparation for and Response to Hurricanes Katrina and Rita*, 2006.

③ "Southeast Louisiana Hurricane Evacuation and Sheltering Plan", (2004) www. dtra. mil/documents/newsservices/deskbook.

路以及向北的 55 号、59 号公路于当日下午封闭。超级穹顶体育馆（Superdome）和会议中心开放为避难所。当时已经知道飓风足以摧毁大堤的设计承受强度，而整个城市将遭受灭顶之灾。大堤一旦被摧毁，那全城的人们将很难再获取到食物和水。如果当局能提前备置好食物，那超级穹顶将是一个理想的避难所，但市民们只能自己准备食物和水。几天后，才由州国防警卫队向这里运送了可供 15,000 人 3 天的食物。救援物资的调配远远低估了灾民的数量。据报道，会议中心的灾民数量曾达到 2 万人，而超级穹顶所容纳的灾民最多达到 6 万人。在那里，空调、电以及生活所需的自来水全都没有，可以想象环境是多么的肮脏和恶劣。除此，媒体还大量地报道了在那里发生的凶杀、强奸以及抢劫等行径。难怪媒体将这些避难所形容为人间地狱。

联邦政府机构的失误主要表现为政府部门之间的关系协调失当。在此次灾难中的垂直关系处理上，联邦、州以及地方政府之间的合作完全就是一团糟。整个系统，政府各个层级之间都没有很好的协调，以至于在灾难之初就被飓风击得粉碎。[①]

第一，联邦应急总署（FEMA）之间的协作失误，可能招致最多的谴责。布什政府在"9·11"以后，成立了国土安全部，改组了联邦应急总署，将其置于国土安全部的管辖之下，又任命了一些政治官员。这些官员对应急管理的无知和武断，加重了灾难的损失。比如，FEMA 的官员让沃尔玛的三辆送水车掉转车头，海岸警卫队输送的 1000 加仑柴油也被其滞留在其他教区，他们甚至在没有任何通知的情况下将应急通讯线路切断，后来还是由当地的治安官将其重新修复，并派武装士兵来保护以避免 FEMA 的干扰。"飓风登陆后的第二天，有 50 多架民用飞机分别响应来自灾区医院以及其他部门的求助前来救援，但 FEMA 阻止了他们。驾驶员们说，是 FEMA 赶走了很多援助力量，只是因为他们没有经过正式授权。"[②]

第二，新奥尔良城市本身也是一个危机管理意识薄弱、管理不善的地方政府。他们对自己的资源了解不够，各管理单位之间的协调关系松散。前面提过大量校车在急需用车时却被搁置，也有这方面的原因。

---

① George W. Bush，*Address to the Nation*，September 15. www. whitehouse. gov/ news/releases/2005 /09 /20050915-8. htm.

② Nicole Gaouette et al.，"Put to Katrina's Test"，*Los Angeles Times*，September 11, 2005.

因为市长及其属下不知道校车的存在,导致了无谓的损失和伤亡。其实,这些工作应该事前就准备好。也就是说,据以往的飓风应急制度,FEMA 应该负责协调当地各权力机关的合作,它应该事前就要求所有的地方机关汇报各自所拥有的资源。然后,FEMA 就可以将市长的要求传达给那些有校车的部门,而这些部门有义务将车贡献出来。但无论是灾难之前还是过程之中都没有预期的合作,以致整个新奥尔良大约有 15 万的市民没能及时逃离城区。

第三,政府间关系协调得不好。灾难之初,新奥尔良周边城市就纷纷伸出援助之手,提出物资、人力以及交通等方面的援助,还设立了专为灾民预备的避难所。但该市并没有及时利用各种机会。其实市长在当时完全有权力调动其他教区的车辆应急。根据州撤离计划规定,在紧急状态下,要求外州或其他教区给予交通工具上的协助是州长的责任和义务。但市长并没有及时向州长或其他城市要求交通工具的援助。

在灾难到来时,人们首先想到的是政府,其次可能就是军队和警察。但伊拉克战争调离了将近 2/3 的国民警卫队,剩下的人员数量少,管理不善。比如,新奥尔良的警力一直在不断减少,有许多警察甚至弃职逃跑。还有两名不堪重负饮弹自杀,而留下来的警察都已找不到自己的指挥部,洪水不仅淹了他们的办公室,也摧毁了工作联络系统,能开的警车寥寥无几,甚至还有警察迈入打劫者的行列。

"我们分析应对毁灭性灾难的战略时发现,主要问题就是:对损失的估算过低、交流不畅、法定权责不清、准备不充分、没有经过训练的州和地方官员,我们需要跨机构和跨政府的合作来提出解决方案。"[①]政府审计办公室(Government Accountability Office,GAO)在对 1992 年的"安德鲁"(Andrew)和"因尼克"(Iniki)飓风的总结中就已经做出了对"卡特里娜"飓风的预言。

虽然联邦应急总署主任在 9 月 2 日被迫辞职,当了替罪羊,但这次事件暴露出来的问题远远不止这些。这位布朗主任是政治官员,对应急管理完全外行。另外,改组后的国土安全部的重点工作不在救灾赈灾,他的部门完全没有预算优势,经常被削减经费,处理问题要通过六个上级;他对全局的联络网并不熟悉,临危受命,也是一筹莫展。分散

·新奥尔良飓风灾难应对失当的成因剖析·

和支离的政府系统,加上设计不好的联邦政府统筹机构,在关键时刻出了问题。布朗在离任时说:"我最大的错误是,到周六还没有意识到路易斯安那政府的无能。"另外,也有人批评布什政府里的很多政治官员不喜欢、不信任大政府,讲究利益。让他们花钱、尽心尽力去为如此多的无家可归的人服务,解决问题,教育穷人的小孩,是件不可思议也不太习惯的事,难以做得好。事实上有报道,联邦应急总署还将十几个"卡特里娜"的善后工作合同外包给不用招标也无法监控和管理预算与工程质量的公司。

另外,布什总统被动反应型的管理风格,也受到了各方批评。找他就给点钱,表示一下,不找就算,不积极主动想办法,处理问题,协调合作。临时决定事物,比如说收缴指挥权,将国民自卫队统一归联邦管理,没有得到州政府的合作。事实上,从联邦政府暴露出来的弱点来看,没有交出这个指挥权也不一定是件坏事。路易斯安那州的州长还抱怨布什给邻州共和党州长的援助比给她这个州的多,有政党倾向。

四、结　语

新奥尔良飓风灾难给人们的教训是深刻的。现代城市的聚集性,使城市灾害具有多样性、时空耦合和链状分布等群发性和整体联动性的新特征。像新奥尔良这样的开放性城市,作为一个复杂系统在不停地运转着,一旦其中某个环节出现问题,不仅容易造成城市本身巨大的人员伤亡和财产损失,而且可能导致全局性的灾难甚至是瘫痪。城市发展过程中缺乏规划和危机意识,会留下巨大的隐患。

虽然"卡特里娜"飓风发生在美国的新奥尔良市,但是这次灾难为我国的城市管理者也敲响了警钟。城市管理是一项繁杂而又重要的管理实践,没有科学合理的管理,城市的健康发展也就失去了依据。在目前中国城市经济高速发展、城市面貌日新月异的背景下,更要高度重视城市管理各方面的协调发展,城市规划、城市财政、城市官员的素质等都是不可掉以轻心的因素,它们之间相互依存。只有各方面高度要求,才能让城市尽可能避免危机,或应对危机时做到临危不惧,处之泰然,为市民提供一个安全而又稳定的生存空间。

第四部分

中国公共管理探索篇

论公共政策导向的城市规划与管理①

　　2006 年 4 月 1 日起实行的《城市规划编制办法》，首次确定了城市规划是政府的重要公共政策之一。当前，对于城市规划公共政策的讨论日渐增多，但人们对于城市规划作为公共政策的内涵及特征尚未从理论上进行清楚的界定。本文在当前强调城市规划向公共政策转型的语境下，根据近几十年来中国现代城市规划的演变以及学界对公共政策的认识，尝试探讨对"城市规划是政府的重要公共政策"的新理解。

一、城市规划向公共政策转型的时代背景

　　我国的现代城市规划体系是在建国后伴随着国家的工业化进程逐步建立和完善起来的。由于城市规划在不同历史时期发挥的作用不同，对于城市规划是什么的答案，在不同时代有不同的解释。城市规划内涵的不断演变，反映的是我国政治、经济、社会环境的转变，在这些转变过程中，城市规划的价值观也不断发生

---

① 本文由李东泉与蓝志勇合写，原载于《中国行政管理》2009 年第 5 期。

变化(表1)。

表1　建国后我国现代城市规划的发展历程

	国家发展阶段	城市规划内涵	城市规划价值观
20世纪50—70年代	国家主导的工业化时期	国民经济计划的继续和具体化	"先生产,后生活"
20世纪80年代	改革开放初期	建设城市和管理城市的依据	"城市规划是城市建设的龙头"
20世纪90年代	计划经济向市场经济转型时期	城市经济社会发展、空间布局等的综合部署、具体安排和实施管理	"效率优先,兼顾公平"
21世纪	构建和谐社会时期	政府的重要公共政策	"城市规划与建设要以人为本,要代表全体市民的利益"

资料来源:作者根据历年来中国城市规划的相关文献整理而成。

从表1可以看出,城市规划是政府的一项重要公共政策的新认识,是基于新形势下我国对城市规划提出来的新的价值诉求。

公共政策客体的第一个层面,也就是政策过程的起点,是社会公共问题。但不是所有的社会问题都是公共政策客体,只有那些列入政府议事日程、涉及社会上相当多人的利益的社会问题才是公共政策客体。也就是说,成为公共政策客体的社会问题不仅是一种客观存在,而且被大多数人所感知、关注,已经上升到比较严重的程度,需要进入公共决策的视野。它是客观与主观的结合,同时人们对该问题的价值判断是它的直接影响动力。城市发展中的问题正是如此,以前没有的问题现在有了;或者以前不严重、没注意的问题,现在严重了,需要关注了。比如城市流动人口的住房问题,以前不明显,社会影响不大,不值得注意,现在要实现城市化的快速健康发展,要保障为城市居民提供可负担得起的住房和让他们安居乐业,这些就成为了突出的问题。再比如,很多发达地区的城市面临产业升级和转型,也需要提供相应的空间平台。其他如普遍的粗放式土地利用模式、大量侵占耕地、旧城改造中的暴力拆迁等等,人们的反映极大,都需要纳入公共政策的范畴。

对于这些转型期城市发展中出现的新问题,计划经济时代成长起来的中国城市规划体系并不具有解决它们的能力,主要原因在于:

第一，对城市规划的认识长期局限于技术层面，缺乏对社会和经济问题的关注，城市规划的工作内容侧重于理想图式的绘制，而较少考虑实施的路径和可能性。

第二，城市规划所谓的龙头地位有名无实，没有相应的行政手段和保障机制。早在 1986 年，城乡建设环境保护部、国家计划委员会在关于加强城市规划工作的几点意见中就指出，"城市规划是城市建设的龙头"，这固然是对城市规划地位的有力提升，但长期以来，谁在舞龙头的问题鲜有人考虑，以致规划多数情况下仅成为个别领导和开发商、投资商手里的一种技术工具。

第三，城市规划教育体系培育出来的城市规划工作者的知识结构有所欠缺，所学习和掌握的理论与工作方法难以应对当前的社会实践需要。虽然在实际工作中有不少人已经意识到转型期所面临的种种问题，但缺乏有效手段解决城市发展中所面对的各种现实社会问题。

追根究底，可以说长期的计划经济体制使中国的城市规划具有极大惰性。在改革三十年、社会形势发生重大改变以后，有强烈意识形态色彩的城市规划制度实际上落后于中国的经济体制改革，所以不能适应城市发展需要。这些都是促成城市规划向公共政策转型的原因。

二、公共政策导向的城市规划与以前城市规划的不同之处

我国的城市规划很早就表现出公共政策属性。比如在 1961 年出版的高等学校教学用书《城乡规划》中就明确指出："正确贯彻党的各项方针政策是搞好城市规划的根本前提。"[①]这样的表述，在后来虽有改变，但符合国家既定的发展方针，是我国城市规划的一贯指导思想。从这个历史基础来看，我国在认同城市规划是公共政策的问题上应该具有先天的优势。但是，在新的时期，这一定义有新的意义。具体说来，将城市规划作为政府的一项重要公共政策，可以从以下几个方面进行理解。

1. 城市规划价值观的改变

在新的时期，城市规划的价值观需要改变。过去着重关注城市经济增长和城市空间的扩张，今天应该追求合理使用各种资源，实现城市

---

① "城乡规划"教材选编小组选编：《城乡规划（上）》，中国工业出版社 1961 年版，第 51 页。

可持续发展和构建和谐社会的目标。随着人们对城市规划认识水平的提高,我们开始意识到,城市规划不是简单的自然科学。在很大程度上,"城市规划本质上也是一个具有浓厚政治色彩的价值判断过程"①。从前面的表 1 可以看出,当前规划界对城市规划的认识上的转变,正是因为国家和时代提出的城市规划的价值观发生了转变。现代公共政策的价值诉求之一是"公平和公正"。以此标准衡量城市规划的价值取向,就会对城市规划有不同的理解。就塑造美的城市环境来说,美好的城市建设环境可以让所有的居民都受益,不论贫富。但如果加入了"公平和公正"的价值标准,城市规划还要考虑在城市发展过程中,不论贫富还是强弱势群体都可以相对公平地受益。加上减少城乡区别、缩小贫富差距、维护环境公正、构建和谐社会等等价值考虑,城市规划的复杂性和公共属性就更加凸显了。

2. 城市规划的地位需要改变

随着时代的发展,中国城市规划必然要经历从单纯技术工具转变为政府公共政策的过程,也就是城市规划的地位需要得到改变。这一点可以从城市规划的权力特征的角度予以认识。

从城市规划学科的历史发展来看,工业革命后,城市发展过程中公私矛盾的相互作用导致了现代城市规划的产生。② 事实证明,这种矛盾最终必须通过政府干预才能得以公平解决(弥补市场失效)。因此,城市规划不仅是一门技术,而且是权力的一种表达方式。只有将它作为权力行为来研究,才能理清管理上的决策、意识形态和专业实践经验各个范畴之间的关系。③ 在今天,我们同样认识到了城市规划的这一特性。因此有学者指出,城市规划向公共政策的转化是推进规划得以实施的基本方向。④

现代城市规划自产生之日起就有政府干预的意愿,同时,城市空间一直都是城市规划最直接作用的对象,城市规划作为公共政策的最大特征就是一种以空间为载体的公共政策。现阶段规划界的这些认识意

① 仇保兴:《中国城市化进程中的城市规划变革》,同济大学出版社 2005 年版,第 57 页。

② Anthony Sutcliffe, eds, *The Debate on Nineteenth-century Planning*, *The Rise of Modern Urban Planning* 1800-1914, London: MANSELL, 1980. p. 2.

③ 〔法〕让-保罗·拉卡兹:《城市规划方法》(高煜译),商务印书馆 1996 年版。

④ 孙施文:《有关城市规划实施的基础研究》,《城市规划》2000 年第 7 期。

味着,在新的形势背景下,城市规划要实现"政府调控城市空间资源、指导城乡发展与建设、维护社会公平、保障公共安全和公众利益"的目的,就必须成为统筹城市空间决策的唯一平台,即"城市规划的基本内容应当是城市其他各项政策的起点和终极归结"①。因此,为了有效实现城市规划从以物质空间为主的技术规划向公共政策的转型,就必须切实提高城市规划的政治、行政和法律地位。这一条,中国的许多城市还处在探索和完善的过程中。

3. 城市规划编制内容与程序需要改变

城市规划上升到公共政策的层面,意味着规划工作者地位的提升和权限的扩大,也意味着规划者要承担更大的社会责任和义务。要实现规划向公共政策的转型,规划师思维方式和知识结构的改变是必需的,城市规划编制内容也必然相应地发生变化,简单说,就是从偏重物质空间的技术层面到关注社会经济发展的有关层面,包括作为公共政策的城市规划要放弃理想蓝图的描绘,转而面向解决现实中的问题,增强规划的可实施性等内容。在规划目标的确定上,除了要确定应该做什么外,还应该确定基于现实的各种约束条件,能够做什么以及如何做。

规划程序的改变主要是如何体现公众参与。实际上公共政策与通常意义上所讲的"政策"的不同之处就在于突出了"公共"二字。"这既意味着对决策过程的公共性的强调,也意味着决策以公共利益为出发点的本质属性。"②在市场经济体制下,城市空间、社会经济各方面的发展是在个体、企业和政府的博弈过程中形成的,这必然会改变目前这种完全由政府单方面做规划决定的局面。

三、城市规划作为公共政策的建设性实施方案

认识上的变化还需要通过具体的机制予以实施,才能对实际工作真正发挥作用。要实现城市规划向公共政策的转型,城市规划管理的变革是不可或缺的内容。这种变革,可以从以下四个方面进行探讨。

1. 改变管理理念

管理理念的变化实际上是城市规划价值观的转变在管理工作中的表现。自 20 世纪 90 年代起,城市规划的内涵就已经超越物质空间层

---

① 王登嵘、李樱等:《政策与城市规划编制的互动影响》,《城市规划》2007 年第 11 期。
② 陈庆云:《公共政策分析》,北京大学出版社 2005 年版。

面,扩大到城市的经济和社会发展层面,但以公共政策为导向的现代城市规划管理,需要以下三个方面的进一步转变:

(1)物质空间层面的管理:从所谓引导建设(比如打造建材城、汽车城、CBD 之类的违反市场规律的规划行为),转向对城市空间的引导与控制并行,注重资源与生态环境的保护,即所谓体现城市规划"调控城市空间资源"的能力。

(2)社会发展层面的管理:从空泛地代表公共利益,转向打造优质的人居环境、关心社会弱势群体的利益、真正体现规划的社会公平性,比如关注公共住宅政策、就业政策、公交优先政策等。

(3)经济发展层面的管理:从简单地关注经济增长,转向基于产业结构调整、健康的经济运行的经济发展政策,包括产业空间置换、技术培训、生产生活配套建设和服务保障政策等。

2. 改变管理内容

作为城市建设的综合部署和管理依据,规划管理体系可分为三部分,即规划编制审批管理、规划实施管理(又称规划建设管理)和规划实施监督管理(又称规划实施监督和检查管理)。这三部分内容,对应了城市建设活动的全过程(见图 1)。作为公共政策的城市规划管理,可以比照公共政策过程,补足现有管理工作内容方面的缺失。

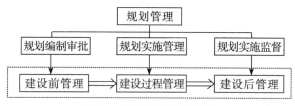

图 1 城市规划管理现状

尽管不同学者对政策过程的表述有一些差别,但通常认为一个完整的"政策过程"包括以下几个环节:(1)确定政策问题;(2)形成政策方案;(3)政策决策;(4)资源配置;(5)政策执行;(6)政策评估;(7)政策监控与政策调整;(8)政策终结。① 通过对比可以发现:首先,目前的规划过程多是"目标导向"型的,不同于公共政策过程的"问题导向";其次,规划修编环节也并不完全等同于政策调整,因为前者通常由于城市发展条件及发展目标的改变所导致,后者则通常是由于之前的政策评估发现了政策实行中的偏差而进行；最后，规划评估是明显缺失的一个环节。所以，以公共政策为导向的城市规划过程，应在原有的环节中进行完善（图3）。其中，需特别加强规划的评估环节，既要有实施后评估，更需要有实施前评估。所谓实施前评估，即在规划方案制定后、但还没有通过法定程序审批之前，要进行"预测性评估"和"可行性评估"等内容的实施前评估工作。这样才能提高规划的科学性和可实施性，防止规划只是简单地描绘一张未来美好蓝图的固有思维。

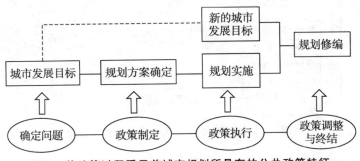

图2　从政策过程看目前城市规划所具有的公共政策特征

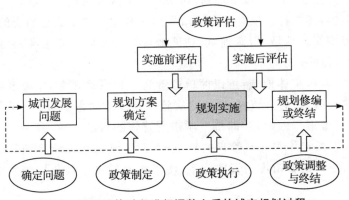

图3　根据政策过程进行调整之后的城市规划过程

3. 改变管理架构

为实现上述管理内容的变化，规划管理架构也应该相应的有所改变。比如说，在原有的以规划编制审批和规划实施为主的职能部门基础上，增设专门负责信息收集和规划评估的机构，前者为各种规划决策提供咨询，后者则为政策的调整与终结工作提供科学的规划评估管理。目前，部分规划管理部门已经为适应新的需要增加了类似信息中心这样的职能部门。对于规划评估工作，尽管有不少城市规划工作者已经认识到规划评估的重要性,但在实际管理工作中,还没有引起足够重视。

此外,为了保证规划的公正与公开性,在规划管理部门外部,要加强第三方机构以及公众参与的作用。具体的管理架构设想框架如图4所示:

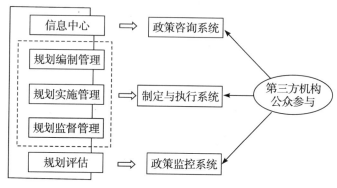

图4 公共政策导向的规划管理架构示意图

4. 改变管理方式

作为公共政策的城市规划,如果要追求区域治理,实现城乡统筹等管理目标,还要打破现有的在城市规划区范围内实施调控职责的限制,将城市按实体地域、行政地域、功能地域划分不同空间层次,分别实施不同的管理方式。

(1)城市实体地域:可以简单理解为一种景观概念,主要反映的是城市建成区,在此区域内,应主要实施以建设活动为主的管理职能。

(2)城市行政地域,即每个城市所管辖的行政区域,是一种行政管理概念。按照中国行政管理的特点,在此区域内可以将乡镇和农村建设纳入统一的城市规划管理体系,便于实施城乡一体化协调发展的管理内容。

(3)城市功能地域:可以简单理解为一种与中心城市有关的社会经济活动所涉及的空间范围,可能超越城市的行政管辖范围,因此,应主要实施以协调区域合作为主的规划管理内容,包括重大基础设施建设、产业布局、人口合理流动等内容。

上述三种地域概念,在西方城市早有明确的意义和界限[①],但目前

---

① 修春亮、孙益杰:《对城市规划研究中几个重要问题的思考》,《规划师》2000年第1期。

我国除行政地域有明确的界限之外,对于实体地域和功能地域的界定,都还需要从学术和实践领域两个层面进行进一步的探讨。

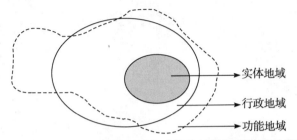

实体地域

行政地域

功能地域

图 5 城市实体地域、行政地域和功能地域的逻辑关系示意图

四、结束语

"三分规划,七分管理"是城市规划界流行多年的术语,可见规划管理的重要性。今天,为应对社会经济体制的转型,政府管理理念也在发生根本性转变。在一系列的转型中,城市规划作为政府干预城市发展的一种手段,从过去以物质空间为主的技术规划向公共政策转型,是一种历史发展的必然。在这一转型过程中,除了要从概念、理论等方面对这一新的转变进行认识外,从规划管理角度探讨转型过程中的变革,对于规划实践工作,特别是如何在城市建设和发展过程中实现城市规划向公共政策的转型,也是必不可少的工作。

· 论公共政策导向的城市规划与管理 ·

如何在城市发展过程中既维护公共利益又保障私人权利

——"政府或公共部门对私产的征用权"辨析①

一

"政府或公共部门对私产的征用权"（eminent domain）是协调国家与公民个人利益关系的一个重要概念。近年来，中国城市化的过程非常迅速。在这个过程中，一个十分突出的问题就是征地问题。目前，地方政府在土地征用过程中出现的补偿问题引起了不少矛盾，成为威胁中国社会稳定和和谐发展的一大危险，需要引起高度的重视。

有些地方政府官员往往会为征地拆迁过程的高效而自豪。的确，在政府主导经济发展的情况下，征地拆迁的过程确实迅速高效，但同时带来的社会矛盾和百姓的不满程度也非常高。这些矛盾大多数并不能随时加以解决，给社会积累了不稳定因素，有的甚至激化

---

① 本文原载于《中国行政管理》2008 年第 7 期。

了。这与在改革发展和现代化建设的过程中,政府要有意识地培养人民的民主、法制、权利和秩序的社会意识和维护社会和谐发展的战略目标大相径庭,同时也给地方政府官员随意决策、不搞认真的城市发展规划和决策论证创造了条件,其结果可想而知。在中国发展的过程中,各种社会活力被激发,发展速度迅猛,但传统管理意识拉后腿,不适应发展需要;新的规划管理意识和手段又跟不上;加上城市转型,暂时的混乱是很难避免的。但从长远看,如何从这些过程中吸取教训,加强城市规划管理,却是应该提到议事日程上来的事情。

这至少要从三个方面着手:一是建立合理的法规程序和土地征税的评估和税收体系、培训管理人员的司法意识,防止地方、单位或发展商对百姓的巧取豪夺,合理补偿被征用机构和个人的损失。二是要提高对社会和公民的法理和法制教育,让他们意识到在发展过程中维护公共利益的合理性、必要性和必然性。如果被界定的公共利益十分明了,而个人或单位又能得到合理的补偿,他们就不应该无限制地反对发展,成为矛盾源。三是要有比较专业化和独立的仲裁机构,如法院,对城市发展的规划、公私利益的兼顾等进行监督和制衡。在这些方面,西方国家有不少积累下来的经验。

二

在城市发展过程中,西方国家一个常用的原则是,国家或公共部门在发展公益事业的过程中有对私人财产的最终征用权(有的翻译为"土地征用权")。理论上,这个权力可以维护公共利益。在使用过程中,如果得法,这个权力也可以相对公正地保障个人利益和权力,有助于实行良好的城市规划,一方面解决发展的需要,另一方面也尽可能减低公民损失,有利于社会的和谐和长治久安。

对私人财产的征用权在英国、加拿大、新西兰等不同的国家有不同的英文名称。如在英国,叫强制购买权(compulsory purchase),但基本内涵与国家最终征用权相似。强制购买权的概念一般认为来源于欧洲的共同法(Common Law)的传统,它认为政府有在个人财产拥有者不同意的情况下将个人的私有财产征来给政府或政府授权的第三方,用来为公益事业服务。这类对私有财产的征收活动往往用于公用事业、高速公路、铁路,或者是公共安全、卫生健康、公共利益和方便(convenience)、学校、政府办公用房、公园和开发贫困区域等。在美国,有些州政府规定政府单位(包括地方政府)在使用强制购买权之前,必须尽可能地先使用一般性购买的方法与拥有财产的私人达成购买协议。在有些地区,政府也可把这种强制购买权授予公共的或从事公共事业服务的私营公司。他们可以使用这些特权,以保证电话、电、水、煤气等线路的畅通。

在征用过程中,许多国家都要求原财产拥有者按市场价格得到合理的补偿,防止少数人用发展的机会巧取豪夺,欺负普通的老百姓。如果这个财产是土地,强制购买的过程就是征地过程。在美国,一般来说,政府先要尽可能与产权拥有者谈判和协商购买。如果拥有者不愿意出售,政府就会到法庭备案,提出要求使用强制购买权的申诉。然后,法庭会安排一个听证会,政府必须在会上证明征用的土地是拿来作为法定范围内的公共事业;也必须要证明政府已经通过正常购买渠道诚意地做出了购买的谈判努力,财产拥有者也被给予充分的机会来回应政府的要求,但没有结果。如果政府的诉求得到法庭批准,下一步再决定如何确定财产的公平市场价值。如果财产有债权人的话,付给私人的钱须先要偿还其所欠债权方的债务,其余付给个人,然后才能获取产权文件。政府或个人有一方不满意,可以进一步上诉,由更高一级的法院来判断。

"政府或公共部门对私产的征用权"规制的基础是宪法。美国宪法第四修正案明文规定,"人民的人身、住房、票证债券、财产物品的权利应该受到保护,不受任何无理的搜查和没收。一旦必须要这样做,有关权力机构必须要有正当的得到法律认可的原因、誓言以及精确说明搜查地点、人物和物品的搜查令或没收令"。其他条款也有类似规定。在一部短短的宪法中,多次提到公民的人身和财产权,可见这一理念是现代民主国家管理的重中之重,是公民和法制社会的基石,也是美国制定财产权利方面的公共政策的法律准绳。在个人利益和公共利益有冲突的时候,解决冲突的方法也不能偏离这些法律精神。

这种对私人财产的征用权不仅限于实际的物质财产(如土地等),而且包括别的私产(如战争所需物资、区域经营权、合同、专利、贸易秘密和版权等等)。一般说来,对私人财产的征用,表现为几种形式:全部征用、部分征用、暂时征用、使用权征用(在互不影响的情况下,公共部门和私人共同对财产拥有使用权,如水电的线路等)。

三

近年来,西方社会也有越来越多的抱怨,认为强制购买权被滥用。

不少州和地方政府有使用强制购买权帮助发展商获得商业利益的倾向，认为只要能使土地或原有财产增值就足够构成符合公共利益的条件。批评者们则认为这是完全荒唐的论点。他们认为，有的土地财产，不论价值已经多高，如果用不同的方法来开发，总是可能更有价值的。他们还认为，如果发展商不能在公开的市场上买到这个财产或土地，那就很难使他们真正提出公正的市场价格来征收土地。他们认为，政府之所以使用强制购买权，是因为经验告诉他们，有些财产拥有者不愿意用合理的市场价格出售产权，这种意愿不应该被用作为扭曲市场价格、超市场标准的要价或妨害公共工程的工具。

两种意见各有各的道理。其中很重要的两条，就是如何制定城市规划和界定公共利益。举例来说，在美国，有一个镇想将一片土地给发展商发展成高级住宅区。首先，这是不是应该开发、是不是最好的地点选择、是更符合发展商的利益还是更符合本地大多数居民的根本利益、对城市的税收和未来发展的好处有多大、对现有居民有利还是有弊、如何补偿，这些都是决定应不应该开发这片土地的问题。领导意图、专家规划、公民参与则是重要的决策考量。其次，开发的标准和补偿标准的制订是操作过程中的问题。在这个案例里，为了达到开发的目的，镇政府将这个区内有三个卧室和两个卫生间、两个车库以下的没有中央空调的房子全部定位为衰败的房产，要拆迁；而居住在此的大多数老百姓不同意。解决办法是将此案提交法庭。经过法庭审判，老百姓胜诉。

从这个案例来说，政府输了，没有达到原来设计的发展标准，但现有百姓的利益得到了保护。从长远来讲，这迫使政府再继续做认真的规划，在操作过程中兼顾百姓的利益，把规划拿到公开的舆论中进行讨论和争辩，而不是少数领导想当然或只为发展商服务。

对原有居民利益的保护，也是对原有城市文化特点的保护。发展实际上也面临塞翁失马的情况。许多名城，不论大小，都有自己的城市特点。漓江古城、周庄小镇、苏杭园林、京城胡同，它们若没有各自的特点，还会有许许多多的人去吗？而在园林中（比如说颐和园）安排穿古装的服务员，就是对人们心中怀旧和好奇感的一种满足。有了这些园林或建筑，但没有与这些环境文化相关的人、语言和习俗，它们的吸引力也会大打折扣。所以说，在城市发展过程中，要求规划部门认真规划、兼顾多方面的利益和考虑，并不是一件坏事，这有利于城市的可持续性与和谐发展。

事实上，如何协调民生、传统、文化、发展和城市规划是一个复杂和非常需要动脑筋的问题,要多方互动,借鉴别人成败的经验,反复讨论。中国在迅速发展的过程中,城市发展的规划,不是部门和个别领导的事情,而是需要专家、公民和领导群体共同参与的活动。在有了相当的发展基础,开始在城市化、工业化和后工业化的领域进行冲刺的时候,如何用科学、法制、理性、民主和公正的手段来处理城市发展过程中涌现的问题,保持国家长治久安、社会和谐及可持续发展,就成了必须摆上议事日程的大问题。短期的速度和效率,只有在有长期发展的价值的前提下,才会有意义。从这个角度来说,审视西方政府或公共部门对"私产征用权"这一概念,并借鉴其合理使用的经验成果,对中国城市的可持续性与和谐发展,无疑有许多益处。

产权疲软问题的公共政策思考[①]

产权问题是政治学、经济学、社会学和公共政策学科共同的重要命题之一。从一定的意义上来说，产权问题是与人类文明相伴的古老的问题，从氏族部落出现的那一刻起就有了不成文的氏族之间的产权界定。奴隶主和封建列强在征服与掠夺的过程中也经常以财产权为争夺的核心，甚至将人也作为财产进行争夺。产权的概念，不但普遍存在于人类社会，甚至普遍存在于动物世界，不能从虎口夺食就是对于老虎的产权意识的一个精妙的注脚。从这一角度来说，对于产权问题的研究，必然要超越单学科的视角，从产权的多维社会功能来看产权政策的合理性。

科斯在 20 世纪 60 年代开始的产权问题研究[②]在

---

① 本文原载于《中国行政管理》2006 年第 9 期。

② Coase，R. H.，"The problem of social cost"，*Journal of Law and Economics*，pp. 1-44.

70 年代被阿尔钦和德姆赛茨推到了巅峰①,巴泽尔等后来又系统讨论了早期关于产权问题的研究文献,认为社会制度是产权的重要依托。② 这些工作成为新制度经济学的经典,他们都对产权提高经济效益的功能持乐观态度,认为产权的效益表现有三大重要标志:产权的普遍(Universality)——所有稀缺的资源都被人拥有;产权的排他性(Exclusivity)——产权是独有的权利;产权的可转让性(Transferability)。在德姆赛茨的分析框架里,三大重要标志在长期的经济运行过程中一定会表现出来。③ 但李卜克,特别是诺斯对这种产权发展必然促进经济效益的乐观态度提出了质疑。④ 诺斯提出,经济学界至少有部分人士接受了一种事实,那就是产权发展在促进经济效益方面也常常不灵。阿尔钦自己也提到过,产权是一个社会所强制实施的选择一种经济品的使用的权利。⑤ 这个定义拓展了德姆赛茨的产权定义,它强调了产权是一种选择权、一种受限制的选择权,要受到法律、道德与伦理的约束。这些思想事实上都是质疑产权在经济激励方面的万能性。但产权在不同的制度环境下如何受到约束,还留有许多理论和实证的空白。伯茨曼教授提出的所有的"组织都是公共的",就是对产权决定论的一个有力的挑战。公共政策在产权制约方面的研究,就是要解决如何将产权的功能最大化的问题。

在过去的几十年里,产权理论的争论在西方经济学界也时有出现。一批经济学家发展了产权理论(如 Alchian and Demsetz),认为产权的可转让性是组织行为具有决定意义的因素,因为产权决定决策者和其他人在利益分配和损失承担方面的最终结果。德姆赛茨沿着科斯对外部性的分析,认为产权是对所有者自己或他人有益或有害的权利。"产权是一种社会契约,它有助于形成一个人在同他人的交易中能理性地

---

① Alchian, A. & Demsetz, H, "Production, information costs and economic organization", *American Economic Review*, pp. 777-795.

② 巴泽尔:《产权的经济分析》,上海人民出版社 1999 年版。

③ Demsetz, H. "Toward a theory of property right", *American Economic Review*, pp. 347-359.

④ Libecap, G. D, *Contracting for Property Rights*, New York, NY: Cambridge University Press, 1990; North, D. C. Institutions, *Institutional Change and Economic Performance*, Cambridge, MA: Cambridge University Press, 1989.

⑤ A. A. 阿尔钦:《产权:一个经典注释》,载《财产权利与制度变迁——产权学派与新制度学派译文集》,上海三联书店 1994 年版。

把握的那些预期,这些预期在法律、习俗和社会惯例中得到实现。"①德姆赛茨强调了产权与外部性的关系:在当事人之间的产权交易成本超过内部化的收益时,成本和收益的外部性就存在。产权的主要功能在于引导各种激励机制,使外部性在更大程度上得以内部化。

20 世纪 80 年代以来,私有化和分权化的改革浪潮席卷全球。决策权的下移、产权的竞争和转让带来了很多的经济活力,同时也是许多社会不公现象的温床。安然公司和全球通等 20 多个世界级大公司的丑闻,绝不是偶然现象,而是产权掠夺性竞争白热化的表现。产权的社会弊病,由此亦可见一斑。事实上,马列的理论也是出于对产权的负面效果深恶痛绝的产物,罗斯福新政也是对失控的产权的社会效应一种激烈的反弹,这些经验都值得研究产权的学者从公共政策的层面认真考虑。

在中国改革的过程中,有关产权的讨论也是激烈之至。传统的产权概念被分割成多个层次,使一个简化了的分界线又重新复杂起来。同时,在这许多的讨论中,没有得到应有重视的是产权的时间效益。当佛利民解释某法国学者的货币理论时,被问到他的主旨是否"若时间长而事情不变,人们就觉得沉闷?"佛利民答:"你是要问,是否时间越多,时间在边际上的价值就越少?"②可见,时间的效度在学术界是得到认可的概念。但这个时效是如何在产权杠杆上发生作用的,却少有学者寻根究底。产权功能的时效递减现象的进一步延伸包括产权能力(大小产权)的相对萎缩和产权制度效益的萎缩。在理论方面,探讨这些问题的学者屈指可数;在实证方面,更是鲜有涉猎者。

理论上对产权问题的思考,可以有如下几个方面:

(1)产权问题不仅仅只有经济功能,它的政治功能、社会功能和心理功能都非常重要,甚至往往超越产权的经济功能。洛克的政府论、马克思对私有财产的批判、马斯洛的心理需求层次理论等等,都包含了对产权非经济功能的深刻认识,也注定了理论意义上的理想型产权概念在具有不同社会、文化历史和心理需求层次的不同社会环境中的不可实践性。

(2)产权作为经济发展的推动杠杆不是常在的,而是有时效性、规

---

① H. Demsetz,"Toward a theory of property rights", *American Economic Review*, No. 57, 1967, pp. 347-359.

② 张五常:《思考的方法》,载《卖桔者言》,四川人民出版社 1988 年版。

模有效性和历史文化环境依赖性的。中国的"富不过三代"的传统经验和智慧,现代西方的管理权与所有权的分割(转让小部分产权来换取对大部分产权的管理和调配),用公司/企业理论来弥补产权功能的不足的现象,层出不穷的中小企业在弱势条件下发展壮大,替代老的大企业成为社会经济中坚的案例,都是这一思考的前提。产权拥有的时间长了,有时效的递减性;产权的相对规模变化(小)了,产权拥有者的影响力也会受到制约;文化和制度条件嬗变了,社会全面发展的要求增大了,产权的经济功能也就变化(弱)了。我们把这个现象称为"产权疲软"。中国住宅用地最长使用年限界定在 70 年,土地使用年限为 50 年,新加坡政府房的住房拥有权为 99 年,这是否是合理的公共政策的界定呢? 另外,传统意义的产权在什么条件下才能最大限度地发挥它的效力? 在什么条件下开始制约企业的进一步发展、技术提升和体制创新呢?

(3)产权功能的发挥依赖社会条件。比如说,在诚信、文明、法制的社会,产权的意义更大,因为它更有稳定性。只讲产权,不及其他,是只见其一、不见其二的片面视角。要将产权问题放到更大的社会条件下来研究,探讨产权疲软问题,即产权在作为经济激励机制的过程中的时效性、规模有效性和对制度(包括政治、历史和文化)环境的依赖性问题。这正是公共政策需要面对而且擅长的问题。

(4)合理的、适时的、政策引导的产权管理和转让,有可能会在维护政治和社会偏好的前提下,更加有利于产权的政治、经济功能的发挥。

(5)产权的重大管理意义在于简化了决策的复杂性,将责权相配,鼓励长期行为。同时,产权本身又远远不够解决体制运行、经济发展和和谐社会所面临的诸多挑战。现代社会的复杂化,经济活动中产权与管理权的分离,体现的是现代社会中专业化技能和分工逐渐在分配和管理领域不断增大的比重,有产者不得不用产权来换取专业管理的智慧的现实。

关于产权的思考,过去大多数是从经济学的概念出发的。从公共决策的角度来审视这个问题,做一些经验性研究,对于制度设计中如何合理使用产权杠杆,既重视产权又不唯产权论,理性意识到产权疲软的时效,对设计政府改革、国企改革、政企关系、中央与地方的关系等等,都会有许多有益的启示。

中国政府绩效评估：理论与实践[①]

一、政府绩效评估的发展演进

政府绩效评估是西方发达国家行政体制改革过程中逐渐形成和发展起来的，涉及政府管理的各个方面，并经历了一个较长的发展时期。以效率政府、顾客至上、追求公共责任为核心，政府绩效评估正在以多样的功能影响着世界各国的政府体制改革进程。最早的政府绩效评估实践可以追溯到一百年前，其发展过程大致可以分为四个阶段。

第一阶段：萌芽阶段（20世纪初至20世纪40年代）。早期的绩效评估实践发源于美国，美国行政学家吉特·波科特在《公共生产力的历史演变》中将这一时期的公共行政称为"效率政府"时期。早在19世纪末，美国当时许多城市政府腐化无能的事件陆续被媒体曝光，公众对城市政府的信任度逐渐下降，通过财政预算

---

① 本文由蓝志勇与胡税根合写，原载于《政治学研究》2008年第3期。

控制地方政府绩效的呼声便开始出现。1906 年,美国的布鲁尔(Bruere)等人发起成立了纽约市政研究院(The New York Bureau of Municipal Research)。1907 年,纽约市政研究院率先开始了对纽约市政府绩效评估实践,并运用社会调查、市政统计和成本核算等方法和技术,建立了三种类型的绩效评估:一是评估政府活动的成本与投入;二是评估政府活动的产出;三是评估社会条件。纽约市政绩效评估的实践是政府绩效评估的先导,对政府绩效评估的发展起到了关键作用。在早期萌芽阶段,政府绩效评估的背景整体上是传统行政模式。受到科学管理运动和一般管理理论的影响,西方国家对政府绩效评估的研究大多采用基于技术效率(机械效率)的研究方法,因此当时的政府绩效评估事实上主要是指财政效率等测算性指标研究。早期的政府绩效评估发展比较缓慢,以美国为主,但以萌芽形式出现的政府绩效评估至少在传统行政模式中创造了一种评估政府的观念,并出现了一些专门研究政府绩效的组织和学术团体,为后来政府绩效评估的发展奠定了坚实有力的基础。

第二阶段:起步阶段(20 世纪 40 年代至 70 年代)。不同于萌芽时期,早期的绩效评估研究事实上是传统行政模式的延续,又被称为"效率研究"。40 年代,在胡佛委员会的推动下,美国理论界与政府部门对绩效评估与绩效预算的关注进一步提升,"政府的行政机构,特别是预算署,开始制订工作绩效考核办法和工作绩效标准"[1]。40 年代中期,雷得累和西蒙在《市政工作衡量:行政管理评估标准的调查》中提出了评估的需求、结果、成本、努力、业绩五个方面的内容。1949 年,胡佛委员会将自己的报告称为绩效预算,从而开创了政府绩效预算的新时代。所谓绩效预算,尼古拉斯·亨利将其定义为"按照运作和方案来组织,并把运作和方案的绩效水平和具体的预算数额联系起来的预算"。这里主要有两层含义,一是方案预算,强调要制定方案,并按照具体的方案制定预算;二是注重机构实际的绩效和考核,要将最后的考核结果与预算额进行比较。这两者在绩效预算中缺一不可。在此基础上,60 年代末至 80 年代初,美国政府又相继实行了计划—规划—预算(PPB)、目标管理(MBO)和零基预算(ZBB)。这对加强提供服务的质量、控制成本、提高生产率和解决特殊问题都有着重要作用。

---

① 尼古拉斯·亨利:《公共行政与公共事务》,华夏出版社 2002 年版。

第三阶段:发展阶段(20世纪70年代至80年代)。这一时期是政府绩效评估大规模发展的阶段,尽管经历的时间不长,但该时期确是政府绩效管理最具里程碑意义的发展阶段。70年代,在民选官员的积极推动下,美国联邦政府的生产率改进工作得到大力支持。1970年,参议员威廉·普罗克斯迈尔要求对联邦政府的效率进行评估,总审计署着手这项工作。随后,国会通过了一系列法案以适应生产率改进的发展要求。1973年,尼克松政府出台了"联邦政府生产率测定方案",试图将政府绩效评估系统化、规范化、制度化。在这个方案的指导下,有关部门制定了3000多个绩效评估指标,由劳工统计局负责收集绩效信息和统计工作。同时,各联邦行政机构也积极增设项目评价部门,注重对绩效结果的评价。70年代末至80年代,由于经济滞胀等各种原因,美国的政府绩效评估发展处于较长时间的缓慢期,甚至停滞不前。当然,在缓慢发展阶段,美国政府绩效评估在全面质量管理、以后果为导向的评估等研究和实践的基础上还是取得了显著的成就,如评估重心的转移、评估方式的转变等。70年代末,英国在各种危机和压力的情况下实施了较为彻底的行政变革,1979年撒切尔夫人的上台开始了英国"新公共管理"的改革,其私有化、竞争机制、分权化、服务质量、绩效评估的改革理念使英国当仁不让地被称为当代行政体制改革的先驱。在"效率战略"的指导下,撒切尔政府相继推行了雷纳评审、部长管理信息系统、财务管理新方案等改革措施,极大地推动了绩效评估在政府部门中的应用。

第四阶段:深化阶段(20世纪90年代至今)。80年代英国政府绩效评估的成功实践以及后期的"下一步"行动方案、"公民宪章"运动、为质量而竞争等改革措施,都促进了英国政府绩效评估活动的展开。进入90年代以后,政府绩效评估的发展出现了新的趋势。[①] 一是绩效评估逐步走向制度化、规范化和法制化。英国1983年即颁布了《国家审计法》,规定成立国家审计署以确保审计长履行其职责,首次从法律的角度表述了绩效审计。1997年英国颁布了《地方政府法》,规定地方政府必须实行最佳绩效评价制度,各部门每年都要进行绩效评估工作,要有专门的机构、人员及固定的程序。1993年,面对公众要求强化对政府进行监督和提高政府工作效率的压力,美国第103届国会通过了一

---

① 桑助来等:《政府绩效评估研究》,中国人事出版社2005年版。

项重要的法案,即《政府绩效与结果法案》(The Government Performance and Results Act,GPRA)。1999 年 4 月,日本内阁会议以《中央省厅等改革关联法案》的相关措施为内容,制定了《关于推进中央省厅等改革的基本方针》,将总务省的行政监察局改为行政评价局,行政评价局可超越各府、省的界限,行使包含政策评价职能在内的行政评价和检查职能;2002 年他们又出台了《政府政策评价法》,在整个政府范围内实施。① 二是绩效评估技术不断发展。以信息技术的应用最为典型,也因此有人甚至认为绩效评估的信息化比绩效指标的设计更为重要。现代化的信息技术、量化技术的广泛应用,不仅为绩效指标的筛选、绩效信息输入提供了方便,而且包含了绩效考核过程的公平性。信息技术正在成为现代政府绩效评估的主要手段。三是对评估主体多元化和公民参与评议逐渐形成共识。随着公民社会的兴起和公民参政议政意识的加强,政府也在不断考虑公民参政议政的形式。公民参与绩效评价作为现阶段较为合理、公正的一种参政形式而获得了广泛认可。四是绩效评估的理念、方法和技术不仅在发达国家之间盛行,而且也推广到一些发展中国家。除了英美等国家以外,日本、澳大利亚、加拿大、德国等国家也纷纷实行政府绩效评估。从 80 年代中期开始,新西兰政府逐渐提倡要放松对经济的管制,结束政府对大部分经济的直接控制与干预,并建议精简、打碎、激进地改革公共部门官僚体制。澳大利亚于 1997 年公布公务员条例,削减高级公务员的特权,出台财政管理和会计法案,推行权责会计计划,其战略目标是到 2000 年基本实现现金制政府会计制向权责会计制度的转变。日本于 1997 年开始行政评价改革,涉及政策评价、行政活动评价等。此间,韩国、新加坡、马来西亚、印度尼西亚等国相继开展了政府绩效评估活动。

二、中国政府绩效评估理论研究的发展

我国政府绩效评估的理论研究始于 20 世纪 90 年代中期,到目前为止大致经历了三个发展阶段。

1. 第一阶段——初步探索阶段(1994—1999 年)

1994 年,有学者翻译了大卫·伯宁翰的《英国地方政府中运用绩

---

① 《加强政府绩效管理,深化行政管理体制改革》,http://www.eceb.com.cn/articleview/2006-05-26。

效评估尺度的观察》一文。① 1995 年,有学者对英国组织绩效评估的历史、主要内容和技术方法进行了一定的介绍。② 这一时期,对于政府绩效评估的理论研究尚处在初步的探索时期,通过国内学者对西方国家政府绩效评估理念和方法体系的介绍,政府绩效评估的思想开始进入中国,但并没有引起理论界和行政官员足够的重视。

2. 第二阶段——研究的拓展阶段(2000—2003 年)

从 2000 年开始,政府绩效评估的问题在国内引起一定的关注,相关理论研究也有一定拓展。在这一阶段,新公共管理理论在中国逐渐兴起,新公共管理运动本质上是一场在绩效评估理论指导下的行政改革运动。学术界开始关注作为提升政府绩效的有效工具——绩效评估问题的研究。这一时期的理论研究主要集中在三方面:

第一,对西方国家政府绩效评估理念与方法体系的引进和介绍。有学者对西方国家政府绩效评估的内涵与理念进行了深入的研究,指出绩效评估是西方国家在现存政治制度的基本框架内、在政府部分职能和公共服务输出市场化以后所采取的政府治理方式,也是公众表达利益和参与政府管理的重要途径与方法,它反映了政府管理寻求社会公平与民主价值的发展取向,贯穿了公共责任与顾客至上的管理理念。③ 有学者中对英国、美国、澳大利亚、新西兰等国的绩效评估实践进行了比较详细的介绍。④

第二,对我国政府实施绩效评估的现状及可行性等问题进行探讨。如中国行政管理学会联合课题组在其报告中指出,我国政府绩效评估的实践大致划分为三种类型,并提出我国建立机关工作效率标准体系的基本原则及设想。⑤ 有学者以我国政府实行绩效评估的可行性为切入点,指出我国实行政府绩效评估的主要障碍在于政府与企业两种组

---

① 大卫·伯宁翰:《英国地方政府中运用绩效评估尺度的观察》,《行政人事管理》1994 年第 1 期。

② 周志忍:《公共组织绩效评估——英国的实践及其对我们的启示》,《新视野》1995 年第 5 期。

③ 蔡立辉:《西方国家政府绩效评估的理念及其启示》,《清华大学学报》(哲学社会科学版)2003 年第 1 期。

④ 陈振明:《政府再造——西方"新公共管理运动"述评》,中国人民大学出版社 2003 年版。

⑤ 中国行政管理学会联合课题组:《关于政府机关工作效率标准的研究报告》,《中国行政管理》2003 年第 3 期。

织的性质差异、政府作为行政组织所特有的弊端、观念的障碍。①

第三,对中国政府绩效评估的制度设计进行探索。如有学者对政府绩效评估的元设计进行研究,指出政府绩效评估的元设计,就是对政府绩效评估设计的设计。② 有学者对行政管理现代化评价指标体系的构建作出尝试性的理论探讨,从行政环境、行政职能、行政体制、行政执行、行政人员、行政效率六个方面提出了一套评价指标体系。③

3. 第三阶段——研究的细化和创新阶段(2004 年至今)

这一时期,政府绩效评估问题已引起广大学者的极大关注,并且各级政府各部门纷纷在进行政府绩效评估工作的探索和尝试。这一阶段的理论研究主要体现出三个特点。

第一,研究逐渐细化与深入。在这些研究中,有学者对公共部门绩效评估的主体构建及对象选择等问题进行了研究。④ 有学者对地方政府绩效评估的基本程序、信息保真制度、结果运用制度等问题进行了研究。⑤ 有学者侧重从财政支出绩效的视角来研究政府绩效评估问题。⑥ 有学者从绩效评估的视角对行政审批制度改革进行了实证研究。⑦ 有学者引入利益相关者理论对政府绩效进行了全面的界定,同时构设出完整的绩效评估主体范围,为绩效评估的理论化探讨提供了新的视角。⑧ 有学者对地方政府绩效评价中“三权”(评价管理权、评价组织权、具体评级权)的来源、归属和具体内容进行了研究,明确了政府绩效评估各参与者的权责界限。⑨

第二,政府创新理论的不断发展为政府绩效评估提供了理论支撑。政府创新理论是近几年借鉴组织管理理论,将组织管理理论运用到政

———————————

① 徐双敏:《我国实行政府绩效评估的可行性研究》,《中南财经政法大学学报》2003 年第 5 期。

② 张璋:《政府绩效评估的元设计理论:两种模式及其批判》,《中国行政管理》2000 年第 6 期。

③ 谭功荣:《行政管理现代化评价系统初探》,《深圳大学学报》(人文社会科学版)2001 年第 1 期。

④ 卓越:《公共部门绩效评估的主体建构》,《中国行政管理》,2004 年第 5 期。

⑤ 彭国甫:《地方政府绩效评估程序的制度安排》,《求索》2004 年第 10 期。

⑥ 马国贤:《政府绩效评估原理研究》,《扬州大学税务学院学报》2005 年第 2 期。

⑦ 胡税根:《绩效评估视野中的行政审批制度改革》,《政治学研究》2006 年第 1 期。

⑧ 陈国权:《从利益相关者的视角看政府绩效内涵与评估主体选择》,《改革与发展》2005 年第 3 期。

⑨ 包国宪、曹西安:《对地方政府绩效评价中“三权”问题探析》,《中州学刊》2006 年第 6 期。

府管理中,构建学习型、服务型、责任型的政府。有学者指出,一个创新型的政府不仅应当是民主的、法治的和文明的政府,而且应当是变革的、进取的和高效的政府。① 可以说,政府创新理论的发展为政府绩效评估提供了良好的理论支撑,也为政府绩效评估构建了理论框架与操作工具。

第三,研究逐步走向系统化。这主要体现在一系列学术著作的出版上,如卓越主编的《公共部门绩效评估》(中国人民大学出版社,2004年)、胡税根所著的《公共部门绩效评估——迎接效能革命的挑战》(浙江大学出版社,2005年)、彭国甫等著的《地方政府绩效评估研究》(湖南人民出版社,2005年)、范柏乃所著的《地方政府绩效评估理论与实践》(人民出版社,2005年)、孟华所著的《政府绩效评估:美国的经验与中国的实践》(上海人民出版社,2006年)、周凯主编的《政府绩效评估导论》(中国人民大学出版社,2006年)等。不少科研院校也纷纷开设政府绩效评估或公共部门绩效评估课程,这表明国内关于政府绩效评估的研究逐步系统化。

三、中国地方政府绩效评估实践发展历程

改革开放以来,为建立"办事高效,运转协调,行为规范的行政管理体系",我国进行了行政管理体制的持续改革。在变革观念,转变职能,调整组织结构,改革行为方式的同时,借鉴和引进国际流行的新的管理机制、管理技术和工具,努力提高政府的效能。而在西方国家政府绩效评估理论于实践的影响下,自 20 世纪 90 年代以来,中国政府对绩效评估日益关注,并以多种多样的方式来推行这一实践,中国各级地方政府更是对这一领域进行了探索实践,走出了一条具有中国地方特色的政府绩效评估道路。

1. 第一阶段:80 年代中期到 90 年代初期

这一阶段绩效评估并没有真正在中国的行政部门开展,作为绩效评估的前身,考评办法主要从两个方面展开。一是在"目标责任制"②的旗帜下实施,这一时期目标责任制的实施具有自愿性质,中央没有提

---

① 俞可平:《建设一个创新型政府》,《人民论坛》2006 年第 9 期。
② 周志忍:《公共组织绩效评估:中国实践的回顾与反思》,《兰州大学学报》2007 年第 1 期。

出统一要求,也没有相应的规范和实践指南。二是 1989 年开始的效能检查。

目标责任制在我国始于 80 年代中期,是国际流行的"目标管理"(MBO)技术在我国的变通应用。从技术的角度看,目标管理中的绩效评估与现代意义上组织绩效评估有着明显的不同:组织目标分解具体到各个岗位,目标完成情况的考核是岗位任职者对组织目标的贡献,而不是组织绩效状况的系统评估。不过在我国,目标责任制更多采取"首长目标责任制"的形式,而首长的目标责任与所在政府层级或部门的目标责任基本一致,因此,首长目标完成情况的考核与组织绩效评估又有很大的相似之处。1988 年的中国城市目标管理研究会成立时,共有 13 个大中型城市参加,表明此时的目标责任制已经运用的比较普遍,作为一个必要的环节,绩效评估随着目标责任制的实施而运用到政府的各个部门和层级,然而这段时间缺少翔实的记录与整理,难以对其进行系统的分析评价与借鉴。

效能监察在我国始于 1989 年。效能监察就是对效能的监督检查活动,其主体是党和政府的纪检和监察部门,对象是党政机关和国有企事业单位,内容是管理和经营中的效率、效果、效益、质量等。1989 年 12 月举行的第二次全国监察工作会议提出:行政监察机关的基本职能"既包括效能监察,又包括廉政监察"。从效能监察入手,目的在于把监督的关口前移,加强事前、事中监督,做到防范在先,使纪检监察工作紧贴改革和经济建设中心,更好地为经济建设服务。

2. 第二阶段:90 年代初到 90 年代末期

这一阶段是中国行政管理体制改革的纵深阶段,各级政府重视行政效率的提高,服务质量的完善。而这一阶段也是绩效评估在中国发展的鼎盛阶段,各级地方政府不断探索绩效评估的新形式,政府改革和创新的努力再加上国际经验的影响,各种类型和方式的组织绩效评估相继出现,呈现出了百花齐放的态势,而绩效评估作为政府行政体制改革工具的作用也得到了充分的发挥。

在 90 年代,主要的绩效评估方式有以下几种:第一,社会服务承诺制与组织绩效评估。社会服务承诺制度源于 1991 年英国的"公民宪章"运动。① 1994 年 6 月,山东省烟台市针对广大市民反映强烈的城市

---

① 周志忍:《当代国外行政改革比较研究》,北京国家行政学院出版社 1999 年版。

社会服务质量差的问题,借鉴英国和香港地区社会管理部门的做法,率先在烟台市建委试行"社会服务承诺制"①。1996年7月,在总结烟台市社会服务承诺制度经验的基础上,中宣部和国务院纠风办决定"把宣传和推广社会服务承诺制度,作为今年下半年加强行业作风和职业道德建设,推进社会主义精神文明建设的一项重点工作"。随后,社会服务承诺制度在全国范围和多种行业普遍推开。② 第二,目标责任制的应用。③ 与80年代相比,90年代的目标责任制具有两个明显特征:自上而下的系统推进;关注焦点是经济增长。中央和上级机关制定各项数字化的经济增长目标,以指标和任务的形式分派给下级单位,形成一个目标的金字塔结构;这些指标、任务的完成情况是评价考核政绩的主要依据,下级单位与官员的升迁、荣辱都和上级单位下达指标的完成情况挂钩。层层经济目标责任制推动了我国经济的快速增长。④ 1993年,根据中央关于深化干部人事制度改革的精神,河北省委组织部开始探索在河北建立和实行干部实绩考核制度。1994年4月,在总结政府系统实行有限目标管理责任制的基础上,河北省委下发了《关于建立县(市、区)党政主要领导干部激励和约束机制的试行办法》⑤。1999年开始,青岛市委、市政府借鉴发达国家的有益经验和现代企业管理的先进模式确立了督察工作与目标绩效评估相结合、考绩与评人相结合的新的督察模式。第三,以市民为评价主体的绩效评估制度。过去政府的绩效评估都是政府自身的评价,虽然在信息的获取上有一定优势,但是自己评价自己容易导致评估的形式化,达不到绩效评估的真正目的。1999年10月,珠海市正式启动"万人评议政府"活动,一个由人大代表、政协委员、新闻记者、企业代表组成的200人测评团,明察暗访,并用无记名方式对被测评单位作出"满意""不满意"的评价。⑥ 之后珠海市又连续大规模地开展这种评价政府活动。类似的活动也在我国其他地方广泛开展,1998年沈阳市的"市民评议政府"、2000年起每年一次的杭州市"满意不满意评选活动"和2001年起每年一次的南京市"万人

① 刘旭涛:《政府绩效评估:制度、战略与方法》,机械工业出版社2003年版。

② 宗新、刘林:《承诺制遍地开花》,《北京青年报》1996年8月21日。

③ 周志忍:《公共组织绩效评估:中国实践的回顾与反思》,《兰州大学学报》2007年第1期。

④ 刘旭涛:《政府绩效评估:制度、战略与方法》,机械工业出版社2003年版。

⑤ 张冉然、张曙霞、刘刚:《青岛模式和福建的探索》,《瞭望新闻周刊》2004年第7期。

⑥ 张愈升:《珠海万人评政府》,《人民日报:海外版》2002年1月11日。

评议政府"等。

3.第三阶段:21世纪以来

进入21世纪,我国政府的施政理念发生了新的变化。新施政理念要求政府治理模式的转型,组织绩效评估由此进入了发展的第三阶段。响应高层领导"构建科学的政府绩效评价体系"的要求,学术界和实践界付出巨大努力,构建能体现科学发展观的评价体系:"绿色GDP""小康社会"评价指标等学术研究,走出象牙塔并逐步在实践中得以体现。[①] 如桑助来课题组提出了由3个一级指标、33个二级指标构成的比较系统的"地方政府绩效评价指标体系"。可以说,新施政理念和治理模式转变不仅明确了组织绩效评估的地位,而且带来评估模式、实施机制、关注重点和覆盖范围的重大变化。我国的组织绩效评估由此进入了一个新的发展阶段,并形成了各具特色的中国地方政府绩效评估模式,如青岛模式、杭州模式、福建模式、甘肃模式等。但是,由于现有的基础薄弱和实施的时间很短,这些模式还处在试验和完善阶段。

四、中国政府绩效评估实践的基本模式

随着我国政府绩效评估理论研究的深入及西方发达国家政府绩效评估改革实践产生的借鉴与影响,20世纪90年代以来,我国广泛开展了地方政府绩效评估活动,如目标责任制考核、公民评议政府、行政效能评估、第三方评价和欧盟的通用评估框架(CAF)等,并形成了各具特色的政府绩效评估模式,对我们深入探讨政府绩效评估的理论与实践具有重要的借鉴价值。

1.目标责任制的典范——青岛模式

青岛市以"科学民主的目标化决策机制、责任制衡的刚性化执行机制、督查考核的制度化监督机制、奖惩兑现的导向化激励机制"为核心目标的绩效评估体系作为政府目标管理的典范而受到广泛关注。[②]

根据美国学者简·埃里克·莱恩的理论,政府改革的组织与实施目标要么是公共资源配置,要么是公共部门资源再分配。政府部门改

---

① 周志忍:《公共组织绩效评估:中国实践的回顾与反思》,《兰州大学学报》2007年第1期。

② 杜世成:《提高执政能力的一条有效途径——青岛市实施目标绩效评估的实践与思考》,《求是》2005年第24期。

現代公共管理的理性思考

革的主要目标有三个:效率;平等;节约。在改革政府配置与管制部门时,效率往往是主要目标;而在改革政府再分配角色时,平等是其目标。不同国家的政府部门组织形式不同,就目前公共部门改革的动力而言,主要包含四个基本目标:责任;合法性;效率;公正。政府部门改革的关键问题找到能以尽可能最好的方式促进这四个目标的一整套制度。[①]政府绩效评估与目标管理(MBO)的不同之处在于,政府绩效评估是通过制度设计来构建包括责任、合法性、效率和公正在内的综合目标体系,以提升公共服务质量和政府工作效率。

青岛模式是目标责任制的典范,其理论基础结合目标管理理论,构建政府绩效评估体系,使政府绩效评估一方面具有实践的可行性,另一方面符合政府管理的基本目标。其基本特点是:首先,绩效评估目标设定和内容得到扩展。青岛市按照科学发展观的要求,确定全市创建高绩效机关的使命、价值观、愿景、战略,其中战略主题由经济绩效、政治绩效、文化绩效、社会绩效和党的建设五方面构成,突出了社会职能和公共服务,体现了我国建设格局的变化,使新一代领导集体提出的新施政理念通过目标责任制得以贯彻落实。

其次,绩效目标制定过程的科学化和民主化。青岛市在绩效目标制定过程中,引入了服务对象、专家、人大代表等的审议程序,使绩效目标制定真正建立在科学、民主的基础之上。

再次,建立起了严密的目标层次体系和目标网络。青岛市目标管理绩效考核委员会通过目标的层层分解,把各项重要决策、工作目标和部署转化为具体的、可量化的考核指标,通过政府各部门相互协调将责任、权力和利益也进行层层分解,明确责任领导,责任部门和责任人,自上而下地构筑起"一级抓一级,一级对一级负责"的责任体系。

最后,重视评估结果的利用。使绩效考核与干部考核紧密挂钩,实行单位主要领导政绩评定与本单位考核结果直接挂钩的办法,将考核结果量化到每一位市管领导干部。青岛做法的本质就是将目标责任制和绩效评估有效地结合起来,以此来达到提高政府效率的目标。青岛实行目标责任制管理确实取得了较好的效果,但也存在一些问题。如目标管理的最大缺陷是目标管理需要列举非常详细的目标集合,并以完成这些目标项的程度来衡量绩效,但是目标集合以外的东西却通常

① 简·埃里克·莱恩:《公共部门:概念、模型与途径》,北京经济科学出版社 2004 年版。

被忽视。

2. 综合性的效能建设——福建模式

福建省成立了以省长为组长的机关效能建设领导小组,并在纪检监察机关设立办公室,具体负责绩效评估的组织实施、协调指导和综合反馈;省直各部门和各设区市都成立了工作小组,形成了绩效评估工作的组织体系。福建省的绩效评估在开展绩效评估的基础上,福建探索建立奖惩机制,把绩效评估结果作为评价政府、部门及其领导人工作实绩的重要依据,与干部使用、评先评优、物质奖励挂钩。

福建模式的主要特点是:第一,绩效评估领导小组职责明确。绩效评估领导小组召集了省级各部门的相关领导,各部门能够及时收集和反馈绩效评估信息和绩效评估结果。第二,确定较为系统的政府绩效评估指标体系,包括评估目标、评估维度、评估指标设计以及评估主体确定等。从通用指标到具体部门的指标,在指标设计上综合考虑了所有情况,适合政府管理的具体操作。第三,在具体指标设计上,采取定性考核与定量测评相结合的指标模式。第四,实现评估主体多元化。第五,综合运用多种评估方法。福建省通过上述三种办法采集数据和信息,然后进行综合评价,形成评估结果,反馈给被评估单位并在一定范围内进行通报。第六,采取了试点评估、逐步开展的办法。采用试点的做法能较好地协调矛盾。福建省坚持试点评估,以几个效能建设先进单位为第一轮试点,为绩效评估在全区的推广积累了经验。

福建省在实施政府绩效评估时侧重于三个方面:一是绩效方案的设计,二是试点工作的展开,三是评估结果的运用。其绩效评估的做法完整地体现了政府绩效评估理念,无论在流程操作还是绩效评估体系设计方面都为下一步政府绩效评估的实践创造了条件,并以服务型政府为导向构建了新型效率型政府,为我国政府管理体制改革提供了经验借鉴。

3. 公民导向的实践——杭州模式

2000年初,杭州市委、市政府通过调查研究,发现制约杭州发展主要有两个因素:一是发展空间问题,二是机关作风问题。为了解决机关作风问题,2000年杭州市54个市级单位全面展开满意不满意单位评选,评选的主要内容是各单位的全局观念、服务宗旨、服务质量、办事效率、勤政廉洁、工作业绩等六个方面。杭州市专门成立了满意不满意评选活动领导小组办公室负责全面工作。活动的评价主体包括四大层面：一是市党代会代表、市人大代表和市政协委员层面；二是企业层面；三是市民层面；四是市直机关互评。据统计，共发出选票 5969 张，回收 5787 张，回收率达到 96.6％。2005 年，杭州对考核评价体系进行了改革，成立了杭州市综合考评委员会对各单位的工作情况通过目标考核、领导考评和社会评价等三个方面进行综合考核评价。2006 年 8 月，杭州市委在整合市级机关目标管理、市直单位满意单位不满意单位评选和机关效能建设等职能的基础上，组建成立了杭州市综合考评委员会办公室，作为杭州市综合考评委员会的常设办事机构，主要负责市直单位综合绩效考评、效能建设等工作。

杭州政府绩效评估模式以公民为主要导向，其特点有：

第一，整合了"自上而下"和"自下而上"两种评估模式，体现了公民满意原则。满意评选活动即"公众评议政府"活动，属于近年来方兴未艾的"自下而上"的评估模式，是对"自上而下"评估模式的有效补充。杭州市直单位综合考评模式建立在原有的目标管理、满意评选和效能监察的基础上，在机构建设、指标设置、监督管理等方面进行了有效的资源优化重组，充分显现出"1 + 1＞2"的效果。两种评估模式的整合，既保证了组织考核的有效度，提高了公众的民主观念和参与意识，对政府工作起到监督作用，又通过民情民意表达渠道的制度化建设，进一步提升了综合绩效评估的公信度。和以前的地方政府绩效评估相比，杭州模式实现了向"公民满意原则"转变，体现了政府工作重心由"政府本位"向公民取向转变；与其他地方的"公众评议政府"活动相比，杭州市的满意评比体现了持续性、发展性。

第二，推进了绩效评估从"重结果"向"过程与结果并重"转化。杭州模式加强目标任务完成情况的过程督查、加大机关和公务员行政作为的效能监督以及重视社会评价公众意见的整改和反馈等各种过程管理措施和手段的不断完善，必将使考评对象的注意力从结果向过程转移，从而有效促进各部门在行政行为中提高成本意识、优化资源配置，最终使综合考评达到"全面质量管理"的效果。

第三，考评维度体现创新创优，绩效导向进一步明确。在综合考评指标体系中，引入了绩效评估的理念和方法，对创新目标实行绩效考核，进一步激励市直单位创新创优，提高整体工作水平和绩效。创新目标绩效考核程序包括申报、立项、申请验收、检查核实和公示，最终由市考评办组织专家组，对各单位创新目标完成情况进行绩效评估，写出绩效评估报告，根据"创新工作目标得分 ＝ 1.5 分 × 难度系数 × 评估系数"计算最终得分。

总的来看,杭州模式(含目标考核和满意评比)是对公民导向政府绩效评估的肯定,创新了政府绩效评估模式实践,具有一定的积极意义。

4. 第三方评价政府绩效的开端——甘肃模式

2004年,甘肃省为进一步转变政府工作作风,为企业创业和发展营造一个规范严明的法制环境、诚实守信的信用环境、优质高效的服务环境和宽松和谐的创业环境,围绕树立科学发展观和提高地方政府行政能力这个主题,将全14个市、州政府及省政府39个职能部门的绩效评价工作,委托给兰州大学中国地方政府绩效评价中心具体负责组织实施。甘肃省的这次实践完善了评价方式,拓宽了评价主体范围,而且针对省级、市级职能部门的不同分别建立了科学的指标体系。① 甘肃省政府开创了政府绩效外部评价的新形式,并成为我国政府绩效评估领域的新探索。其主要做法有:(1)围绕树立科学发展观和提高地方政府行政能力的主题,为企业创业和发展营造一个规范严明的法制环境、诚实守信的信用环境、优质高效的服务环境和宽松和谐的创业环境,对全省14个市、州政府及政府39个职能部门的工作绩效进行评价。(2)评价主体以各地有代表性的非公有制企业为主,并结合兰州大学中国地方政府绩效评价中心的专家意见得出评价意见。(3)评价指标体系按市、州政府和省政府所属职能部门两类评价对象分别设置。每套评价指标体系分别按企业、上级政府、专家三类评议主体分别设计。根据两类评价对象和三类评价主体,共设计了四套指标体系和两套调查问卷。(4)市州政府和省政府职能部门绩效用综合绩效指数来衡量。

甘肃用第三方来独立评价政府绩效的举措具有开创性的意义。一方面,政府能将评价自身的工作委托给学术机构,表明政府相信公众能够为政府绩效作出科学公正的评价,政府与民间的相互关系走向成熟。另一方面,民间第三部门正在形成一种新的评估力量,以制度化、组织化的形式参与政府绩效评价,作为公民参政议政的切入点,有利于和谐社会的建设。甘肃政府绩效评估模式主要在于评估主体的变化,政府仅仅是被评估的对象,适当派出部分工作人员参与评价过程。甘肃实

---

① 兰州大学中国地方政府绩效评价中心课题组:《兰州实验:第三方政府绩效评价新探索》,《城市管理》2005年第3期。

施绩效评估的主要推行者从政府转向了第三方机构,第三方机构不再是简单的评估主体,而成为绩效评估实施者和组织者,其角色发生了根本转变。根据有效治理理论,公民参与主持政府业绩评价对于公民社会的形成和政府责任心增强都有一定作用。

五、结语

我国政府绩效评估无论在理论研究还是实践方面相较于西方发达国家而言都比较晚,但从现阶段我国地方政府评估的实践来看,多样的地方政府绩效评估模式综合了政府绩效评估的理念,将政府绩效评估的多种管理手段付诸实施,对我国政府管理体制改革和政府管理模式创新都具有积极意义。

第一,重新界定政府职能,推动政府职能转变。中国政府存在行政权力至上的传统,而在建设社会主义市场经济体制的今天,作为公共权力化身的政府不能肆意干预企业的自主权,更不能作为市场行为的主体,它只能承担市场规则的制定人和执行者。绩效评估因其使命、目标、程序的相对规定性,能在一定程度上理清政府正当行为和僭越行为的界限,加快政府职能的转变。

第二,通过绩效评估提升政府信用,改善政府形象。信用既是市场经济的基本法则,也是现代社会体制赖以维系的"生命线"。政府信用问题对整个社会信用具有引导作用,全面提高政府机关和广大公务员的信用意识,既有利于树立良好的政府形象,也有利于政府行政的发展。从某种意义上说,绩效评估就是借助绩效指标帮助雇员以更客观、更具体的方式来加强社会管理和提供公共服务。实际上,作为一种责任机制的绩效评估系统也正是通过评估活动,将政府的各方面的表现情况进行科学描述并公布于众,有利于公众了解、监督和参与政府工作,不断地改善着政府部门与公民之间的关系,改进市民话语,使政府能更好、更有效地对顾客的要求做出回应。

第三,通过将个人与组织绩效相结合创造激励和责任机制,提高政府组织绩效。绩效评估既是考察政府实现公共目标程度及所履行职责程度的一种方法,也是在衡量政府服务对公众需求与愿望的回应程度,更是对政府公务人员工作的一种考评。作为一种动力机制,绩效评估制度使公务人员绩效与政府组织目标达成、责任、奖惩、培训等结合起来,既有利于开发人力资源,又能创造一种充满竞争、激励向上、追求卓越的组织文化。绩效评估系统将权与责任直接挂钩、绩效与奖惩相联系，强化了政府部门的激励约束机制，使得政府行为以一种科学、公正、合理的形式进行，以做到合理行政、高效行政、廉洁行政，从而极大地提高公共服务的质量和效率，改进政府部门绩效。

第四，绩效评估可以激励政府降低行政成本，提高行政效能。政府的任何行为都必然伴随着相应资源（经费、设备、人员等）的支出，同时，政府的绝大多数公共行为都是以特定社会主体的参与、协助和相应自然资源的消耗为前提的，这些都构成了政府的行政成本，而这些成本最终要由纳税人来承担。政府绩效评价的重要任务就是成本控制，即对政府投入和产出的比较和计量。绩效评价，特别是在评价结果与相应的激励和问责机制挂钩之后，可以有效地制止政府行为中的亏损现象和浪费现象，促使政府在行政管理的各个环节进行审慎的抉择和衡量，合理地配置和使用行政资源，从而达到降低行政成本，提高行政效能的目的。①

第五，绩效评估通过为管理者提供组织信息而帮助改进政府决策和管理。绩效评估制度提供了更多的、可测量的绩效信息，为政府科学决策提供了重要依据；绩效评估是组织管理的必要手段，绩效指标是维持对政策执行的控制，并对日常责任进行监督的一种必不可少的工具，通过对公共项目及公共政策的实际状况进行了解、考察和评估，总结公共政策、项目实施的经验教训，并将信息反馈给公共管理部门，以便对公共管理项目进行调整、修正，弥补缺陷，不断完善公共决策的决策和实施，提高管理水平。

相对于西方发达国家，我国政府绩效评估无论在观念转变、制度构建还是具体操作方面都还需要不断完善。作为政府的重要管理工具，政府绩效评估既是改进政府绩效、提升服务质量的手段，也是政府管理体制创新的途径，对现代法治型政府、责任型政府、透明型政府建设都具有重要意义。

现代公共管理的理性思考

---

① 包国宪等：《绩效评价：推动地方政府职能转变的科学工具——甘肃省政府绩效评价活动的实践与理论思考》，《中国行政管理》2005 年第 7 期。

谈人力资源管理工作中公务员的专业化问题①

一、专业与专业化

在现代化建设的过程中,公务员的专业化水平是决定政府工作运行效率的重要因素。《国富论》的作者亚当·斯密曾经指出,"现代劳动生产力之所以得到提高的关键,也就是人的技能、灵巧性和判断力提高的关键,来源于劳动分工"②。现代市场和社会组织的分工,使人们能够集中精力,高度专业化,用丰富的专业知识、技能、灵巧性和判断力从事生产和社会活动,极大地提高了社会运行的效率。

一位早期系统研究"专业职业化"(professionalization)的社会学家卡尔-桑德斯(Carr-Saunders, A. M)认为:"所谓专业是指一群人在从事一种需要专门技术

---

① 本文由蓝志勇与胡威合写,原载于《中国行政管理》2008 年第 5 期。

② Adam Smith, *The Wealth of Nations*: *Theory of Moral Sentiments*, Indianapolis, In: Liberty Classics, 1776.

的职业。专业是一种需要特殊智力来培养和完成的职业,其目的在于提供专门性的服务。"①1933 年,布兰德斯(Brandeis)提出:"专业是一个正式的职业:为了从事这一职业,必要的上岗前的训练以智能为特质,包括知识和某些扩充的学问……"②

1948 年,美国全国教育协会公布了关于"专业"的八条评判标准:(1)专业实践属于高度的心智活动;(2)具有特殊的知识领域;(3)受过专门的职业训练;(4)经常不断地在职进修;(5)视工作为终身从事的事业;(6)行业内部自主制定规范标准;(7)以服务社会为最高目的;(8)设有健全的专业组织。此后,利伯曼在 1956 年、曾荣光在 1984 年也分别提出了有关专业的特征、核心及衍生特质。③

由此,专业的主要特征包括:工作实践以专门知识和专门技术为基础;工作过程需要心智和判断力;工作需要自主权。其他特征还包括:工作需要不断更新知识、掌握工具方法;从业资格不易获得;强调服务社会。④ 所以,与一般工作者相比,专业工作者更需要接受高等教育,学习高深学问和专门知识。

应该指出,专业化在英文里的对应词是 specialization;而中文里常说的职业,在英文里的对应词是 occupation,指从事一定的工作职业的人,可以包括专业人员、也可以不包括专业人员。Professionalization 则指的是专业技术职业化的一种现象,与职业有区别。中文里的职业化,实际应该是这个的意思——将专业的工作能力变成一种职业,或是一种职业必须以专业知识为基础。要是咬文嚼字,职业化的过程可以翻译为 professionalization of an occupation 或 making an occupation more specialized(将一个职业专业化);或相反,occupationalization of a profession(或将一个专业职业化)。为了避免概念的混淆,本文暂不用职业化,而是用专业化这个词。

专业化指的是一种需要长时间训练和学习做基础、可以终身从事

---

① A. M. Carrr-Saunders, *The Profession*, Oxford: Clarendoon Press, 1933.

② 赵康:《专业、专业属性及判断成熟专业的六条标准》,《社会科学研究》2000 年第 5 期。

③ M. Liebeman, *Education as a Profession*, Prentiee-Hall, 1956, pp. 2-6;曾荣光:《教学专业与教师专业化:一个社会学的阐释》,《香港中文大学教育学报》1984 第 12 期。

④ 张民选:《教师专业发展策略译丛》,中国轻工业出版社 2005 年版。

的职业,或工作领域。它需要从业者对这个领域有系统的知识和精熟的技能。[①] 这种知识可以包括两个层面:一个是在具体工作事务方面的技能和判断力,一个是对整个行业的认识和是非辨别力。当然,这种能力包括在原有专业知识的基础上不断学习和改进的能力。

现代文献中对专业化的定义还包括由专业化协会提供考试和职业资格认证的标准,公认的行业道德准则(比如说,救死扶伤是从医者的最高行为准则,保护顾客隐私是律师职业和银行业的重要工作原则等等)。传统上,医生、律师、法官、工程师、教师、牧师等都是终身从事的职业。随着社会分工的不断发展,20 世纪以来,公司经理、市政经理、大学校长、银行家、设计师、药剂师、护士、会计、图书馆员、社会工作者、电脑软件师,包括职业政治家等等,也开始成为引人注目的职业范畴。

一般来说,专业化的标识包括:专业规范(职业组织本身的一些对自我进行约束的规范条例),工作范畴的相对自主性(职业标准由职业化协会制定),有相当的社会地位,有对职业发展和行为的影响,有行业发展史(包括专业化人员的教育和工作经历),有行业本身的礼仪程序等等。他们在社会上有得到承认的合法性。从业人员不以工作单位而以行业为工作范畴,专业化程度高,在行业内流动性强。[②]

专业化(或专业工作职业化)是一种高度的社会分工的结果,有利于社会专业人才的成长、发展、流动和发挥才能,也减少了他们在工作更换过程中时间、技能、工作业绩方面的交易损失。同时,还减少了社会对高度专业化的人才的认证成本。

二、公务员的专业化

中国在近年来的改革过程中,对专业人才依靠行政性评估,如由部委行政机构评估不同专业的专家,或用并非一个专业但级别较高的人员评估另一个专业的人员。比较典型的是用图书管理人员为检索方便发明的科学索引指数(SCI)或社会科学索引指数(SSCI)作为权威指标,而不是参考指标,评估不同专业的学者的科研能力,专业人才上岗后需要很长的熟悉工作业务的时间等等,都是社会专业化水平不高的表现。这个过程在美国公共管理的发展中,也曾经出现。

---

① Asa Kasher, " Professional Ethics and Collective Professional Autonomy: A Conceptual Analysis", *Ethical Perspectives*, 2005, pp. 67-97.

② Wikipedia, http://en.wikipedia.org/wiki/Profession. Visited: March 28, 2008.

美国著名管理学者莫石（Mosher）在回顾美国公务员队伍的职业化发展进程时，将其划分成了几个阶段：绅士政府——卫士国家阶段（1789-1829，Government by gentlemen：the Guardian state）；普通人政府——政治分肥阶段（1829-1883：Government by the common man：the spoils period）；好人政府——改革阶段（1883-1906：Government by the good：the reform period）；效率政府——科学管理阶段（1906-1937：Government by The efficient：the scientific period）；管理人政府——管理经营阶段（1937-1955：Government by administrators：the management period）；职业人阶段——科学管理阶段（1955 onwards：Government by the professional：the scientific period）。① 绅士政府——卫士国家的阶段指的是美国建国初年，由当时的资产阶级绅士革命者立国和监国；普通人政府——政治分肥阶段，指的是美国内战前，杰克逊政府强调的要普通人的政府，政府工作是简单服务，人人可以胜任的时期；好人政府时期注重政府改革，是知识分子主导；效率政府讲究效率优先；管理政府指的是罗斯福到约翰逊政府时期对社会的大规模干预；职业人阶段就是我们所说的公共管理专业化的阶段。社会的专业化程度高了，更多的人成为专业人员，用比较高的科学发展观来管理和推动社会的发展。公务员开始有自己特定的专门的工作领域，这个领域需要相当的专业能力，他/她也可以在这个领域里追求终身的职业，也就是专业工作的职业化。莫石描述的美国公共管理发展的这个过程，对中国公务员队伍的未来发展未必不是一个可能的预示。

　　一个常常引起混淆的问题是：公务员能否算是专业人员呢？答案是，他们可以是，也可以不是。公务员是政府工作人员的总称，是一种职业的总称。在这个职业里，有的专业化要求高，有的不高；有的是辅助工作人员（staff），有的是决策者（line officer）。在高度发达的现代社会，政府工作包罗万象，需要许许多多的专业来支撑。比如说，它要求的专业人员包括建筑师、律师、会计师、药剂师、化学检验师、电脑工程师软件、硬件、专门的应用软件包等……这些专业人员的专业能力需要他们的专业组织和同行来认证。随着职务的升迁，有一部分人成为本专业的业务骨干和领军人物，界定专业领域、领导发展、进行业务把关；有一部分人会进入组织的管理层，需要学习管理知识，成为职业管理人

---

① 　Frederick Mosher，C. *Democracy and the Public Service*，New York，Oxford University Press，1968.

（侧栏）现代公共管理的理性思考

员;有一部分人会纵向发展,获取另外的专业知识(比如说,建筑师学习会计,成为会计师)。

这样,他们的职业进步轨道就有所不同。第一部分在专业方面进步,不断升级,如从建筑方面的助理工程师升到高级工程师。但这个升级不应该成为他进入别的行业的资格。就是说,不能横向认证。高级建筑工程师还不能被接受为合格的高级电脑工程师,也不能被认为是高级市政管理人员,或会计师。要进入那些领域,他还需要努力学习,获得那些领域的重新认证。比如说得到管理学位、会计学位或相关的证书,获取他的新的专业资格。所以说,在高度分工和专业化的社会,一个人拥有数种专业能力,数种专业认证,是常有的事情。它保障的是社会分工的专业化和运行的高效性,主要的学习过程在进入工作岗位前就基本完成。前面提到的职业经理人、职业市政高管、市政经理,或职业政治家都属现代的专业范畴。职业经理人强调的是组织、人事、财务和协调工作能力,职业政治家强调的意识形态忠诚度、群众工作和政治操作能力。在现代社会,他们都需要有专业训练、行业经验互动和多年摸爬滚打的实践经验。

在社会现代化发展不够、社会分工不细、专业化水准不高的条件下,人才的专业要求较低,跨行业流动比较容易和可能。社会发展程度越高、分工越细,对人才的专业化要求就越高,专才的价值才最大限度地显现出来,跨行业流动就比较困难。即便是我们常说的“通才”,也必须要是一定业务范围内的通才。比如说,用一个只懂得农业的人才去管理导弹制造,显然不是一个合理的选择。用一个聪明的懂得农业的人去管理导弹制作,虽然说不是没有可能成功,但中间他需要花费的学习时间太长,会使他管理的队伍很长时间没有方向,难有作为,自然不如选择一个已经对导弹制作有所了解的人,最好是一个了解本行业,并且处于前沿的专家,一上任就有方向,有措施,有步骤,知道到哪儿去找有潜力的干部和助手,立即大刀阔斧地展开工作。如果他从事的是导弹制造的管理工作,就必须有导弹工程和管理人员的两种证书;如果是在导弹制导部门从事人事或后期工作,可以不需导弹工程的训练,但需要有人事或管理工作的训练。政治官员的工作属于另一个轨道,在业务决策方面需要得到专家支持,或分出哪一部分是专业决策,哪一部分是政治决策,责任各有不同。这是科学决策和问责制度基础。

在革命的年代或现代化发展的初始阶段,人才奇缺,将有一定能力和教育水平的人选入岗位就已实属不易。现代政府出现的初始阶段,进入政府部门做公务员,用高中、大学或研究生学历作为一种认证方式,再加上公务员考核,就可以算是专业化的标识了。但随着社会的发展,科学技术高度发达,社会组织日益复杂,公共管理对社会各个方面的管理和介入也必须不断增强,这才提出公务员队伍的专业化问题。管农的、管工的、管医的、管交通的、管教育的、管工程的、管组织的,都必须对其工作领域同时代最先进的知识水平和最重要的问题和挑战有所了解,而这个认知,又只有同行业的专家们最有发言权,这就是公务员的专业认证问题。也就是说,未来对有专业知识的许多公务员的考核,不应仅仅是领导和组织部门的考核问题,还有领导和组织部门对这个高度专业化的专业的了解程度问题。他们既要得到其工作部门管理机构的欣赏,又要得到他们同行的专业组织的评估和认证,这才是干部队伍专业化的真实涵义。

中国近年来许多干部"回炉"进学校拿学位,是对这一趋势的一个朦胧的理解,但其中出现的问题就是专业学习不专门,专业认证不专业。良好的、社会可信度高的专业协会和认证机构并没有诞生或管理好,造成了不同程度的社会混乱。如果专业学习不专门、专业认证不权威,它与事实上的非专业非职业化就没有什么区别。

三、公务员专业化的管理

传统的公务员管理中,专业概念模糊,对专业协会的管理水平也不高,管理人才过度频繁地跨行业调动,增加了跨行业工作学习的成本,减缓了公务员上岗后立即展开工作的时间效率,影响行业内的不断学习,不利于人才的专业化发展,违反现代社会靠有效分工获取效率的基本准则。举例来说,一个现代大学或研究机构的管理,与一个城市的管理非常不同,除非有意识地推行相应的科技成果转让,让大学的科技成果找到好的实践场地,将大学校长提拔作为市长或市政经理就不是一个好的职业进步。市政管理、大学管理或是专业人员的科学研究,都各有自己的特点,各自需要一个人以毕生的精力、才能和奉献精神来从事。不科学地迫使专业人员在不恰当的时机改换职业轨道,造成的是人才和社会资源的极大浪费,影响社会的高效运转。

中国有句老话,"三百六十行,行行出状元",说的就是社会分工的重要和社会必须对社会分工的尊重。人尽所能,都是为社会发展做贡献,只是在封建社会的管理过程中,万般皆下品、唯有读书高,而读书的目的又是学而优则仕,反而将社会分工发展这一重要原则给替代了,造成在专业分工和发展上不孜孜追求,难得精益求精,在仕途道路上千军万马争过独木桥。

根据莫石的观点,专业化的国家的一个重要特点是公共服务不再是传统的服务性的工作,而是管理精英启动变革和领导社会发展的工作。① 新的社会发展和进步,社会发展和进步的标准和速度,不再单单由某一个政府的机构来确定,而是通过这个行业里的精英分子、精英组织与社会权利机构的互动来决定。在现代社会里,这似乎已经是一个不可逆转的趋势。但是,社会的专业化也有它自己特定的挑战。而这些挑战,又未尝不是社会发展的契机。比如说,专业化社会管理能够克服过去官僚机构不民主、拍脑袋决策或少数官员说了算的管理倾向,提高专业监督和有专业能力的公众参与的水平。当然,这个公众参与还是有局限性的,取决于专家的影响力。所以说,专/职业行会能否很好地代表普通大众的利益还是一个没有彻底解决的民主议政的难题。但是,如果努力提高公众的教育水平和社会的整体认知判断力,提高信息透明度,民主议政的能力只会比以前更好。

社会管理的专业化也会使公务员问责方式复杂化,需要明确是对行政组织问责,还是对专业行会的道德要求问责。但这一复杂性正好提高了社会制衡,是约束官僚组织行为的一个有效措施。另外,专业化一方面提高了专业人员流动的能力,一方面也限制了他们换专业和行业的流动性。但从总体上来说,社会得到的是更高程度的分工。有毅力和决心的专业人士,还是可以通过自身学习努力,获得跨行业认证。否则,他们就不应该进入他们想进但没有能力进入的行业。

专业精英对行业的垄断影响力是否会对民主政治构成威胁是社会专业化过程中最有分量的一个考虑。但是,它并不比过去更差。过去进入社会精英层的必要条件是阶级、财富和聪明才智,而专业化的社会里成为社会精英的条件是教育成就、专业化水平。关键之处是如何进行不同行业专家之间的协调。这就是专业管理人员(职业经理人)诞生的条件。专业管理通常也称为职业管理,职业管理的诞生,又进而形成专门家和职业管理人员之间的紧张形势。对于这个问题,莫石曾提出在工作设计上,让职业管理人员有很多自己的事情要做,工作忙碌(比如说,管政治工作的有自己的工作范畴,不清闲,也不与市场的专业市

---

① Frederick Mosher, *C. Democracy and the Public Service*, New York, Oxford University Press, 1968.

政管理工作或建筑总工程师的日常专业工作相交叉),同时设定职业管理人员与专门家两种不同的职业发展道路和成功的标准,在组织里鼓励团队合作和协调精神等等方法来解决。

进行职业和岗位设计,定义不同的成功标识,有效管理专业协会及其专业功能,有利于提高社会专业化水平和社会发展效率,也可以帮助克服官本位现象,鼓励人才各尽所能,加快中国的管理和社会现代化进程,提高国家竞争力和现代文明水平。同时,这也符合现代社会的人人平等、各尽所能、高效发展、共同富足的人文精神。因而,现代人力资源管理,要用合理的制度和人才升迁机制,鼓励最好的专业人员在自己的专业上发展,以作出自己最大的贡献。

在发达国家,一个优秀的大学教授或者校长的收入水平可以比总统更高,这就使得热爱教育事业的专门人才能够合理和安心地留在他们心仪的领域。比如说,终身的市政经理人或市长,终身的大学管理者(大学教务长或校长),终身的科学家、护士、会计师、律师等等。他们的升迁,在自己的专业领域,可以由管理较小的市政,到管理国际大都市;从部门领导,发展到统领全局;或从管理小的学校,到管理具有国际竞争力的大学;从管理普通中学,到管理最优秀的中学等等。就是说,他们可以各自在自己的工作领域达到职业的顶峰,从而达到影响他们专/职业的界定、规范、发展、教育和认证等等。他们对社会的最大贡献在于他们对行业的贡献,而不在于他们所取得的行政地位。比如说,美国第 70 任财政部长鲁斌(Robert E. Rubin)在进入政府工作以前就已经是卓有成就的金融专家,他的专业知识是他成为财长的基础。上任以后,他成功制定和执行了有力的消减赤字、金融市场全球化、教育和环保投资等政策,领导国际货币组织和美联储应对亚洲和墨西哥的金融危机,被克林顿总统誉为自汉密尔顿以来最优秀的财长。退下公职以后,他重新回归金融界,同样工作得有声有色。他是以他的专业知识、而不仅仅是政府部门给予的地位为社会服务。如果这些专业人才有政治热情,就要做出专业甚至收入的牺牲来实现政治抱负,这就使得进入政界的专才有切切实实的从政热情和事业心,他们也会一心一意把政府工作作为一个事业而不是一个工作来做。

当然,在社会分工高度发展、专业协会高度发达以后,职业(专业)管理人员和专业人员之间的关系和协调就会成为更为突出的矛盾,用什么方法来使中国迅速专业化,建立合理有效、管理水平高的专业协会管理体系,建立专业人员在公务员队伍中的准入和准出机制,在专业化的基础上达到成功协调,并且成功吸引最优秀的专业人才为社会公共部门服务,是中国公共管理工作者,特别是公共人力资源管理工作者需要面对的一个迫切又不可避免的课题。① 可以说,中国现代公共人力资源管理的序幕才刚刚开始拉起,有许许多多的问题值得公共人力资源管理的实践者和学术者认真研究。

① G. Zhiyong Lan, Lera Riley, N. Joseph Cayer. How Can Local Government Become an Employer of Choice for Technical Professionals: Lessons and Experiences from the City of Phoenix. Review of Public Personnel Administration, 2005, Vol. 25, No. 3, pp. 225-242.

· 谈人力资源管理工作中公务员的专业化问题 ·

现代公共人力资源管理的新挑战

——公务员提升学习性向的重要性①

一

著名的人力资源学者哈比逊说过,"人力资源,而不是物质财富或自然资源,才是国家的最宝贵的财富"②。而这个人力资源,特别注重的是有智慧、有经验、有本领、有知识积累和不断学习能力的人才。

早在 20 世纪 60 年代,组织理论学者维克多·汤姆森在描述现代组织所面临的挑战时就说过,在现代组织里,"官僚组织中也有不少属于消极的或病态的现象。……最致命的问题是,在现代化社会中,科学技术内容、专业知识、专家水准要求等等变化很快。知识的更新往往要快于职务的升迁,造成一个现代官僚组织的常见病态,即在组织里,往往最有知识、最有能力、最

---

① 本文由胡威与蓝志勇合写,原载于《中国行政管理》2008 年第 5 期。
② Frederick Habison, *Human Resources as the Wealth of Nations*, N. Y.：The Oxford University Press, 1973, p. 3.

有思想的人不是这个组织的最有决策权的人。这就造成知识老化但掌握决策权的头头们与拥有新技术知识但职位低微的新雇员们之间的紧张关系，从而影响他们之间良好合作的意愿，影响组织效能的最大发挥"①。

20世纪90年代以后，互联网技术的不断成熟使世界进入了知识爆炸、创新频繁、全球竞争的时代。学习型组织、学习型社会不但作为一种概念、而且成为一种必须，开始深入人心和当代社会实践。现代人力资源管理，在处理好管理和使用人才这两项传统的工作的基础上，更要面对如何培育、引导、激励、协助人才开发和维护人才良好的学习性向等问题。不但要对他们进行技能和知识的教育和培训，还要对他们的学习兴趣和能力进行开发、培养、维护和激励，使之成为自觉的不断学习者。非如是，不能保持人才经久不衰的竞争力。康纳尔大学人力资源教授怀特（Patrick M. Wright）博士进行过有关组织核心能力和与成功密切相关的人力资源管理职能的研究，发现排在首位的因素是学习与开发（见表1）。

表1　与组织核心能力和成功关键密切相关的人的因素

要素	百分比	重要程度
学习与开发	47%	1
高组织承诺的工作环境	34%	2
吸引/甄选/维系人才	29%	3
管理继承人的储备	21%	4
绩效管理/薪酬设计	20%	5

资料来源：彭剑锋：《人力资源管理概论》，复旦大学出版社2003年版。

学习是目的，而开发学习的性向（兴趣、智能）则是重要的手段。俗语说，工欲善其事，必先利其器。时代的挑战，已经把"器"的重要性，放到了历史上未有的高度。这个"器"就是我们这里说的"学习性向"。"学习性向"指的是个体人才学习和提升自己能力的兴趣倾向和特质。包含两重意义：学习的意愿和学习的能力。有的学者认为，技巧（skills）、能力（ability）和性向（aptitude）是有区别意义的三个不同的概念。技巧指的是已经学到手的代表过去的技术本领；能力描述的则是

① 蓝志勇：《行政官僚与现代社会》，中山大学出版社2003年版。

当前一个人能做到的事,包括使用他已经或还没有掌握的技能;性向注重的则是未来的能力,即一个人能在未来掌握知识和技能的能力。①

　　二

　　组织成员的"学习性向"是学习型组织的核心基础。"学习型组织"最初的构想来源于佛睿思特对理想组织特征的界定,其中包括组织的不断学习。他的学生彼得.圣吉在研究企业管理发展的过程中,发展出一种全新的管理理念,勾画出了学习型组织的蓝图。他认为"学习型组织"是一个不断创新、进步的组织,在其中,"大家得以不断突破自己的能力上限,创造真心向上的结果,培养全新、前瞻而开阔的思考方式,全力实现共同的抱负,以及不断一起学习如何共同学习"的组织模式。彼得·圣吉还提出了学习型组织的五项修炼:一是自我超越(Personal Mastery),要不断地学习,更新知识;二是改善心智模式(Improving Mental Models),要更新观念,以全新的思维方式、价值观念和行为习惯等心智模式对待生活和工作;三是建立共同愿景(Building Shared vision),要与更多的人建立共同的理想和追求,在组织员工共同价值观基础之上,使更多的人认同对组织发展的共同愿望;四是团队学习(Team Learning),要与志同道合的人不断地进行深入交流与探讨,因为团队学习是一个合作性的学习过程,组织成员间不是整齐划一的相同,而是整体有效配合;五是系统思考(System Thinking),看问题不能受一种狭隘思想的局限,一定要有一种宏观的开阔视野。系统思考所要训练的就是一种在动态过程中整体的搭配能力,这是学习型组织的基石,是五项修炼的核心和归宿。②

　　在圣吉之后,许多学者都根据自己的理解和研究,对学习型组织给出了各种定义。尽管不同学者对学习型组织内涵的界定不尽相同,但其本质是善于不断学习,它包括四个方面的内容:一是终身学习,即组织中的成员均能养成终身学习的习惯;二是全员学习,即不论是组织的决策层、管理层,还是操作层都要全心投入的学习,没有任何特殊;三是全过程学习,即学习必须贯彻组织系统运行的整个过程之中;四是强调组织成员的合作学习和群体智力(组织智力)的开发,创造"1＋1＞2"的

　　① http://en.wikipedia.org/wiki/Aptitude.
　　② 〔美〕彼得·圣吉:《第五项修炼——学习型组织艺术与务实》(郭进隆译),上海三联书店 2002 年版。

效应。因此,虽然组织学习并不完全是个体学习的简单综合或叠加①,但员工个体的学习"性向"则是学习型组织的基础的基础。

学习型组织作为组织管理理论中凸显发展的一支,在西方引发了一场深刻的社会革命。它不仅成为世界企业界的关注焦点,也开始渗透到国家、政府部门。许多西方发达国家纷纷把全民学习、终身学习、建设学习型社会纳入新的国家发展战略,并在理论和实践上加以完善、推广和应用,取得了显著成效,给西方社会的发展注入了新的活力。如美国提出了"把美国变成人人学习之国"的发展战略;新加坡政府用它指导政府管理,提出要建成"学习型政府";日本于 1988 年在文部省设立了终身学习局,并于 1990 年制定了《终身学习振兴法》,用它指导城市管理,提出要把大阪府建成"学习型城市";欧盟将 1996 年定为欧洲终身学习年;韩国在 1999 年颁布了《终身教育法》;德国的基本法也把终身教育确定为国家的责任。随着学习型组织理论与实践在国内的推广,中国也越来越重视学习型政府的构建问题。2003 年 12 月,国家人事部颁布了《国家公务员通用能力标准框架(试行)》,首次将学习能力界定为公务员应具备的九项通用能力之一。②

但是,最近一系列调查研究,发现公务人员的学习性向面临多重阻力,是提高公务员素质、打造学习型组织和建设创新型国家的掣肘。2007 年,《瞭望东方周刊》与《中国图书商报》联合在黑龙江、江苏、重庆、广东、陕西五省市选取了 100 名官员(多数为县处级到厅局级干部,少量科级干部)作为样本,就阅读问题进行了调查。结果显示,大部分党政官员因为工作繁忙和应酬太多而没有时间读书。62%的党政官员因平时工作太忙而没有时间阅读;38%的党政官员是因为平时应酬太多而影响了阅读。③ 笔者之一在 2007 年针对县处级以下(含县处级)公务员的学习性向作了调查,结果显示,公务员学习倦怠程度较为严重,大约五分之一的调查对象有较高倦怠感。在工作年限差异的研究中,也发现从总体趋势看,工作年限越长,学习倦怠程度则越高。学习倦怠与工作年限之间呈正向变动关系。④ 由于工作和环境的因素,公务员学习倦怠、学习性向递减,影响了组织学习,不利于创新国家的建设。

---

① 克里斯·阿吉里斯:《组织学习力》(张莉、李萍译),中国人民大学出版社 2004 年版。

② 国家人事部:《国家公务员通用能力标准框架(试行)》,《中国公务员》2003 年第 12 期。

③ 刘阳:《五省市官员读书状况调查》,《中国人事报》2007 年 8 月 27 日。

④ 胡威:《公务员学习倦怠及其与组织支持感的关系研究》,课题研究报告,2007。

著名德国学者哈贝马斯沿袭古希腊哲学家传统，将知识分成三类，即技术知识，有关自然界和人类行为因果关系的知识；实践知识，有关社会价值、政治概念、自我表达和对人的影响力的知识；变革性知识，通过反思和思维构建，高屋建瓴的改换思维方式的创造性知识。技术知识是工具性知识，实践知识注重交流，而变革性知识注重开阔思想，转换思维范式。[①] 在学习的过程中，传统教育偏重技能教育和价值观的灌输，忽略实践和解放性的思维构建的教育。学生进入工作环境之后，实践不足的现象开始得到弥补，但技能学习容易趋于停顿，转换思维的变革性的学习依然不够。形成"实践能力有余，技能和思维范式滞后"的现象，成为组织革新和变化的阻力。在知识更新，技能要求迅速变化，社会条件和环境日新月异的情况下，这种现象无疑是组织学习的一大天敌。

在技术条件不高、社会发展节奏缓慢的时代，一种技能可以使用一辈子，一种思维方式也可以使人终身受用。但在社会发展节奏变快，科学技术日新月异的现代条件下，传统的个人和组织的学习方法就远远不能适应形式的需要了。一种个人内在的自觉学习的意识和能力——学习性向，开始上升到了决定个人和组织学习效果的决定性地位。对于迅速发展的社会来说，明天就是今天，今天的态度和能力决定明天的结果，因而，公务员的学习性向对组织、国家和社会的未来走向，有举足轻重的作用。

三

由于政府内部环境的相对稳定性和缺乏竞争性，政府组织比其他组织具有更强大的组织惰性，会在组织的各个层面上牵制人们的学习动机与行动，从而产生学习惰性。公务员无所事事、维持现状可能没事，而创新与变化却往往带来困扰与烦劳，这使得公务员"生活在担心自己犯错误的恐惧中而不是尽力创新；屈从性地接受平庸，而不是创造性追求优秀；拒绝变革而不是接受变革"[②]。从而抑制了组织中人人求创新、求学习的原动力，使大部分的组织成员更习惯于墨守成规及其所

① Jugen Habermas, *The Idea of the Theory of Knowledge as Social Theory*, *Knowledge and Human Interests*, MA, Boston：MIT Press, 1968.

② 戴维·奥斯本：《政府再造的五项战略——摒弃官僚制》(谭功荣、刘霞译)，中国人民大学出版社 2002 年版。

带来的自在与轻松感。然而,现阶段,在改革中前行的中国的政策制定、执行和维护的中坚力量是它的公务员队伍,如何对拥有决策权的公务员的学习性向进行甄别、培养、维护、激励和支持就显得尤为重要。在竞争比较强的现代企业组织中,如微软、谷歌等,这一组织特性已经有了很好的展现。政府部门也完全可以从中吸取经验,提升公务员学习动力,从组织支持、文化建设、制度重塑等方面作出应有的努力。

组织支持是培养和维护员工学习性向的重要因素。1986年,美国心理学家埃森博格等人研究发现,学术界在探讨员工与组织之间关系时,过于关注员工对组织的承诺,而却很少关注甚至忽略了组织对员工的承诺。因此,他们提出了组织支持理论(Organizational Support Theoty,OST),其基本观点是,员工往往会在工作过程中形成有关组织如何评价他们的贡献和是否关注员工福利的综合知觉,称之为"组织支持感"(Perceived Organizational Support,POS)或"雇主承诺"。"组织支持感是员工对于组织重视其贡献和关注其幸福感的全面看法,组织的支持能够满足员工的社会情感需求,如果员工感受到组织愿意而且能够对他们的工作努力进行回报,员工就会为组织的利益付出更多的努力。"①可见,组织支持感源自于员工心目中的组织的人性化特质,它是通过组织代理人的行为所体现出来的组织的法律、道德和经济责任。针对本文的研究主题,组织支持感指的是政府中的公务员对于组织是否关心、支持和尊重自己学习和发展的综合知觉和感知。组织支持的具体内容可以包括:

(1)榜样支持。领导通过在学习上示范带头,让公务员感受到的支持程度。榜样是一面旗帜,具有一定的生动性和鲜明性,容易引起人们在感情上的共鸣。领导是营造组织学习氛围的一个有机组成部分,又是创建工作的组织者、推动者、实践者。

(2)激励支持。反映组织对员工学习提供的激励的支持感受程度。如果对公务员的激励得当,就能进一步调动他们的积极性,使学习一直向好的方向发展。正如史蒂芬·P.罗宾斯指出的,学习的过程可以改变我们的行为以适应变化的环境,但是学习是建立在"效果定律"之上——行为受结果(人们做任何事都考虑奖酬,如金钱、表扬、提升或微

---

① 徐晓锋等:《组织支持理论及其研究》,《心理科学》2005年第28期。

笑赞赏)的影响,产生好结果的行为会重复。①

（3）发展支持。反映公务员感受到的组织对其重视程度和对其个人发展的支持程度。领导应该经常听取、采纳公务员具有建设性的构想或看法,在选拔、奖励、考核等方面将公务员的学习能力作为一项重要的考虑因素,这不仅能提高公务员的学习积极性和工作主动性,也可以将公务员个人愿景与组织愿景有效地契合。

文化建设也是营造组织学习、培养公务员学习性向的重要手段。组织文化是全体员工遵循的共同意识、价值观念、职业道德、行为规范和准则的总和,而政府惯有的"官僚主义"文化则在一定程度上成为提升公务员学习动力的障碍。一方面,行政官员倾向于维持目前的利益格局。在政府组织中,能够引起和制造变革与学习的,往往是组织的上层或决策层,而任何学习与变化都意味着发现和提出问题,这可能会对自身利益造成冲击。约瑟夫·拉巴隆巴拉引用一些相关的研究所指出,有"因素使得行政官员对开展组织学习畏首畏尾,第一就是行政官员往往在主观上预见就对可能威胁其目前利益分配格局的任何信息(不管这些信息原本多么客观)都持有抵触情绪和敌视心理,双循环学习还没有开始之前,他们就不想介入其中了"②。另一方面,行政组织等级化、行政权力集中化、行政行为程式化的科层官僚体制使基层公务员更多地体会到的是一种无能感和无助感。每个人仿佛是机械力学仪器上的一个齿轮,只能被动地随着他人的转动而旋转,个体的学习绩效不仅无法显现,反而学习创新会打破组织的平衡,给自己带来了问题。

所以,从根本上提升公务员的学习动力及创新能力,不仅需要组织的支持,更需要价值层面的更新和行政文化的培育。文化的建设和变革是一个渐进的过程,政府应以公民的广泛参与、舆论的有力监督为前提,转变行政理念。从管制行政到服务行政,从政府本位到公民本位,从权力行政到权利行政,从全能行政到有限行政,从暗箱行政到透明行政,在公民观、责任观、民主观和职能观方面对传统价值观做出扬弃和超越。

制度重塑是组织文化的基础和载体,也是组织文化得以贯彻的保

---

① 史蒂芬·P.罗宾斯:《组织行为学精要》(郑晓明译),《北京机械工业出版社》2000年版。

② 〔德〕迈诺尔夫·迪克尔斯等:《组织学习与知识创新》(上海社会科学院知识与信息课题组译),上海人民出版社2011年版。

证。文化是一个组织内部的重要软件部分。但文化的形成和维护,靠的是制度。提升公务员学习动力进而提高政府创新能力还需要有刚性的制度建构。

在过去三十年全球性的政府改革过程中,"法制化政府""企业家政府""责任型政府""服务型政府""无缝隙政府"等各种政府管理理念层出不穷。许多政府往往徘徊在各种理念的美丽光环之中,忽略了基本的定位和制度建设。但是,如果制度不合理、好的东西也不可能有持续性。公务员学习动力的提升,学习型政府的构建,政府管理创新的实践都不是短期的跃进。而是应从政府管理的各项制度入手,在公务员目标责任制度、晋升制度、培训制度、激励制度、考核制度等各方面不断调整、改进、完善,真正提升公务员的学习动力,使其树立正确的学习理念、建立有效的学习习惯、构建完善的学习体系,做到个体与组织的共同发展和创新。

现代社会变化迅速,知识的发展,环境的变化,使得过去一劳永逸式的学习方法无法适应新形势的需要。公务员的学习性向而不是已经学习到手的技能,正越来越成为我国政府竞争力和未来发展的最重要财富,是政府持久的创新和竞争力的保障,是值得现代公共人力资源管理者高度重视的组织行为现象。

从莫石理论看中国公务员队伍的专业化发展与管理的趋势[①]

现代公共管理的理性思考

一、引言

在国家发展和管理的活动中,公务员的能力素质有举足轻重的作用,这一能力素质包括价值取向、思想水平和专业化能力。历史上,中国曾发明了举世瞩目的科举制度,广纳天下贤才,充实国家管理队伍举措。这一举措,也很早被西方国家注意,演化成了他们的公务员制度。[②]

在英国大不列颠博物馆的中国馆,有这样一段描述:"中国人创立了世界上唯一的一个历史最长和最有持续力的文明,……尽管这个国家巨大,也不断被周期性的社会动乱或外部侵略所打断,但她的统治者们总是在寻求建立一种单一、强大、统一的国家,依靠的力量就是教育有成的精英人士。"这段话说的是西方世界

---

① 本文由蓝志勇与胡威合写,原载于《第一资源》2012 年第 4 期。
② Richard A. Chapman, *English Advanced Civil Servants*, Constable & Company, 1970.

对中国的官员选拔和国家管理的认识,也从一个第三者的方面说明,有良好教育素质的官员对于国家治理的重要性。

在经历了一个多世纪的探索、革命、浴血奋战和改革创新的努力之后,中国人民终于解决了温饱,达到了小康,开始第二次工业革命,走上了技术化、科学化和市场化的现代社会的发展道路。现代科学和现代社会的发展,使得社会分工更加精细和复杂,对科学技术和专业化知识的要求也越来越高,建设环境的改变,无疑对其国家管理制度及其运行这一管理制度的官员,提了更高的要求,也自然会对公务员队伍的专业化能力有更高的要求。① 本文通过研究美国著名学者莫石(Frederick C. Mosher)对美国建国初期至 20 世纪 70 年代公务员发展轨迹的描述,以及中国本身的管理实践的经验,来推导中国公务员队伍的专业化发展的必然趋势,并提出根据发达国家的经验,未雨绸缪,提早研究,科学设计中国公务队伍的专业化管理体系,以确保国家的可持续发展和不断进步。

二、公务员制度在美国的发展过程

美国著名公共管理学者莫石在《民主与行政官僚》一书中对美国公务员的发展阶段进行了描述。莫石认为,(1)政府的决策和行为对我们的社会、经济、政策的性质和发展具有重大影响。(2)政府的大量决策和行动取决于行政官员,或者受行政官员所影响。(3)这些行政官员的决策或者采取的行动取决于他们的能力,倾向和价值观。(4)这些因素又受制于他们的背景,所受的培训和教育,以及当前的结社情况。②因此,"在专业化、技术化和社会复杂化日益增长的情况下",如何建立公务员队伍,"使具有高度异质性的公务员能够服务于公共利益"③,是非常重要的课题。

虽然独立战争后,美国政府管理的大部分体制沿用英国,但美国独特的地理位置和自然状况,使其确立了其独特的政体风格,并且作为这种演变的结果,产生了一套在 20 世纪中期世界上独一无二的人事系

① 蓝志勇、胡威:《谈人力资源管理工作中公务员的专业化问题》,《中国行政管理》2008年第 6 期;蓝志勇、刘洋:《建设"学习型组织"推动"组织学习"与制度创新》,《学海》2012 年第3 期。

② Frederick C. Mosher, *Democracy and the Public Service*, New York: Oxford University Press, 1971, p. 1.

③ Ibid. , p. 3.

统。这一人事系统中的专业管理人员的问题,值得研究者的高度重视。莫石回顾了美国公务员队伍的发展历史,将其演进过程划分为六个关键阶段(如表1所示)。每一个时期,应时代变化自然形成,各自有各自的特点。

表 1　美国公务员发展阶段

1789—1829	绅士治理(卫士)时期 (Government by the Gentlemen)
1829—1883	普通人治理(政治分肥)时期 (Government by the Common Man)
1883—1906	好人治理(改革)时期 (Government by the Good)
1906—1937	效率治理(科学管理)时期 (Government by the Efficient)
1937—1955	行政人治理(管理)时期 (Government by the Administrators)
1955 至今	专业人治理(管理经营)时期 (Government by the professional)

资料来源:根据莫石著作整理而成,参见 Frederick C. Mosher, *Democracy and the Public Service*, New York: Oxford University Press,1971.

1. 绅士治理(卫士)时期

这一时期注重公职人员的家庭背景、教育水平和高职位的工作经历;高层公务员有很高的社会地位,公共事务办公室有高度的道德标准,执政党的变化决定高级公务员的轮替,标志性事件是华盛顿就职。

独立前的美国,尽管商业和制造业开始逐步发展,但主导产业仍旧是农业。贵族、中产阶级、穷人和奴隶之间的鸿沟是非常巨大的。有钱、有地位,或者二者兼而有之的人完善了美国早期上层阶级的宪政体制。尽管对于选举权的限制不断放开,但这些人还是在很大程度上控制了殖民地以及后来的州和国家的立法、行政职位和政府政策。"华盛顿以及他的继任者们花了很大力气来确保任命政府机构中主要办公机构人员时,要保证高水平的胜任素质。华盛顿自己就坚持只有'对职位非常匹配'才能够进入他对公共机关的提名中,而对其他条件不予考虑"[①],但"合适的性格在当时而言意味着良好的家庭背景、受过教育,

---

① Frederick C. Mosher, *Democracy and the Public Service*, New York: Oxford University Press,1971, p. 57.

有一定的地位、自尊以及对新政府忠诚。这一标准使得华盛顿政府时期的官员都是当时社会的精英人物。这种任命方式和标准自建国开始持续了一段时间，直到 1829 年的时候，政府中被任命的高级官员大都很富有，拥有数量可观的土地，受教育的程度比普通民众要高很多"[①]。他们受到尊重，社会影响力强。

2. 普通人治理（政治分肥）时期

这一时期的标志性事件是平民总统杰克逊就职。杰克逊的选举通常被认为是美国社会和其政府方向的转折点。他认为公职任用是党派对参与党务服务的一种回报，在对党派忠诚的基础上提供在公共部门就业的平等机会。这些策略大大降低了公务员队伍在群众中的形象和公务员对自己工作职业的自豪感。

在杰克逊总统的首次就职演说中，他简要地提到了公务员改革的重要性。为了避免权力滥用以及因此引起的不正当任用以及将权力交予不适合的人，他承诺，"保证选择那些具有才华以确保他们高尚的工作和崇高的合作"，即具备才能和政治忠诚度的人。几个月后，在他给国民的第一封年度报告中，他提出了一份更合理化的细化的轮岗方案和包括消除功绩考核的委任方式。他反对长期任职的作用，反对权力占有的观念，反对将办公室视为财产。这背后恰恰体现的价值原则是："所有公共部门的职责是，或者说至少应当承认的是，如此的简洁易懂使得所有有智商的人都能够胜任。"[②]

与平等主义观念和普通人治理一脉相承的便是官员任用上的政党分肥制（Spoils System）。正如杰克逊总统所说："现有官员对职位并无天生的垄断权，在竞选中出过力的人应具有获取政府职位的机会。这种职位轮换的概念迎合了支持他的平民选民们的心理，在当时被认为是一种改革措施而受到热情支持，为政党分肥制提供了思想和政治的理论基础。"[③]

在这种任用制度下，执政党领袖以政府官职作为酬劳，分配给在竞选中出力的本党党员和个人亲信，导致了当时的行政管理与政治有着千丝万缕的联系。"政党分肥制的好处是杰克逊和他的继任者们削弱

---

① 于永达、战伟萍：《美国政府人力资源》，清华大学出版社 2011 年版，第 9 页。

② Frederick C. Mosher, *Democracy and the Public Service*, New York: Oxford University Press, 1971, pp. 61-62.

③ 于永达、战伟萍：《美国政府人力资源》，清华大学出版社 2011 年版，第 10 页。

了旧有贵族的影响力,并将公务员的大门向普通老百姓敞开。新的任用条件也使得行政管理在人民中更具代表性,并且要比之前我们所称的'看不见的政府'所做的决策更加行之有效。"①有效地将政府权力从一个群体(贵族)转移到了另一个群体(政客)手中;因此可以说,相较于18世纪,19世纪的公共管理要更加负责,更能够回应人民的呼声。但分肥制也带来了许多消极的后果:"引起了19世纪行政变革的动乱;管理队伍的高度政治化导致人民对政府不信任;行政人员与立法者在委任上矛盾不断,导致了1868年唯一的一次总统弹劾;找工作的人对总统不切实际的幻想——以及对州政府和地方政府——尤其是在接下来的选举中,以刺杀总统而告终;州、国家、城市(大部分政府机关所在地)政治机器的发展;各级政府分支机构中律政官一统天下趋势的发展。"②正是由于政党分肥制导致的结构化的贪污腐败、周期性的政治震荡以及缺乏能力的官员,也种下了与杰克逊倡导的不同的公务员改革的种子。

3. 好人治理(改革)时期

标志性事件是公务员改革法案的通过。这一时期强调改革,改革是一种道德诉求,择优录取靠的是有竞争力的考试,选拔对象公开透明,包含各阶层人士,强调政治中立,管理上政治与行政两分,由半独立、合作精神优良、非党派的公务员局管理公共服务。

"由于美国政府没有一种制度化与法律化的官员选任体制,无论是华盛顿总统所倡导的政府官员应该是'有道德的和有能力'的治国理念,还是杰克逊总统所要求的官员对政党'忠诚',都没有能够真正约束官员的行为。相反,在'政党分赃制'下,当政治家把官职作为'肥缺'分发给许多政府官员的时候,政治腐败几乎淹没了官员的人格。"③因此,对公务员的改革势在必行。

以1883年的彭德尔顿法案为标志的公务员制度改革,毫无疑问代表了美国在面对公务员选任制度实践与思想的彻底转型,并且对后世的意义十分深远。"公务员改革的原动力并不是来源于想要打破社会

---

① Frederick C. Mosher, *Democracy and the Public Service*, New York: Oxford University Press, 1971, p. 63.

② Ibid.

③ 石庆环:《行为约束体系与美国文官的职业道德》,《辽宁大学学报(哲学社会科学版)》2008年第4期。

阶级的垄断或是将公务员的权力从一个阶级转移到另一个阶级"①,改革吸收了杰克逊总统时期公共服务中生而平等和机遇平等的原则,寻求另外一种人事管理的准则,即能够确保公民参与政府机关时准入的广泛性。同时,也要相对隔离政治对行政管理的直接影响。事实上,对于分赃制度的抗议几乎从它一出现就开始了,随着政治经济各方面的发展,民众对公务员的改革呼声越来越多。以威尔逊、古德诺等为代表的"政治行政二分"思想对公务员改革的方向奠定了理论基础,也确立了美国公务员制度的一大原则——"政治中立"。正如威尔逊指出的,"对之前说过的行政管理的边界问题进行一点补充。最重要的是我们的公务员改革的真相已经被反复观察和认定了;也就是说,行政应当在政治的适当边界之外。行政问题并不是政治问题。尽管政治给行政设定任务,但它并不应操纵其运行"。这一点,公共行政的去政治化本质,成为了最被强调和铭记的主题:政策是人民选举产生的代表所决定的——立法者、主要长官,和他们政治任命的官员和审计助手;行政管理是一个胜任的持续地行政组织对这一政策的中立执行结果。②

彭德尔顿法案还提出了公务员的分类管理及公务员制度的另一重要原则——考试录用。即用引进公开竞争考试和实行"功绩制"原则等办法。减少政府腐败滋生的土壤,进而提升官员的道德素质和专业能力。

与英国将公务员划分为一系列的纵向等级不同,美国的公务员分类打破了英国模式中含蓄表达出的封闭性的职业生涯系统,建立了一个开放的系统。法案中加入了对于"性格适应性"的考试要求,因为考试只有当职位被分析、描述并与其绩效要求的知识和能力相关联的时候才能真正具有操作性。因此,《彭德尔顿法》的颁布,使美国在历史上"第一次确立了以'能力与功绩'作为录用与衡量官员标准的法律依据"③。这一规定的一个附带影响就是奠定了几十年后细化的职位分类的基础。

---

① Frederick C. Mosher, *Democracy and the Public Service*, New York: Oxford University Press, 1971, p. 64.

② Ibid. , pp. 67-68.

③ Lioyd W. Warner, Paul P. Van Riper and Norman H. Martin, *the American Federal Executive: A Study of the Social and Personal Characteristics of Civilian and Military Leaders of the United States Federal Government*, New Haven: Yale University Press, 1963, p. 259.

公务员制度改革削弱了党派对公务员的控制,越来越多的专家和科技人员代替了党务人员进入公务员队伍,适应了高度复杂化和组织化的工业社会对系统化与科学化管理的历史要求,提升了公务员的专业化程度和政府的工作效率。

4. 效率治理(科学管理)时期

标志性事件是纽约市政府研究局的成立。这一时期是前面行政改革的继续。效率优先,强调科学管理,政府与企业管理不分,在工作上分工,在人事上进行职位分类,按职位而非人付酬和定级,即所谓多劳多得。专业化迅速发展,职业生涯与发展的概念开始出现。"以弗雷德里克·泰勒为中心人物的科学管理学派和科学管理理论在人类管理史上具有里程碑式的意义。它主要致力于效率主义的传播。"[1]

这一时期联邦政府对"经济"与"效率"高度重视。"时代对政府改革提出的总要求,是使官僚在政治上'中立化',使联邦职业官僚在技术上专业化和职业化"[2]。

公务员系统在这一世纪的前半段为技术和专业化的发展提供了兼容的基础。它对于职位的资历要求,以及尽可能的消除人事决策中对于个性和个人信仰的考虑所强调的客观性,是与科学管理的特质不谋而合的。进一步说,组织上的分离和公务员行政管理的半独立为人事领域资深科学技术的发展提供了激励。并且政策与行政分离的信条为政治上中立的公务员提供了支持,也同样使更加专业化、技术上胜任的行政管理合理化。[3]

5. 行政人治理(管理)时期

这一时期的标志性事件是布朗洛的总统咨询报告。行政管理作为一种可研究、可通过教育传承的学科出现了,被认为是一种不论专业,能够进行跨学科管理的专门职业生涯,行政首长的权力通过科层结构的安排集中起来,配备行政助理人员,重申管理活动中政治与行政两分的重要性,新一类公务员的出现,他们注重公共政策研究和执行,但不

① 方振邦:《管理学基础》,中国人民大学出版社 2008 年版,第 44 页。

② Robert Maranto, *Politics and Bureaucracy in the Modern Presidency: Careerists and Appointees, in the Reagan Administration*, Connecticut: Greenwood Press, 1993, pp. 23-24.

③ Frederick C. Mosher, *Democracy and the Public Service*, New York: Oxford University Press, 1971, pp. 70-71.

注重政党立场,强调公务员的种族和阶级代表性。

思想上从对效率地强调(泰勒)转变到对行政管理的重视(布朗洛),是从 1937 年开始的。这种转变的最大动力便是 30 年代的大萧条,"政府意识到必须在处理社会和经济事务中扮演更加积极的角色。……随着新政的到来,政府不再仅仅是一个例行公事的仆人或是消极的被动反应的人员。它自身变成一个项目和变革的发起者甚至是唯一的发起者。并且这种角色在二战的时候得到了进一步的加强"①。

新政实际上代表了政府价值理念的转变,即从自由放任主义到政府大规模干预经济的转变。这种新的行政思想和观念,是以强调联邦政府是"管理者的政府"意识为特征。"在这种情境下,比效率更重要的是对于公共目的追求。这些目的是政治性的,因此,公务员除了必须具备知识能力,还要具备政治敏锐性。因此,也存在一个关于公务员的新的维度。"②

新政法案在国会通过以后,随之而来的就是政策的实施,新政能否顺利执行,在很大程度上取决于行政部门的管理。但是旧的行政机构对新政却抱着怀疑和"敌意"的态度。③ 于是,在公务员管理上,罗斯福打破《彭德尔顿法》以来的"政治中立"及"功绩制"原则,转而通过"政治庇护制"招募那些赞同他的政策和计划的人,招募那些认为"自由竞争的、崇尚个人主义的和主张自由放任主义经济的政府不应该再起作用,只有政府和企业合作,才能扭转美国经济的人"④。使行政部门特别是行政部门中的"政治文官"以多种方式直接参与立法和政策的制定,自主地执行联邦政府的政策,导致美国文官政治化倾向的加强,同时,也形成了比选举和委任更能代表民意的强力的官僚体制——"代表制官僚"。

这一时期的"政治庇护制"与早期的政党分肥并不一样。罗斯福在实行"政治庇护制"时,除了注重文官对新政思想和政策的拥护外,更注重文官的能力和水平,这主要是出于贯彻新政的需要。从新政内容看,包括工业、农业、贸易、金融、债券、保险和法律等各个方面,需要行政官

・从莫石理论看中国公务员队伍的专业化发展与管理的趋势・

---

① Frederick C. Mosher, *Democracy and the Public Service*, New York: Oxford University Press, 1971, p. 79.

② Ibid. , pp. 79-80.

③ Louis W. Koenig, *Official Makers of Policy: Congress and the President*, Chicago: Scott Foresman and Company, 1965, p. 112.

④ David A. Schultz, et al. , *The Politics of Civil Service Reform*, New York: Peter Lang Publishing, Inc. , 1998, p. 106.

员具备一定的专业知识,譬如《工业复兴法》法规,涉及矿务、机器、化学、纺织、娱乐、粮食、绘画等八大方面,共几百种行业,如果文官不具备知识化和专业化的素质和能力,就很难完成任务。①

这时期在公务员管理机构上也发生了变化,面对官僚规模急剧扩大和人数迅速膨胀而带来的职业文官管理混乱的现象,1949 年,根据胡佛委员会的改革建议,美国把文官事务委员会主管考试的权力下放到行政部门和各机关。而文官事务委员会则成为拟定人事法规与指导原则、进行监督的人事机关。②

6. 专业化时期

标志性事件是第二个胡佛报告。这一时期,在人们认为政府是社会变革的推动者的基础上,强调专业精英的重要作用,政府是最重要的专业化雇主,政府在专业化的发展和应用中扮演了重要角色,专业化逐渐成为美国社会的主导。

莫石认为这一时期是"有史以来变化最快的时期"。对他来说,"公务员群体的特征最显著的便是专业化"③。莫石对专业的定义是:(1)有合理清晰的工作界限,(2)一般需要至少学士学位以上的高等教育水平,(3)为其成员提供终身的职业规划。④而专业化指的是"一种需要长时间训练和学习做基础、可以终身从事的职业,或工作领域"。即"将专业的工作能力变成一种职业,或是一种职业必须以专业知识为基础"⑤。

莫石认为,专业化逐渐成为美国社会的主导,而政府在专业化的发展和应用中扮演了重要角色,是最主要的专业化雇主。根据 1960 年的人口普查,有 36% 的"专业化的、技术的、同质的"的工人受雇于政府,当然这没有包括众多的科学家,工程师和其他通过政府合同、津贴或授权等间接雇用的人员。另一方面,大约三分之一的政府雇员正致力于专业化的,技术的追求。这种比例比私人部门的三倍还要多。……专业和政府之间的相互依赖很多。政府是或者已经是:许多专业的创造

① 国洪梅:《罗斯福新政时期美国文官政治化倾向的加强》,《史学集刊》2004 年第 3 期。

② The Hoover Commission Report, *On Organization of the Executive Branch of the Government*, New York: McGraw-Hill Book Company, Inc., 1949, pp. 6-7.

③ Frederick C. Mosher, *Democracy and the Public Service*, New York: Oxford University Press, 1971, p. 101.

④ Ibid., p. 106.

⑤ 蓝志勇、胡威:《谈人力资源管理工作中公务员的专业化问题》,《中国行政管理》2008 年第 6 期。

者、许多已经合法化标准的立法者、自主,正直,垄断和制定保护标准的保护者、是它们研究和它们所依靠科学的主要拥护者、是它们教育的资助者、它们的主要雇佣者、它们的知识和技能的主要利用者。①

与通过商议、选择、选举、妥协等这些业余方式来处理问题的政治不同,专业化是依赖于专业知识、科学、理性,它是通过正确的方式来解决问题和处理事情。……政府部门的专业化分成了两类:第一类是一般性专业人才,可以既供职于政府也可以供职于企业。政府在雇佣他们时必须与企业竞争。这一类职业称为"一般职业",它包括我们大部人所理解的职业如:法律、医疗、工程、建筑。第二类是专门受雇于或仅仅受雇于政府的"公务员职业",这一类职业主要是由于公共服务计划的需要而产生在政府内的。这类职业人员也分成两种类型:第一是仅仅被单一的机构雇佣的人员,比如军人、外交官,海岸警卫;第二是被不同的政府部门雇佣的人员,如教师、教育管理者、社会工作者、公共医疗服务者、林务官、农业科学家和图书管理员等。②

可以说,政府部门的专业化并不是新鲜的事,为专业技能而进行的教育课题在 20 世纪的前 25 年就已经开始了。并且随着 1923 年分类法案对专业化和科学服务的确立,政府部门里很多受过专业化教育的雇员在过去的半个世纪已经发展起来了。③

表 2 的样本显示了个人职业专业化对公共机构的控制程度。右边的一列显示了机构中的主要职业领域和其领导的正常职业来源。

表 2　机构领域与领导的职业来源

联邦的		州和地方的	
所有的军事机构	军人	公路和其他公共工程机构	土木工程师
国务院	外交服务官员	福利机构	社会工人
公共医疗服务机构	公共医疗医生	精神卫生机构	精神科医生
林务局	林务官	公共医疗机构	公共医疗医生
垦务局	土木工程师	小学初中教育机构	教育家

① Frederick C. Mosher, *Democracy and the Public Service*, New York: Oxford University Press, 1971, pp. 103-104.

② Ibid. , pp. 106-109.

③ Ibid. , p. 104.

联邦的		州和地方的	
地质勘测局	地质学家	高等教育机构	教授
司法部	律师	检察长、地方检察长、法律顾问、律师	
教育部	教育家		
标准局	自然科学家		

资料来源：Frederick C. Mosher，*Democracy and the Public Service*，New York：Oxford University Press，1971，p. 105.

这些阶段的划分，只是一种分类上的方便，强调不同时期的政策导向，价值观和它们对公务员制度发展与管理的持久的影响。莫石自己也指出，"每个阶段开头和结尾处标注的日期都只是为了方便起见，每个阶段都在标注日期之前就已经开始，而其深远的影响到很久以后也远远没有结束"①。

美国行政改革和公务员队伍发展与变化的这个过程，对中国的行政改革和公务员体制的发展与管理，有些有益的启示。这个可类比性，可以从中国本身的干部人事制度的改革与发展中体现出来。

三、建国以来中国干部人事特点的发展与变化

在共和国的建设过程中，中国干部人事特点也历经变化。笔者将其大致分成以下几个阶段：

1. 老红军和南下干部主导时期(1949—1966 年)

熟悉中国现代革命史的人都知道，中国干部管理制度的核心，从古田会议上强调"党指挥枪、支部建在连上、政治方向第一"的时候就开始了。

其后，经过大革命、长征、抗日战争、延安岁月和解放战争，锻炼出了一批思想鲜明、立场坚定、有奉献精神、有工作经验、有社会影响力和深得社会尊重的革命干部，包括老红军、南下干部等。他们是建国的功臣，共和国的卫士，走在时代前面的革命者。他们对共和国的贡献，可以与早期美国建国时资产阶级革命先贤们对美国的贡献相比。当然，

---

① Frederick C. Mosher，*Democracy and the Public Service*，New York：Oxford University Press，1971，p. 54.

不同在于,他们不是资产阶级的绅士,而是具有领袖风范和得到社会尊重的老一辈革命家;他们是这个时期国家和社会的精英,在政府部门有职位和级别;稳定、立新是目标,忠诚、奉献是文化。这个时期的国家,可称为"共和国的卫士国家"。

2. 以工农兵为决策主体的平民主导时期(1966—1976年)

"肃反""三反""五反""大跃进"等一场场的政治运动,反映的是新生的共和国寻求对过去和传统突破的一种躁动和不安。革命后的国家,对传统社会的科层结构和社会等级,有一种与生俱来的排斥。1966年开始"文化大革命",群众造反派、工农兵干部等入主政府、厂矿和各种机构,实施群众专政。这个时期,讲究平等、平均,注重人民的历史作用,"高贵者最愚蠢,贫贱者最聪明"。代表性事件是许多一线的工农兵成员,成为党和国家的领导人。这一时期,可以类比为美国的"普通人政府"时期。国家稳定了,人民平等、自由和社会地位的意识增强了,需要得到满足。至于如何最合理,当时并没有也不可能多想。从历史上看,平民改革的结果并不十分理想。群众性的造反运动和平均主义显然不符合国家治理、发展和长治久安的需要。没有了公检法的监管,社会秩序不定,打砸抢和冤假错案层出不穷,经济建设也搞不上去,各个社会领域的发展也不是很好,社会良心呼唤改革。

3. 以改革为目标的"好人政府"时期(1976—1989年)

"文革"后期,中国出现类似美国"好人政府"时期的改革诉求。以邓小平为代表,中国政府的目标以改革为主旋律。在干部队伍的建设和充实上,有改革和求变思想的干部获得重用和提拔。虽然时间短促,但改革的转折点从那时开始。

4. 以经济发展为核心的"效率人政府"时期(1989—2006年)

改革开始了,如何改,如何做,如何能够改有成效?在这样的时代背景下,激励机制、承包制、市场化、双轨制、招商引资……在小平同志的引领下,能干、有效率的官员蜂涌出现。这个时期大致可以被称为"效率人政府"时期。效率的诉求早在改革开放之初就提出,到80年代中期开始承包制和市场化,特别是邓小平南方讲话之后,扩大对外招商引资、分税制、土地置换等一系列措施在江泽民、朱镕基的领导下全面推开。改革开放初期入学的大学生开始派上用场,成为推动经济效率的主体力量。

5. 政府主导、提倡科学发展的"行政人政府"（2006—2012 年）

在经济改革和对效率的追求达到一定的程度，走到了原有的制度极限后，如何进一步提高效率，就要靠制度设计和科学管理了。在西方，这个时期被称为行政人时期。国家精英利用行政的力量进行管理协调，科学设计管理体系，注重能力与工作任务匹配的管理力量的出现。政府行政能力、服务能力、官员执政能力、国家规制能力、行政主管与行政助理的分工等问题，都开始出现，也开始有了对管理专业化、管理效率更上一层楼的诉求。中国现在的阶段，可以大致类比为"行政人阶段"，也是所谓"国进民退"的说法的一个反映。事实上，不是谁进谁退的问题，而是原有的国家管理体制适应不了长大了的民企的要求，放开了管不好，不放开又扼杀其创新力。因而，退回一步，将企业和市场的功能重点放给国企，重新考虑制度建设、官员的配备、训练与管理等问题。比如说，市场的规模很大，但国家对食品安全、建筑安全、大流动人口条件下的社会治安、工业灾害、疾病灾害、金融风暴、经济波动、税收投资、环境保护、交通拥堵等国计民生的大问题的管理捉襟见肘，首尾难以相顾，按照理性的思维，首先考虑到的自然是加强行政监管。但在工业时代出现的问题，需要与之相匹配的专业能力。原有的行政人的思想，如果不能配以管理专业化的基础，就无法得到合适的执行。这就是改革和行政的时代呼唤专业化管理的理论和现实基础。

上述对中国干部人事制度特点变化的描述和分析，虽然只是一个大概，分期上也是从方便出发，但却勾画出了一段与美国建国后公务员队伍变革历程十分类似的道路，令人十分地惊讶。是稍有牵强，还是历史的偶然，抑或确有一种潜在的人性与制度博弈的规律，在我们对全世界的人事体制的发展特点深入研究之前，也不大好做结论。并且，中美两国历史不同、背景不同、语言不同、基本情况和条件不同、所处的发展阶段不同，很多区别是值得认真对待的。但是，两国对人性的诉求、革命和建设的过程、大国治理的特点，并不能说毫无相关之处。随着现代化和工业化进程的深入，社会整体变得高度复杂，很多问题需要专门人才的专业知识才能合理解决，这就将公务员队伍的专业化问题提到了议事日程之上。

四、走向专业化（2013—）

中国的发展和建设呼唤专门的高级人才，呼唤高质量的专业决策。但是，中国现有人事管理和干部晋升制度远远不能解决这个问题。

它的第一个弱点是不鼓励科学技术人才的专业化发展。这在社会对优秀专业人员尤其需要的时期，是一个严重的掣肘。比如，中国现有专业技术人员的晋升渠道类比行政级别，最高是教授、高工（院士为特例），他们在薪酬、决策和对资源的掌握使用能力方面，往往不如一个处长。所以专业人员的职业道路是往行政级别上靠。这样，到了一定的水准，不少优秀的青年科学家，在做出了一定的成绩后，就被提拔进入行政系列（有志行政者不属此类），以显示社会和体制对专业人员的激励和回报。结果是他的科学技术生涯由此中断，不再从事他有终身积累、可以继续做贡献的事业，开始去做他本不擅长的工作。还有不少不肯放弃科研生涯的干部，或是做不好分配给他的行政工作，留恋于自己的科学园地，用比原来少的时间，继续努力保持留在专业技术领域的资格，但在行政上，不能有效履行自己的职责；或是用自己的地位和权力攫取资源，雇佣低层次的助手代庖，半心半意，半时半精力地从事科学活动。在资源和机会上，造成与他同资质的学者专家之间的不平等竞争，阻碍科学和技术在高层次的水平上竞争和进步。这对国家整体实力的发展，有弊无利。中国之所以这样做，是由于传统观念上对官职和科层结构的顶礼膜拜。为了显示对科技人员的重视，不得已而为之。在特定的发展阶段，这种制度安排有它的历史功绩，但在客观上加强了对传统观念的不正确认识，在实践上则阻碍了科学良性和往更高更深层次发展。

第二个弱点是影响专业管理人才在某一方面、某一地区的专业管理能力的提升和他们的经验与智慧的使用。现在的干部选拔制度，从科级到省部级有乡科、县处、厅局、省部四个跨度，分正副职，每个岗位上五年任期。如果按部就班，从科长到部长要四十年时间。按 22 岁大学毕业、参加工作开始计算，完成正常任职期的官员不可能做到部长。因而造成越级提拔，快速升官的现象。而快速升官的弊病在于没有足够的时间完成职位任期，积累管理经验。即便按期完成，每五年一换的岗位，也使政绩工程、短期行为成为常态。现代社会，培养一个高层次人才需要十五年到三十年的时间，就是说，一个合格的市长，需要十几二十年时间在一个城市工作，并要求有十年以上的市领导工作经历。这样的人才，只有通过在某地长期工作，对这个地方有深入了解的积累才能培养出来。如果此时被调换到其他岗位，脱离了有作为的环境，就又少了一个专才，多了一个庸官。如果不提拔，级别又太低，待遇跟不上。

这两个问题,公务员队伍的专业化管理就能够帮助解决。"与通过商议、选择、选举、妥协等这些业余方式来处理问题的政治不同,专业化是公务员依赖于专业知识、科学和理性,来解决问题和处理事情"①,在方法上和效果上都会较好。专业化的特点是,有准入门槛。莫石对"专业"的定义是:有合理清晰的工作界限,学士学位以上的高等教育水平,提供终身的职业可能。

莫石将政府部门的专业化分成两类:第一类是一般性专业人才,既可以供职于政府也可以供职于企业。它包括我们大部分人所理解的职业领域,如:法律、医疗、工程、建筑。他们可以有在政府内的职业生涯,也可以有在企业发展的职业生涯。这两种职业,有相当大的比例可以互换。第二类是专门受雇于或仅仅受雇于政府的公务员职业。这类职业主要是由于公共服务的需要而产生的。这类职业人员也分成两类:第一是仅仅被单一的机构雇佣的人员,比如军人、外交官、海岸警卫。他们可以走职业化的道路,也可以转行做别的事情。第二是被不同的政府部门雇佣的专业人员,如教师、科学家、工程师、教育管理者、社会工作者、公共医疗服务者、农业科学家和图书管理员等。他们有的可以到企业工作,有的由于工作性质,只能终身在政府工作。②

事实上,政府的工作还需要一类工作人员,即职业管理人员。职业管理人员有的从事专门工作,如水利、航天、住房、人事、司法、体育等,有的在具体功能部门供职,如市长、大学校长、中学校长、幼儿园园长、法官等。他们也可以有自己的职业生涯。如果干部人事制度设计合理,现在的很多问题就可以迎刃而解。

比如说,一个将军,按职位和工作需要,可以有比总统高的收入或特权。一个科学家,他的职级、待遇和社会地位可以与最高行政长官媲美或超越。一个大学的司务长,可以拿与大学校长相同甚至更高的工资;一个大城市的市长,收入不必比总统低。美国大学校长的收入比美国总统高得多的不在少数。这样,社会的专业化管理的特性就凸显出来,社会工作只是分工不同,没有高低贵贱之分,三百六十行,行行出状元,而状元的地位是相当的。一个市长,从管理小市开始,一直晋升到管理大市。地方和市可以不同,但他一辈子的职业,就是做市长。他对

---

① Frederick C. Mosher, *Democracy and the Public Service*, New York: Oxford University Press, 1971, p. 109.

② Ibid., pp. 106-107.

城市规划、景观、人居、交通、水电和公共服务有深切的认识和了解。一个愿意从事幼儿园管理的人,可以把这个作为终身职业,获取幼师管理资质,对教育、幼儿、幼儿的家长等等有丰富的知识,在幼师管理行业做到最好,行业认同性高,流动性强,薪酬、社会地位和成就感不必低于部长。可以以一级幼师的资质,参与国家对幼儿教育的法律制定和管理。比如说,直接从有资质和管理经验的幼儿园园长聘用部长、国家顾问、人民代表。这样的专业化管理的职业制度,可以鼓励人们留在自己喜欢的行业里,兢兢业业,做到最好。

事实上,中国在干部专业化和专业化管理的问题上,并不是一张白纸,毫无先例。只是在认识上,在深度和广度上,在全面系统的问题上,还严重不足。特别是在社会发展的专业化程度提高后,这种不足就显得尤为突出。

比如说,对于干部的管理,有各级组织部门协调管理。干部的成长和使用,都在组织部门的跟踪之下。有人擅长城管理市,有人擅长矿山管理,有人学习能力强,可以在不同领域使用。他们事实上从事的是专业管理人员的终身职业,被称为职业革命家或管理人员。党在长期的管理实践中,积累了丰富的经验,也在不断改革和变化,这是中国的发展和建设能走到今天的一个基础。但是,现有的管理体制,分工不细、不合理,党政干部混合使用(党务和政务为不同的管理领域),管理干部与科技干部混合使用,缺少高层次科技人才职业发展系列,对科技人才和党外人才的管理和合理使用比较欠缺(不是完全没有),因而不能全面适应新形势的需要。近几年教育去行政化、科技管理去行政化的呼声迟迟得不到关注,也是现有体制的局限性的一个反映。

西方国家在行政人时期之后走上了专业化的道路。而中国在现代科学发展观的指导下,提出了科学发展,理性治国,也十分需要提倡干部队伍的专业化和对公务员制度的专业化管理。别国的经验和自身发展的需要,都在呼唤一个公务员专业化时代的到来。这一历史趋势是否在提醒我们,应该未雨绸缪,开始认真考虑和设计一个与中国现代化进程相匹配的公务员专业化管理体系。当然,西方国家在实行公务员队伍专业化管理之后,也出现了专业与民主如何有效沟通的问题。中国在制度设计的过程中,也可以认真研究,吸取经验,走出一条比西方专业化管理更优越的道路。

第五部分

公共政策篇

国家中长期科技发展规划解析与思考①

增强自主创新能力,努力建设创新型国家,是党中央、国务院在关键时期作出的重大决策。2006 年 2 月 9 日,国务院发布了《国家中长期科学和技术发展规划纲要(2006—2020 年)》(以下简称《纲要》),为努力建设创新型国家勾画了宏伟蓝图。《纲要》提出,到 2020 年,我国科学技术发展的总体目标是:自主创新能力显著增强,科技促进经济社会发展和保障国家安全的能力显著增强,为全面建设小康社会提供强有力的支撑;基础科学和前沿技术研究综合实力显著增强,取得一批在世界具有重大影响的科学技术成果,进入创新型国家行列,为在本世纪中叶成为世界科技强国奠定基础。《纲要》的编制具有全局性、战略性和前瞻性,国务院专门成立了以温家宝总理为组长的中长期科技发展规划领导小组,参加研究的人员汇集了我国科技、经济、教育、企业和管理各界的一大批精英,骨干研究人

---

① 本文由范柏乃与蓝志勇合写,原载于《浙江大学学报(人文社会科学版)》2007 年第 2 期。

员总数达到 1050 人。《纲要》起草工作经历了前期准备、框架设计、任务凝练与政策梳理、草案形成和征求意见等五个阶段,草案形成以后,先后提交国务院常务会议、中共中央政治局、中共中央政治局常委会会议审议,并广泛征求了中央和国家机关各部委、各省(自治区、直辖市)的意见。先后 12 易其稿,历时两年多,最终完成了《纲要》的编制工作。

一、《纲要》编制的意义、内容与特点

全文四万五千多字的《纲要》,站在历史的新高度,以增强自主创新能力为主线,以建设创新型国家为奋斗目标,对我国未来 15 年的科技发展作出了全面部署,是指导我国未来 15 年科技发展的纲领性文件。

1.《纲要》编制的重大意义

从新世纪我国科技、经济和社会发展的战略全局来看,《纲要》编制具有深刻的历史背景和重大的现实意义,是应对世界科技革命、加快我国科技发展和实现我国经济可持续发展的迫切需要。①

一是应对世界科技革命的迫切需要。当今时代已步入一个科技创新不断涌现的重要时期。从 20 世纪中叶开始的世界新科技革命和科学技术的重大发现、发明和广泛应用,推动了世界范围内生产力、生产方式、生活方式和经济社会结构的深刻变化,同时加快了全球生产要素的流动和产业转移,使经济格局和安全格局发生了巨变。进入 21 世纪以后,世界新科技革命发展的势头更加迅猛,正在孕育着新的重大突破。可以说,科技竞争已成为国家综合国力竞争的制高点。在当今的时代,谁在科技创新方面占据了优势,谁就在发展上掌握了主动。要掌握发展的主动权,就必须紧紧把握世界科技发展的趋势,抓住机遇,迎接挑战,加快科技发展,提高国家的综合竞争力。因此,需要我们及时地对我国的科技发展作出战略性、全局性和前瞻性的部署。

二是加快我国科技发展的迫切需要。建国五十多年,特别是改革开放以来,我国取得了一批以"两弹一星"、载人航天、杂交水稻、高性能计算机、基因组研究等为标志的重大科技成就,拥有了一批在农业、工业领域具有重要作用的自主知识产权技术,促进了一批高新技术产业群的迅速崛起。但我国在科技发展过程中还存在着不少问题:科技资

---

① 温家宝:《认真实施科技发展规划纲要,开创我国科技发展的新局面》,《人民日报》2006 年 1 月 13 日。

源配置不合理、效率低下，科技管理体制难以适应新世纪经济社会发展的需求；科技投入强度较低，与发达国家还存在着较大的差距；科技发展的法律法规不健全，发展的政策环境欠佳；学术浮躁和学术腐败问题愈演愈烈。这些问题的存在严重地制约了我国的科技发展，影响了自主创新能力的提高，需要在国家中长期科技发展规划中予以通盘考虑，并以改革和创新的精神，从法律、体制和机制上予以根本解决。

三是实现我国经济可持续发展的迫切需要。改革开放以来，我国经济发展取得了举世瞩目的成就。1978—2005 年，我国国内生产总值增长了 12.2 倍，年均增长率高达 9.4%，是同期世界经济增长最快的国家。但同时我们也应该清醒地认识到，我国的经济增长是资源依赖型的粗放式增长。据预测，在我国 45 种主要矿产资源中，2010 年可以保证消费需求的矿产只有 21 种；到 2020 年可以保证需求的矿产只有 9 种，我国的石油供需缺口将高达 2.5 亿吨—4.3 亿吨。我国劳动力、资源、投资和土地等要素对经济增长的边际贡献率已出现了递减的趋势，科技创新的重要性明显上升。因此，我国必须走出一条资源消耗低、环境污染少、经济效益好的新型工业化道路，必须大力推进科技进步和科技创新，推动经济增长从资源依赖型转向创新驱动型，推动经济发展切实转入科学发展的轨道。这就迫切需要我们站在国家前途和民族命运的战略高度，制定新时期的国家中长期科技发展规划，对未来 15 年的科技发展进行总体安排。

2.《纲要》的基本内容

《纲要》全文共分十个部分[①]，从全面贯彻落实科学发展观和全面建设小康社会的全局出发，确定了我国科技发展"自主创新、重点跨越、支撑发展、引领未来"的十六字指导方针，提出了建设创新型国家的总体目标。《纲要》将能源、水和矿产资源、环境、农业、制造业、交通运输业、信息产业及现代服务业、人口与健康、城镇化与城市发展、公共安全和国防等 11 个国民经济和社会发展领域确定为"亟待科技提供支撑"的重点领域，并从中选择任务明确、有可能在近期取得技术突破的 68 项优先主题进行重点安排。

重大专项是为了实现国家目标，通过核心技术突破和资源集成，在

---

① 中华人民共和国国务院：《国家中长期科学和技术发展规划纲要（2006—2020 年）》，《人民日报》2006 年 2 月 10 日。

一定时限内完成的重大战略产品、关键共性技术和重大工程,是中国科技发展的重中之重。《纲要》部署了包括探月工程和载人航天在内的16个具有战略意义的重大专项,涉及信息、生物等战略产业领域,以及能源、资源、环境和人民健康等重大紧迫问题。前沿技术是高技术领域中具有前瞻性、先导性和探索性的重大技术,是未来高技术更新换代和新兴产业发展的重要基础。《纲要》重点安排了生物技术、信息技术、新材料技术、先进制造技术、先进能源技术、海洋技术、激光技术和空天技术等8个技术领域的27项前沿技术。

《纲要》从学科发展、科学前沿问题、国家重大战略需求和重大科学研究计划四个层面,对我国未来15年的基础研究作了部署,遴选出8个科学前沿问题:生命过程的定量研究和系统整合,凝聚物质与新效应,物质深层次结构和宇宙大尺度物理学规律,核心数学及其在交叉领域的应用,地球系统过程与资源、环境和灾害效应,脑科学与认知科学,新物质创造与转化的化学过程,以及科学实验与观测方法、技术和设备的创新;确定了包括人类健康与疾病的生物学基础、农业生物遗传改良和农业可持续发展中的科学问题等10项面向国家重大战略需求的基础研究;重点部署了包括蛋白质、量子调控、纳米、发育与生殖研究等4项重大科学研究计划。

《纲要》确定了深化我国科技体制改革的指导思想,明确未来15年科技体制改革的重点任务,包括支持和鼓励企业成为技术创新主体、建立现代科研院所制度、推进科技管理体制改革、全面推进中国特色国家创新体系建设。

针对当前我国科技发展的主要矛盾和突出问题,《纲要》研究制定了推进我国科技发展的系列政策,包括:实施激励企业技术创新的财税政策;加强对引进技术的消化、吸收和再创新;实施促进自主创新的政府采购;实施知识产权战略和技术标准战略;实施促进创新创业的金融政策。

《纲要》提出了加强我国科技投入和科技基础条件平台建设的基本措施:建立多元化、多渠道的科技投入体系;调整和优化投入结构;加强科技基础条件平台建设;建立科技基础条件平台的共享机制。

人才是最宝贵、最重要的战略资源。《纲要》提出了加强我国人才队伍建设的五方面措施:加快培养造就一批具有世界前沿水平的高级专家;充分发挥教育在创新人才培养中的重要作用;支持企业培养和吸引科技人才;加大吸引留学和海外高层次人才工作力度;构建有利于创新人才成长的文化环境。

3.《纲要》的主要特点

建国以来,我国先后七次编制科技发展规划。这次《纲要》在发展思路上,明确提出了把自主创新作为未来科技发展指导方针的核心思想;在发展战略上,把解决国民经济和社会发展中的突出问题放在优先位置;在发展政策上,把建立以企业为主体的技术创新体系作为科技体制改革的重心。《纲要》的主要特点包括以下几个方面:

第一,把自主创新确定为国家战略。《纲要》突出自主创新,并以此为主线贯通全篇。《纲要》指出,必须把提高自主创新能力作为国家战略贯彻到现代化建设的各个方面,贯彻到各个产业、行业和地区,提高国家竞争力。第二,支持和鼓励企业成为技术创新主体。长期以来,我国的科技活动主要集中在科研院所,企业被边缘化。而今天在国际上展现国家竞争实力的恰恰是企业。《纲要》强调以建立企业为主体、产学研结合的技术创新体系为突破口,全面推进国家创新体系建设,提高国家的自主创新能力。第三,勾画了创新型国家建设的具体目标。到2020年,全社会研究开发投入占 GDP 的比重提高到 2.5% 以上,科技进步贡献率达到 60% 以上,对外技术依存度降低到 30% 以下,本国人发明专利年度授权量和国际科学论文被引用数均进入世界前五位。第四,明确了现阶段国家创新体系建设的重点任务。即,建设以企业为主体、产学研结合的技术创新体系;建设科学研究与高等教育有机结合的知识创新体系;建设军民结合的国防科技创新体系;建设各具特色的区域创新体系;建设社会化、网络化的科技中介服务体系。第五,将科研道德建设列入规划之内。近年来,学术浮躁和学术腐败愈演愈烈,已引起全社会的普遍关注。政府将科研道德建设列入规划之内,旨在加强科研职业道德建设,遏制科学技术研究中的浮躁风气和学术中的不良风气。第六,突出了科普工作的重要地位。《纲要》提出,要以促进人的全面发展为目标,提高全民科学文化素质,并提出了具体的措施:实施全民科学素质行动计划,普及科学知识;加强国家科普能力建设,提高科普场馆运营质量;建立科普事业的良性运行机制,推进公益性科普事业体制与机制改革。第七,加强军民结合的统筹和协调。鼓励军口科研机构承担民用科技任务;国防研究开发工作向民口科研机构和企业开放;扩大军品采购向民口科研机构和企业采购的范围。统筹部署和协调军民基础研究,加强军民高技术研究开发力量的集成,建立军民有效互动的协作机制。

・国家中长期科技发展规划解析与思考・

二、发达国家的科技规划与科技政策

发达国家都把推动科技创新作为国家战略,强化科技投入,加强基础研究,加快科技成果转化和高技术产业的发展,为经济社会发展注入持续的动力。20 世纪 90 年代以来,发达国家纷纷制定新的科技发展规划,出台新的科技政策。

1. 美国

美国没有类似中国的国家中长期科技发展综合规划,但有类似的政府政策指导性文件。克林顿政府组阁后不久,美国就发表了一系列政策文件,如《技术为经济增长服务:增强经济实力的新方针》(1993年)、《科学与国家利益》(1994 年)、《技术与国家政策》(1996 年)、《改变21 世纪的科学与技术:致国会的报告》。克林顿成立了内阁级的国家科学技术委员会(NSTC),并亲自担任主席。①

在科学政策上,《科学与国家利益》明确提出了美国政府发展科学的国家目标:保持在所有科学知识前沿的领先地位;增进基础研究与国家目标之间的联系;鼓励合作伙伴以推动对基础科学的投资,有效地利用人力、物力和财力资源;造就 21 世纪最优秀的科学家和工程师;提高美国人民的科学技术素养。五个目标的重点是对符合国家目标的基础研究和教育提供持续的支持。

在技术政策上,《技术与国家利益》明确提出了技术发展的国家目标:联邦政府在技术政策中的首要作用是为民间创造一个商业环境,包括为新技术发展与商业化消除法律、政府规则和经济上的障碍;鼓励民用技术的发展、商业化和应用。为研发具有世界先进水平的技术,促进商业繁荣和发展,联邦政府必须加强对基础设施的投资;促进军事和商业、工业的合作与融合,使其既能满足国防,又能满足民用技术的需求,既有效率,又有效果;培育一批具有世界先进水平的、能适应知识经济快速发展的劳动大军。

美国政府明确提出,国家的目标之一就是在科学技术方面保持全面领先。为此,美国政府不断强化对 R＆D 的投入。2004 年,美国的R＆D 投入高达 3125 亿美元,远远超过日本、德国、法国和英国等其他发达国家,而且近十年间年均增长率高达 6.3％,远远高于经济增长的

---

① 高卫东、周柏春:《美国科技政策发展简述》,《理论界》2006 年第 5 期。

速度(如表 1 所示)。为确保美国科技的领先地位,布什总统提出了科技发展的新方案:未来 10 年内,美国加倍扩增 R&D 经费,加强对纳米科技、超级计算机应用、新能源开发等领域的 R&D 投入;鼓励私人部门加强对 R&D 的长期投入,对民间企业的 R&D 投入实施税收优惠鼓励。

表 1 部分国家 R&D 经费及年均增长率

国家	年份	R&D 经费(亿美元)	十年间年均增长率(%)
中国	2005	299	21.9
美国	2004	3125	6.3
日本	2004	1459	0.9
德国	2004	684	3.9
法国	2004	443	3.4
英国	2003	340	5.6
加拿大	2004	194	7.1
韩国	2004	194	7.0

资料来源:OECD:《主要科学技术指标 2006/1》,参见 http://www.oecd.org。

2. 日本

1996 年,日本政府制定了第一个科技发展规划(1996—2000 年),旨在建立一个以科技创造力为基础的日本。通过实施第一个科技发展规划,日本大大提高了科技水平。1996—1999 年,R&D 经费持续增长,科技预算投入总额高达 13.3 万亿日元,R&D 环境得以明显改善。

2001 年,日本内阁会议通过了第二个科技发展规划(2001—2005 年),其主要特点是强化了科技投入力度,突出了生物技术、信息技术、环境技术和纳米技术等四个重点领域,并确保了重点领域对人才、资金和设施等战略资源的需求。在第二个科技发展规划中,日本政府提出要在 50 年内获得 30 个诺贝尔奖,这在世界上引起了很大的争论。但日本综合科技会议议员井村裕夫解释说,30 个诺贝尔奖这个数字是考虑到比英国少,但要比德国多而设定的,绝不是荒唐的举动。之所以设定这个目标,是要让受国家资助的科研人员有一个更明确的奋斗目标。

2006 年起,日本开始实施第三个科技发展规划(2006—2010 年)。该规划确定了生命科学、信息通讯、环境科学、纳米和材料科学等八个领域的 273 项具体政策目标,制定了 62 项重中之重的投资领域——

"战略重点科学政策"。在"战略重点科学政策"中确立了四大国家重要骨干技术项目:下一代超级计算机、海洋地球观测勘查系统、高速增殖核反应堆(FBR)循环技术、宇宙空间输送系统。在第三个科技发展规划中,日本科技总投资将达到 25 万亿日元(约合 2126 亿美元)。[①]

3. 英国

在英国,科技发展主要是让市场发挥主导作用,让市场引导企业发展,长期以来政府并不制定中长期科技发展规划。2004 年 7 月,英国发布了《2004—2014 年科学与创新投入框架》(Science & Innovation Investment Framework,2004—2014)规划,这是英国第一次制定中长期科技发展规划。

该规划试图在未来几年中建立起英国科学、研究和创新体系,对知识基础(knowledge base)、更有效的知识转换和公共服务创新方面加强投入,将创新转变成商业机会,促进英国经济的增长。具体目标是:(1)将英国最优秀的研究中心建设成为世界级的研究中心,继续保持世界第二大研究强国的地位;(2)继续改善大学和研究机构知识转移和产业化的能力,达到世界领先水平;(3)10 年内,将企业的 R & D 投入从现在占 GDP 的 1.25% 提高到 1.7%;(4)加强对科学家、工程师和技术专家的培养;(5)为英国优秀大学和国家实验室提供持续的财政支持;(6)改善公众对科学的认识和理解,引导公众对科学的态度,建立对科学的信心。

该规划还预测未来 10 年英国经济的年平均增长率为 2.5%,通过贸工部和教育技能部对科技的投入年平均增长率将高达 5.8%,R & D 的投入强度从 2002 年的 1.9% 增加到 2014 年的 2.5%,R & D 投入总额由 225 亿英镑增加到 390 亿英镑,约增加 165 亿英镑,增幅达到 75%。[②]

4. 德国

德国政府一贯不搞长远的科技发展规划,他们认为这既不切实际,也很难做到,因为科技发展速度往往难以预料,经常受到政府任期以及

---

①　王永宁:《日本第三期科技基本计划将凸显五大战略》,《全球科技经济瞭望》2005 年第 9 期。

②　张健:《英国 2004 至 2014 年科学与创新投入框架》,《全球科技经济瞭望》2004 年第 9 期。

经济发展的限制。政府对国家科技发展的导向,是通过实施重点领域或重点专业的科学规划来实现的。科学预算以及重点领域、重点专业的科学规划由联邦教育研究部负责制定,保证计划决策、执行和监督三方的相互独立。

联邦德国的政府财政制度采用五年滚动性计划方法。主管教育和科学研究的联邦教育研究部负责汇总德国政府的科学预算,然后交议会审议通过。联邦教育研究部立足于经济与社会发展的需要,每四年向议会提交一份德国科学形势报告(即联邦政府研究报告),介绍科技发展尤其是正在进行的各个重点科技领域的发展进程和目标,并提出下一届政府的重点科技领域及其发展规划。

5. 韩国

2000年6月,经韩国国家科学技术委员会批准,韩国科技部公布了长期科技发展规划:《2025年构想:韩国科技发展长远规划》。规划中提出的重点领域有:信息技术、材料科学、生命科学、机械电子学、能源与环境科学。其远景目标是:到2015年,韩国要成为亚太地区的主要研究中心,巩固科学研究基础,营造一种推动科技发展的新氛围;到2025年,在一些与七大国水平相当的领域内,韩国将确保科技的竞争力。

为了实现这些目标,韩国政府确立了科技政策调整的新思路:一是要求科技开发战略由过去的跟踪模仿向创造转变;二是国家科技管理体制由过去部门分散型向综合协调型转变;三是科技开发由强调投入和拓展研究领域向提高研究质量和强化科技成果产业化转变;四是国家科技开发体制通过引入竞争机制,由政府资助研究机构为主向产学研均衡发展转变。[①]

三、国外的主要经验及对中国的借鉴意义

他山之石,可以攻玉。深入认识和了解国外科技规划与科技政策的主要特点与成功经验,从中探讨出一些有价值的东西,对进一步修订和完善我国科技政策,全面实施国家中长期科技发展规划,加快创新型国家建设具有重要的意义。

---

① 王玲:《韩国制定长期科技发展规划——2025年构想》,《全球科技经济瞭望》2003年第6期。

1. 不断提高 R&D 投入强度

近年来,世界各国都在不断地加大对科技的投入力度,试图通过提高科技创新能力在国际竞争中胜出。R&D 投入强度(研究发展经费投入占 GDP 比重)是国际通用的反映科技实力的重要指标,也是衡量一个国家自主创新能力和水平的重要标尺。2004 年,世界上发达国家的 R&D 投入强度通常在 2% 以上,其中,以色列超过了 4%,瑞典、芬兰、日本超过了 3%,韩国达到 2.85%,美国也达到了 2.68%(如图 1 所示)。在发达国家当中,英国的 R&D 投入强度相对较低,仅为 1.88%。在此背景下,在《2004—2014 年科学与创新投入框架》中,英国提出了加大科技投入的决定:到 2014 年,英国 R&D 投入强度达到 2.5% 的目标。

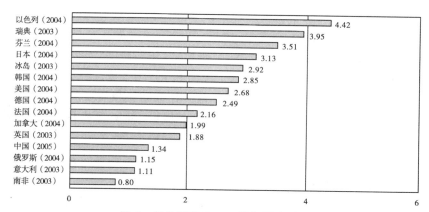

图 1　部分国家 R&D 投入强度对比

20 世纪 90 年代,我国 R&D 投入强度一直在 0.7% 左右徘徊,1999 年以后开始迅速提高,到 2005 年,我国的 R&D 投入强度达到 1.34%,在发展中国家中处于首位,但与世界发达国家的水平还有较大差距。《纲要》明确规定,到 2010 年我国 R&D 投入强度达到 2%,到 2020 年达到 2.5%。因此,中国政府必须采取强有力的政策措施,在充分发挥政府引导作用的同时,建立多元化、多渠道的投入体系,以确保实现《纲要》提出的目标。

2. 强化对基础研究的投入

对于基础研究的重要性,各国已经形成了共识,普遍认为基础研究是创新的源头,国家综合国力的竞争已明显前移到基础研究。创新型国家无不重视基础研究,即使在预算紧张时期都不遗余力地加强基础研究的投入。

　　韩国计划将基础研究经费占 R&D 的比重从 2003 年的 14.5% 大幅度增加到 2007 年的 25%，试图到 2015 年成为亚太地区的主要研究中心，到 2025 年成为世界七个科技强国之一。在财政紧缩的情况下，日本仍然持续增加对基础研究的投入，并在第三个科技发展规划中提出了基础研究战略。保持基础研究的高水平也是当前德国科技政策的核心目标。20 世纪 80 年代以来，德国的基础研究投入约占 R&D 经费的 20%，远超过美国（12%）、日本（13%）。在联邦政府提供的 R&D 经费中，基础研究投入持续增长，从 1981 年的 25 亿马克（占 24%）增长到 1990 年的 43 亿马克（占 28.2%），至 1991 年又增长到 49 亿马克（占 29.1%）。1992 年以来，德国基础研究投入强度通常保持在 30% 左右。美国是世界上对基础研究投入最大的国家，这也是美国的科技实力和经济实力始终处于世界前列的重要原因。2005 年，美国联邦政府的基础研究实际投入为 268.4 亿美元，2006 年预算为 265.36 亿美元。2007 年"美国竞争力计划"提出，在未来 10 年，几个主要联邦科学机构（国家科学基金会、能源部科学局、国家标准与技术研究院）的投入将翻一番，这些机构都资助物质科学与工程领域的基础研究。2007 年，美国政府对基础研究的投入将达到 282 亿美元。

　　长期以来，我国基础研究不但在投入总量上与发达国家无法相比，而且在投入强度上也明显低于发达国家（如图 2 所示）。2005 年，我国基础研究的投入强度为 5.4%，而发达国家通常为 20% 左右，相对较低的日本也在 10% 以上。

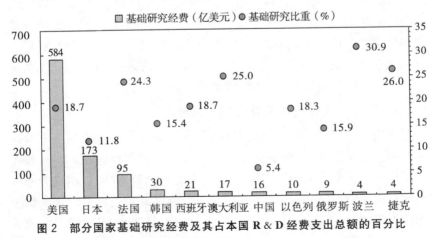

图 2　部分国家基础研究经费及其占本国 R&D 经费支出总额的百分比

基础研究作为新知识产生的源泉和新发明创造的先导,是国家长期科技发展和国际竞争力提升的重要基础。基础研究投入不足,不仅难以实现《纲要》提出的基础研究发展目标,也难以支撑我国进入创新型国家的行列。因此,我国需要建立强有力的保障机制,在逐步提高R&D投入强度的同时,稳定地增加对基础研究的投入,使基础研究投入强度尽快达到 10% 以上的水平。

3. 突出人才战略的重要地位

20 世纪 80 年代以来,随着高科技的迅猛发展,美国加大了人才战略实施的力度,在培养人才、吸引人才、争夺人才和使用人才等诸多环节都采取了一系列强有力的措施,包括:(1)以加强名牌大学建设为依托,加快培养人才;(2)以高科技园区和众多研发机构为载体,多方吸引国外人才;(3)抓住特殊机遇,争夺和抢购人才;(4)实施跨国办学,推动人才的流动。日本也意识到,确保一流人才的质和量是实现科技立国战略的当务之急。为此,日本在第三个科技发展规划中将人才战略置于首要地位,并制定有利于优秀人才辈出的激励性政策,构筑新形势下人才战略支撑体系。英国在《2004—2014 年科学与创新投入框架》中提出,要加大对科技与工程人才的培养力度,大幅度提高从事科技与工程教育教师的待遇,吸引更多优秀人才从事科技与工程教育,以满足英国经济增长的需求。

我国科技人才规模近 6000 万,位居世界首位,但高层次人才十分短缺,能跻身国际前沿、参与国际竞争的战略科学家更是凤毛麟角。据统计,在 158 个国际一级科学组织及其包含的 1566 个主要二级组织中,我国参与领导层的科学家仅占总数的 2.26%,其中在一级科学组织担任主席的仅 1 名,在二级组织担任主席的仅占 1%。因此,我们必须认真地借鉴发达国家的经验,加快实施人才强国战略,加强人才队伍建设,培养造就一批具有世界前沿水平的高级人才。

4. 高度重视科技成果转化和产业化

美国于 20 世纪 80 年代初,创建了专门为中小企业提供全方位服务的小企业发展中心、中小企业信息中心和生产力促进中心等科技中介机构。小企业发展中心得到政府的高度重视和支持,被明确为非营利性机构,运行经费来自联邦政府和州政府等。目前已形成庞大的全国性网络,共有 57 个州中心和 950 个分中心,成为推动美国科技成果产业化和经济持续增长的重要力量。英国建立了多层次、全方位的科技成果产业化服务体系,可分为三个层面:政府层面、公共层面和私人层面。政府在全国各地建立了 240 个地区性的"企业联系办公室",旨在促进当地企业与大学、研究机构以及金融机构等的联系,快速实现科技成果的转化与推广。公共科技中介咨询机构是最核心的科技咨询群体,如英国皇家学会、皇家工程院、研究理事会和大学科技政策研究机构等都具有科技咨询的职能。私人中介公司是以营利为目的的独立科技中介机构,是英国科技中介机构的主体。德国制定了一系列重点支持科技成果转化和产业化的政策,主要包括:积极资助向中小企业转让科技成果;创建面向科技成果转化的风险投资基金;强化中小企业与科研单位的合作。1996 年,德国政府出台了支持中小企业的信贷计划,所筹集的低息贷款资金突破了 10 亿马克。德国政府非常重视风险投资,政府提供的经费主要用于风险担保,政府以 12% 的风险担保引来了 88% 的私人投资。

目前,我国的科技成果转化率和产业化率都很低,许多成果仅仅停留在实验室的阶段。发达国家科技成果的转化率通常在 50%—60%,而我国还不到 30%。因此,我们必须加强应用研究的力量,激励企业研究开发,将产学研有机地结合起来,克服科研机构与企业脱节的弊端,提高科技转化成生产力的能力。这是我国目前加快创新型国家建设的当务之急。

5. 建立健全科技法律法规体系

美国联邦政府在科技发展中的主要作用体现在:以间接干预为主,通过制定强有力的科技法律法规,创造一个有利于科技发展的大环境。美国的科技立法分为五大类:基本法(1976 年的《国家科技政策、组织和重点法》)、机构法、税法、授权法、专项法(如促进科技成果转化的法律、知识产权法、专利法等),这些法律为美国的科技发展提供了坚实的保障。美国每制订一个科技计划或成立一个研究机构,都会制定相应的法律进行管理,并及时地对法律进行废、改、立。1995 年,日本出台了《科学技术基本法》,这是日本科学技术政策的基本框架,是推动日本在 21 世纪实现"科学技术创造立国"、振兴科学技术的强有力的纲领性法律。其主要内容包括:发挥研究人员的创造性,发展基础研究、应用研究以及产品开发,实现科学技术与社会的协调,振兴科学技术;明确规定国家以及地方公共团体在科学技术振兴方面的责任;为了全面推进科学技术振兴政策的实施,政府必须制定科学技术基本规划;为了创建一个良好的研究开发环境,国家必须制定与实施相关的政策。在科技法律法规方面,韩国先后出台了《科技振兴法》《技术开发促进法》《技术开发投资促进法》等法律。2001年,韩国制定了《科学技术基本法》;2004年,修订了《政府组织法》和《科学技术基本法》,进一步提高了科技部的统筹协调能力。韩国政府提出了今后五年将科技投入翻一番的宏伟目标。

目前我国正在致力于建立社会主义市场经济体制,我们不能再走以前计划经济的老路,把政府作为科技投入和实施的最大实体。政府在推动科技发展中的主要作用是制定、修改和完善法律法规,建立健全法律法规体系,引导企业加强对技术创新的投入力度,使企业真正成为技术创新的主体。

政治与行政两分理论的跨文化对话

一、引言

在美国行政管理的发展史上,有过政治与行政两分理论的讨论。这一理论被普遍认为是早期的美国学者威尔逊提出来、由古德诺进一步阐述推广,进而对行政学产生了重大影响的思想。这一理论认为,在国家管理过程中,政治决策与行政执行应该分开,各司其职,防止政治思潮的波动对国家管理的经常性干预。一方面,可以大大提高行政效率,另一方面,也有利于政治决策的专业化管理和政治问责。其中,政治决策是政治理念和民意的表达(articulation of the will),而行政则关注政策的执行(execution of the will)。当然,两者截然分开是不可能的事。一旦有冲突,行政必须从属于政治,而政治,有其自身独立的问责体系。①

这一理论的提出,有其十分重要的历史背景。(1)西

---

① Wilson，Woodrow，"The Study of Administration"，*Political Science Quarterly*，No. 2，pp. 197-222.

方现代史上就有立法、司法和行政三权分立的传统；(2)美国工业化时期政党竞争激烈，政治分肥的弊端严重，常常妨害行政执法的公正；(3)在工业化和技术化的过程中，社会管理任务加大，专业化程度提高，对国家治理——不论是政治决策还是行政执行，都提出了更高更新的要求。政治与行政分离原则所希望解决的问题：(1)周期性的政治选举对行政组织稳定性的影响；(2)革除"政党分肥"的弊端；(3)在社会发展过程中有不断提高的管理技术和专业性的要求；(4)将政治问责与行政问责区分开来，使责权法理清楚明了。①

后来的学者对政治与行政两分理论也有过许许多多的讨论，有的从学科区分出发，关注这一方法作为区分学科研究对象的工具性功能，有的则注重实践，关注在现实管理活动中政治与行政两分的可能。但可以说，不少这些讨论片面关注了政治与行政的两分，而忽略了在分的基础上的两合。得之桑榆，失之东隅。可谓不得要领。因为本质上，不论是威尔逊还是古德诺都没有认为行政和政治可以完全分离。关键之处在于它们既要分离，又要协调，是一对矛盾的统一体。核心之处在于分工、问责、各司其职、各尽所能，然后协调合作。这一问题处理得好，国盛民强。否则，轻则社会公平缺失，赏罚不明，成为社会矛盾的焦点，变成国家治理中的不安定因素；重则使得行政无所适从，导致国家治理的混乱。本文从西方管理思想中提出的行政与政治两分这个理论角度来审视中国的治理经验，提供一个跨文化的思考，探讨这一思考对中国进一步的改革可能提供的借鉴。

二、中国历史上的政治与行政两分

虽然政治与行政两分的理论源于西方，但中国的历史上其实也有政治与行政的两分。当然，中国传统上的政治与西方国家的现代政治并不完全是一回事。传统中国的国家统治权被视为封建统治阶级的特权，而现代国家的国家管理权被认为是由公民参与，源于以公众利益为基准的公众选择权。但是，从政治与行政的两分来看，两种政治的核心都是国家的统治权和重大决策的选择权。现代中国，人民成为国家的

① 李智：《浅论政治与行政二分法》，《中山大学学报论丛》2007 年；Lan，Z. et al.，"How Can Local Government Become an Employer of Choice for Technical Professionals: lessons and experiences from the city of Phoenix"，*Review of Public Personnel Administration*，Vol. 25，No. 3，pp. 225-242.

主人,党作为人民的优秀代表,这个政治与行政的分工问题就更加趋同于现代国家管理思维了。

在历史上的封建中国,政治上,由皇帝对百姓问责,组成以王公贵族为主体的政治统治集团。如果皇帝过于腐败昏庸,百姓就会参与造反,拥戴新的皇帝。为政治统治集团效力的是封建官僚系统。他们通过开科取士进入管理层,以效忠皇权为前提,在管理实践上其实在追求自身的利益,并不总是为天子的天下和对百姓的问责行使权利,是官僚腐败的根本原因所在。过去民谣里"天高皇帝远,民少相公多"的抱怨,其实说的就是即使有好皇帝愿意关注百姓疾苦,中间还有"相公"作梗,因为相公的利益与皇族的利益并不一致。但这种政治与行政的分割,帮助维护了政治集团的稳定和持续能力。一方面有政治选择,另一方面又有庞大的专业化的管理团队——官吏队伍进行专业化管理。中国几千年的封建管理体系因而得以持续。

但是,在传统的帝王国家中,由于统治者视天下为自己的私有财产、老百姓为自己的私人奴仆,政治由统治集团把持,防止异己势力参与,从而形成一种封建皇家的特权阶层,他们游离在国家治理的法理条约之上,以少数人组成的统治集团操控庞大的行政机器,统治着辽阔的疆土,刑不上大夫。这种两分的传承又是社会制度不公的基础。封建政权在政治上的排他性造成贵族的特权者控制国家政权、普通百姓与国家权力无缘的管理格局,导致国民心理的软弱。民不与官斗,没有个人的权利意识,也给外族对中国的侵略提供了条件,出现历史上常有的泱泱大国不敌蛮族小邦的现象。因为,核心的国家政权的捍卫者和有维权意识的,只是一小部分政治集团中的特权阶层。国家只是封建主的国家。老百姓对于谁当皇帝不关心,他们只拥护轻徭薄税,谁给的社会福利大,就拥护谁的统治。当为数较少的统治集团腐败或积弱时,庞大的官僚机器就会更加腐败或失控,造成天下大乱的局面。即便统治集团努力向上、勤政亲民,也很难激励庞大的官僚机器积极参与,进行创造性管理,提高国家治理效益。因为,统治者与执行者之间存在关键利益的分割。为此,封建统治阶层也做过不少妥协,诸如开科取士、容忍民间人才与封建贵族之间的交流,增强百姓对国家的认同感;王子犯法与庶民同罪,使得社会更加公平;皇权和相权分离,提高专业化管理的水平,也避免皇帝专制等等。

但这种妥协,只是扩大了特权阶层的范围,并没有从根本上解决封建国家的问题。学者葛剑雄指出,历代王朝"有关国计民生的重大制度基本上都存在着两个系统：由皇帝和官员们制定的正式制度，由官吏们执行着的实际制度……形成的直接原因是官与吏、统与治的分离"①。官员通过科举制度选拔出来，只懂儒家教义、诗词书画等，提倡道德修为，但是，对于实际的行政管理如司法、赋税、漕运、水利等实际工作，他们全然不懂，基本上都交给了政治地位比较低的胥吏。"明清两代地方行政官，大都是管官的，不是管事的，事都交给胥吏去办"，"一切事情到了胥吏手里，铨选则可疾可迟、处分则可轻可重、赋税则可倾可化、典礼则可举可废、人命则可出可入、讼狱则可大可小、工程则可增可减"②。这就是中国人治的一个制度基础。价值判断和政治决策的理性与行政业绩之间的关系比较薄弱，注重特权和人治。

但这一统治阶层开科取士、纳天下之贤的怀柔的治理措施，在历史上也每每被废弃，成为社会变化和改朝换代的契机。明朝建立不久，因当时的宰相胡惟庸造反，明太祖朱元璋就此废除了宰相制度，明朝从此再未设立宰相。至此，皇权吸收相权，呈现出政治决策权力高度集权的统治模式。"在明代，一切事，总之是皇帝最后总其成。"③在明朝早期，由于开国帝王的权威和勤奋敬业，他能够大权独揽，努力经营，基本维持统治。但是皇帝的精力总是有限的，事情太多应付不过来只能交给内阁大学士，甚至让宦官参与其中，造成明朝中后期吏治腐败、宦官干政、实力衰微。即使如此，皇帝都不曾放权于大臣。由于政治决策权高度集中于皇权，并设置锦衣卫、东厂、西厂等特务机构，对行政官僚进行严密监控，使得政治恐怖主义盛行，行政系统彻底失去了活力，明朝的皇帝、官僚、胥吏之间出现了互相脱节的局面，造成了明王朝的崩溃。

取代明王朝的清王朝，在政治上奉行满人权贵主义，排斥汉人及知识分子，很多知识分子只能作为幕僚或者卑微小吏，从事文书写作、具体办事等现代文员的工作，基本上不准参与朝政谈论国事。虽也有皇帝尝试过满汉一家、重用汉臣，但在统治者思想的深处，还是视天下为己有的僵化封建统治。这种政治与行政完全隔离、政治过度控制行政的模式，造成统治集团缺乏竞争、思想僵化、保守昏庸、没有新鲜血液的补充，再加上天朝上国、夜郎自大的心态，清王朝逐渐开始衰败，跟不上世界发展的潮流。

---

① 葛剑雄：《统一与分裂》，中华书局 2008 年版，第 165 页。
② 钱穆：《中国历代政治得失》，三联书店 2001 年版，第 113 页。
③ 同上书，第 95 页。

清末太平天国起义,使得曾国藩、李鸿章等汉族大员雄起。他们用开明的眼光看世界,推进洋务运动的发展。大量的汉族优秀人才,如容闳、郭嵩焘、严复等远赴重洋,学习西方,才开创了洋务运动、同光中兴的局面。但是,由于以慈禧为首的满族权贵依然对新兴力量抱有强烈警惕心理,不断采取各种措施遏制、压抑汉族大员的作用发挥,在各种方面不断设置障碍,分化瓦解新兴行政力量,破坏洋务运动的发展成果,如挪用北洋水师的海军经费修建颐和园,使得号称东亚第一的北洋水师与日本一战即溃。"西报有论者曰:日本非与中国战,实与李鸿章一人而战。"① 全国各地其他省份及派系势力都在袖手旁观,不予支援,"没看见各省的封疆大吏,只知道自守省疆,好像这些事只是直隶、满洲的私事而已,其中有出一分钱,出一个兵进行援助的吗? 即使有,也只是空话而已。最可笑的是,舰队在刘公岛投降的时候,当事人还给日军写信,请求返还广丙号,信中说这艘船隶属于广东水师,这场战争和广东没有关系等。各国人士听说,没有不笑话的,而他们不知道的是,这话实际上代表了各省封疆大吏的真实想法"②。

中日甲午战争前后,李鸿章等不断上书朝廷陈述形势危急,北洋海军也在不断要求加紧备战,但是执行层面的官员不能参与决策,而牢牢把持政治决策权的满族权贵昏庸无能,只知道内部争斗,处处为难、掣肘汉族力量,造成了甲午战争的惨败。战后中国割地赔款两亿两,促进了日本军国主义的蓬勃发展,从此日本如虎添翼,野心勃勃,一跃成为世界强国。

而后期的戊戌变法,康有为、梁启超等人看到了如果不把持决策权,参与到政治当中去,变法绝无成功可能,所以不断教育感化光绪皇帝,参与到了清王朝的"帝党"和"后党"的权力斗争中,终于得罪了大权在握的慈禧太后,戊戌变法也归结于失败。

清王朝中后期,满族权贵把持的中央政权腐败无能,激起了地方大员或明或暗的反抗,这种政治决策与行政执行的矛盾终于在清末的"东南互保"政治风波中全面爆发了。1900 年,以慈禧太后为首的满族权贵中央向西方列强十一国宣战,各省汉族大员如两江总督刘坤一、湖广总督张之洞、闽浙总督许应骙、山东巡抚袁世凯以及甲午战争后被贬为两广总督的李鸿章等地方大员,完全不顾中央政令,私自与列强达成

---

① 梁启超:《李鸿章传》(雾满拦江译),陕西师范大学出版社 2009 年版,第 228 页。
② 同上书,第 84 页。

"东南互保"协议,保持了东南各省稳定,避免了战火威胁。但是,地方公然对抗中央,不听指挥,私自与西方列强签订条约,此等咄咄怪事依国际公法来看,清王朝已经算不上一个完整的国家了。"东南互保"运动后,地方的政治与军事权力进一步扩张,中央的权威大为下降,清王朝的统治也接近了尾声。

这段历史回顾,从政治与行政架构的角度分析了当时中国官僚体制的弊端,揭示了传统封建王朝中政治与行政相分离,却缺乏政治问责,使得政治体制陈旧僵化、思想意识保守落后、权利责任相互分离的事实和传统中国的治国模式走向历史消亡的重要缘由。

从政治与行政两分的理论视角来看,清王朝得以维持,在于执行了政治与行政二分法的原则。满族权贵大员控制了所有的有关政治的决策制定权力,却广泛使用汉吏为主的官僚体系。清王朝的失败,也在于两分过程中政治垄断却缺乏问责机制的特点。其僵化的、以种族为特征的政治与行政完全隔离的模式,缺乏政治问责和人员跨集团流通,造成统治集团缺乏竞争、缺乏危机意识、思想僵化、保守昏庸、没有新鲜血液的补充,再加上天朝上国、夜郎自大的心态,是政治衰败的根本原因。清朝的灭亡,根本不在于国无人才,不在于行政执行不力,而在于政治的腐败和政治问责的欠缺。

辛亥革命胜利后,孙中山效法美国的政体成立了民主共和国,在当时的世界上产生了不小的反响。孙中山在美国"三权分立"理念的基础上,结合中国传统实际,形成了"五权宪法",即立法权、行政权、司法权加上考试权和监察权。考试权主要是为了避免人事腐败,发现人才、管理人才,有点类似于西方的现代文官制度。监察权则是继承传统,对政府机构进行监察考核,维护廉政,提高政府效率。根据"五权分立"的准则,国家的体制由行政院、立法院、司法院、考试院和监察院组成。孙中山此举,是在政治上推行权力制衡、用权力去制约权力,防止政治集权,但是,当时的中华民国在政治上比较弱小,驾驭不了强大的各方行政力量。"临时政府管辖之下虽然民义上有十数个省区,但控制着各省军政大权的都督们对临时中央政府的命令根本不予理睬……南京政府从成立那天起就因财政上的困难而无法运作下去。"①孙中山的改革,注重了政治分权和制衡,但因为没有长期的政治力量的培养,并不能控

① 楚双至:《晚清中央与地方关系演变史纲》,中共中央党校出版社 2006 年版。

制和管理行政,是中华民国无力为继的主要原因。

随后的蒋宋王朝却继承了封建衣钵,对外绥靖妥协,"推行'攘外必先安内'政策,这是'九一八事变'后,蒋介石处理内政外交的基本国策"①。1931年7月23日,蒋介石在南昌发出《告全国同胞书》,提出:"惟攘外应先安内,去腐乃能防蠹","故不先消灭赤匪,恢复民族之元气……则不能御侮"②。"国民党顽固派还不顾抗战大计,破坏统一战线和国共合作关系,从1939年12月到1943年7月,先后3次挑起国共间军事摩擦,一手制造了震惊中外的'皖南事变'。同时,还把中华民族解放行动委员会、救国会等民主党派、团体硬说成是'共党外围组织',加以排斥和打击。"③这些做法不顾广大人民的根本利益,对国家和人民缺乏政治问责,严重阻碍了中国的崛起和现代化进程。对内打压各民主党派和抗日的进步力量,不鼓励政治参与,不少民主党派领导人和成员被迫害。重庆谈判期间,国民党坚持一党独裁,不顾全国各族人民期盼和平,建设民主国家的强烈愿望,擅自撕毁《双十协定》,悍然发动内战,并利用中统、军统两大特务系统实行白色恐怖,制造了"校场口事件""下关惨案"等重大事件,"李公朴、闻一多、杜斌丞、杨杰等民主人士先后被杀害"④。

回顾中国的历史,几千年以来,乃至到了近代,统治者都没有处理好政治与行政合理划分的问题,不是政治对行政的过度控制,就是行政与政治的严重脱离,而没有找到古德诺所说的那种"政治对行政的适度控制"以及"行政的适度集权"。对于政治与行政之间的度,始终未能找到最佳的黄金分割点。这个问题即使在新中国成立以后很长的一段时间内也未能有效解决。

将国家的统治权和重大决策的选择权与一般意义上的行政管理的权利区分开来,既分工又协调,是国家治理方法中的一个进步。即便在封建国家,这一方法也帮助封建统治者在一定的阶段以少数人之力有效地统治了庞大的国家。但是,封建国家的局限性在于国家统治权力的贵族化。国家是封建帝王和少数贵族阶级的财产,广大人民群众没

① 薛珏:《蒋介石"攘外先安内"政策研究综述》,《民国档案》1995年第2期。

② 刘庭华、岳思平:《抗日与统一和"安内攘外"》,《中共党史研究》1994年第6期。

③ 冯海燕:《论抗战时期民主党派与国民党的关系演变》,《济宁师专学报》2000年第2期。

④ 刘德义:《各民主党派同中国共产党团结合作的历史道路》,《中央社会主义学院院报》1997年第2期。

政治与行政两分理论的跨文化对话

有拥有权和发言权,也没有参与积极性。在许许多多的关键时刻,优秀的人才和思想难以在国家管理、社会和民族的发展上发挥作用,成为旧中国积弱挨打的重要原因。在历史的进程中,中国人民痛定思痛,推翻了封建统治,建立了民国,开创了建设现代中国的新纪元,给中国政治赋予了新的时代意义,也给政治与行政两分提出了新的视角。

三、现代中国的改革与政治行政架构的思考

新中国成立后的前三十年,没有注意政治与行政分工合作的重要性。政治与行政完全融为一体,造成了一系列决策和执行的失误。主要表现为领导人着力构建魅力型权威和传统型权威,垄断政治决策,推行个人崇拜,盛行一言堂、家长制作风等等。后来的大跃进、赶英超美等运动都是这一时期的产物。"特别是在文化大革命期间,政府机关由革命委员会取代。革命委员会是党政高度合一的机构,一般各省、市、县的党委第一书记同时兼任革委会主任;第二书记、第三书记或书记兼任革委会副主任。这种党政一元化的体制,使得国家政治生活中需要加以处理的诸多关系,都不可避免地汇集到党政关系这条主线上来。"①这使得新中国的头三十年基本是在混乱之中摸索。

总结这三十年的经验教训,有下列几点:(1)没有注重政治与行政的合理分工,也就是我们常说的党政分工、政企分工。在党委一元化领导的思想指导下,党政一把抓,出了问题以政治运动的方式来解决,比如大跃进、人民公社、文化革命等。这使得管理格局动荡不稳,行政队伍的专业化能力和水平久久得不到改善和提高,行政问责关系不清。(2)由于党直接参与行政工作,反而没有时间精力来关注政治表达的方式、内涵、技巧和政治问责。在如何进行公共决策、集思广益方面,在对无产阶级掌握国家政权后的理论发展、民主决策和未来走向等重大问题方面,依然像传统管理那样依靠少数领导个人的思考,常常不能在组织层面超前拿出合理的思想蓝图和政治策略,打造党内共识。造成党不管党、党的理论滞后于发展现实、公共决策制度体系与决策方式落后和缺乏制衡、领导人依靠个人魅力和职位权力粗放式"一言堂"决策的结果,引起了新中国建设的一系列失误和曲折,使得新中国头三十年的建设历程走得坎坷艰难。

---

① 胡伟:《政府过程》,浙江人民出版社 1998 年版,第 297 页。

1978年以后，我国实行改革开放，从政治与行政架构的视角看，就是运用党政分开、政企分开、权力下放、民主集中制、家庭联产承包责任制、发展私营企业等手段，把曾经被垄断的政治、经济资源归还给社会各界和老百姓，让他们广泛参与，推动了中国的改革开放。虽然党政分开、政企分开的改革经常被提出、讨论、又搁置，但中国的行政官员负责制、政企分离、市场化的改革，事实上推动了政治与行政分工的改革。中国的国家治理改革可以说是在蹒跚前行。

应该指出，在中国革命长期的实践过程中，中国形成了一套既党政分离、又允许和鼓励党政干部交换和流通的干部管理体系。党的干部来源于广大群众，抛弃了传统上贵族与百姓两分的封建思想，打下了现代国家的根本基础。同时，党的干部和行政干部之间经常流通和互换，打破了政治与行政绝对两分的僵化治理模式，使党的干部队伍能保持持续的活力。这是中国不断进步改革的保障。

这一管理体系走到社会高度发达的今天，也开始显现出它的弱点，这就是党政分工的明确性不够，问责体系不清楚。在强调党的一元化领导的同时，忽略了分工问责的重要性，造成了在不少单位和政府部门，党的组织经常、全面干预政府的日常运行，造成政府内部的运行紊乱，削弱了政府的执行功能，问责体系混乱。如人权与事权相分离、责任与义务不匹配、地方政府与中央关系不和谐等等，形成美国学者李侃如所说的"中国国家机构体系网络的复杂性"。"西方研究组织力学的学者将权力横线和纵线的这种交错称为'矩阵'难题。所有规模庞大的组织都必须应对矩阵问题。由于中国已产生出世界史上最大的组织机构，因此其矩阵的复杂性是前所未有的……在整个体制内存在着许多报告线路——从党、政府，到地区机构等。"①这样一个复杂的矩阵架构，使得实际的政治行政容易出现混乱，政治决策脉络不清、行政效率低下、机构臃肿、帕金森症状严重，整个官僚系统庞大而又不堪重负。"巴纳德指出，组织的过度发展可能会导致组织的崩溃。"②

另外，由于政治与行政分工不够，专业化的管理官员难以诞生或维持。国家的发展和现代化提高了对干部专业化的要求。但现有的党政干部互换制度，虽然克服了干部不流通的弊病，但又使得专业干部队伍的维护和发展难以为继。专业干部一旦被提拔，就不再从事专业工作，

---

① 李侃如：《治理中国》，中国社会科学出版社 2010 年版，第 188—189 页。
② 丁煌：《西方行政学说史》，武汉大学出版社 1999 年版，第 156 页。

在业务上疏懒和落后,在党务上又不一定擅长。这导致一方面专业干部队伍流失,另一方面,党务干部和机构变得庞大臃肿,不利于在现代化的技术条件下进行专业化管理。

四、正确处理政治与行政的关系

在当今建设现代行政国家的潮流当中,需要从新的视角重新审视政治与行政二者的关系,只有处理好政治与行政的关系,才能保证国家的良性运行。

自第二次世界大战以来,许多国家都出现了强有力的国家领导人。他们在协调领导战争、对付自然灾害和战争灾害的过程中,发展了强有力的国家行政官僚机制和手段。这些机制在发展的过程中,对克服天灾人祸、修复战争创伤、协助经济发展都起到了十分重要的作用。但随着时间的推移,在多年和平发展的条件下,官僚体制老化、机构膨胀臃肿、效率低下。地位优越的官员们养尊处优,骄傲情绪滋长。各类官僚弊病都开始显现。所以说,改革也是顺应民心,势在必行的,只是怎么改法的问题。

对于党政关系不规范的现状,邓小平曾经明确提出了"三步走"的策略。"即首先解决党政关系问题,实现党政分开,其次是权力下放,最后才是机构改革。他明确指出,党的组织不是政府,不是国家的权力机关,要认真考虑党在整个国家社会生活中的地位,党的机关、国家机关怎么改革这些问题。"①党的十三大报告指出,"党的领导是政治领导,即政治原则、政治方向、重大决策的领导和向国家政权机关推荐重要干部。党对国家事务进行政治领导的基本方式是:使党的主张经过法定程序变为国家意志,通过党组织的活动和党员的模范作用带动广大人民群众,实现党的路线、方针、政策"。

在 1978 年以来的三十多年时间里,中国成功进行了前所未有的大规模改革。从政治与行政管理原则的视角来看,这一改革的核心就是改变过去政治与行政不分的管理方法,提出党政分开、政企分开、中央地方权力格局改变、权力下放、民主集中制、家庭联产承包责任制、发展私营企业等等,把曾经被垄断的政治、经济资源归还给社会各界和老百姓,让他们广泛参与,将经常性的政治干预从生产和日常管理活动中分

① 《邓小平文选》第三卷,人民出版社 1993 年版,第 177 页。

离,注重市长、经理、厂长、校长负责制。另外,大批选用和提拔青年干部,提高政府和国企部门的行政能力。这些方法运用得好的地方,业绩表现就好,改革成果就比较显著。

今天的中国与建国初期相比,在各方面有了很大进步,政治上更加开明开放,政府的行政能力和专业化程度大大提高,大批优秀青年人才涌入党政实体,呈现出欣欣向荣的活力和新气象。但是,如何在国家治理上合理运用政治与行政两分原则,妥善处理政治与行政之间关系的理论问题并没有得到解决,甚至也没有得到很好的讨论。将政治能力与行政能力混为一谈,将党的领导和政治决策地位与武断和"一言堂"等同,忽视提高行政能力、遵循科学管理原则、激励民主参与,甚至反过来,用高效和行政决策能力取代党的政治方向和公民意志,忘记了立党为公、执政为民的崇高理想,津津乐道于高效地完成了一些政绩工程,却忽略了百姓的疾苦和不满,是社会矛盾扩大和激烈的重要根源。另外,因为认识上的局限性,许多党委和行政的领导班子协调不好,权力分配的界限不清,责任和奖惩不清,内耗极大。邓小平在 1980 年 8 月 18 日的政治局扩大会议上所做的《党和国家领导制度的改革》的重要讲话,分析了党和国家领导制度的种种弊端,如官僚主义现象,突出表现为高高在上、滥用权力、脱离实际、脱离群众、思想僵化、墨守成规、不负责任、不守信用、压制民主、欺上瞒下、专横跋扈、贪赃枉法等等;权力过分集中现象,"什么事都要第一书记挂帅、拍板";家长制作风,"一言堂、个人决定重大问题、个人崇拜、个人凌驾于组织之上";大搞特权,特殊化等等,就是对党政不分现象的一个极好的注解。对于这些现象,邓小平指出:"上面讲到的种种弊端,多少都带有封建主义色彩。现在应该明确提出继续肃清思想政治方面的封建主义残余影响的任务,并在制度上作一系列切实的改革,否则国家和人民还要遭受损失。"

应该说,小平同志的这段讲话,源于他多年的政治实践和对中国政治运行中弊病的认真思考。现代管理思想上与之相关的理论就是政治与行政两分原则。不一定什么事情都要书记挂帅拍板、权力集中,要注重分工,同时,政治管理不是高高在上、脱离群众、滥用权力、思想僵化、墨守成规、不负责任,而是要深入基层,了解民间疾苦,想群众之所想,急群众之所急,发展政治理念,进行有效的政治宣传和沟通,打造政治文化,设计政治决策的程序与策略,与时俱进,注重政治问责,引领天下风气之先。

改革开放进行到今天,中国经济结构开始变化,社会贫富差距加大,国家政治、经济、文化资源的分配也因为市场经济和传统政治方法的双轨运行开始形成一定的利益格局,出现国家利益部门化、部门利益个人化的端倪。尽管有党的纪检部门的强力监控和管理,权力寻租和干部腐败现象依然严峻。笔者曾经引导一个副省级市的监察部门领导访问团访问美国。领队的领导同志一个最大的疑惑就是:美国地方政府没有行政监察单位,如何能保持干部队伍的清廉? 当地人事局长和市政经理的回答是:民主监控。

在决策透明运行、公民积极参与的政治条件下,许多问题可以轻易化解。但如何设计透明合理的政治决策过程,需要理念、理论、共识和方法。"一个民主的国家需要有自觉民主的公民。而如果大家在工作场所不讲民主,不培养公民意识和民主习惯,国家的民主就会慢慢变成一句空话。"①追求一时一地的微观效益,本不是国家和治理的本质。国家的政治生活,追求的是既能够广泛代表民意,又同时反映出精英思想的政治表达和政治决策。而这些表达和决策,也需要有自己的问责机制,以保证政治权力的合力运行。

国务院总理温家宝多次在公开场合强调要推行政治体制改革,推行党政分开等,并表示没有政治体制改革的保障,经济体制改革的成果就会得而复失。

新中国头三十年的发展,可以说是任何一个国家由落后向先进发展的原动力释放所致,但在目前的发展状况下,需要政府的体制内改革动力,消除阻碍社会进步、经济发展的制度性障碍,建立现代化的制度,以制度创新和发展来促使改革的进一步前进。这才是真正考验执政党能力和水平的时刻。

而如何改变这种自古到今政治与行政划分过于绝对的状况,突破传统治国模式的桎梏,引导全体公民公平参与政治生活,共同探讨政治问题,协调好政治与行政的关系,服务于民,是一个新的改革视角和路径,需要学术界认真研究审视。

如果政治与行政的分工和协调不合理,政治问责和行政问责不分,管理工作上就会奖惩不明。在中国改革发展的过程中,一些党多年精心培养的有思想、有能力的主要官员,上任没多久就因为管辖地出了行政事故而被免职和他调,为不是自己造成的行政过失承担政治成本,这

---

① Elton, Mayo, *The Human Problems of an Industrial Civilization*, New York: MacMillan, 1933.

是干部工作中的巨大损失。也有干部，多年从事党内政治工作，却不了解政治工作的内涵和技巧，片面认为政治就是抓住权力不放；不懂得政治工作中思想内涵的重要性，群体共识的重要性，立党为公、执政为民的关键性，不断创新，与时俱进与社会和人民共同发展的重要性，反而成为发展创新的阻碍和掣肘。注重政治行政分工理论的核心内涵，将政治问责与行政问责区分开来，有利于政治干部和行政干部对自己工作的定位和目标设定，也有利于奖惩机制的设立。

五、未来道路

政治与行政两分理论的讨论，在西方的管理文献中十分丰富。它其实说的不是政治与行政要截然分割，而是如何在国家治理的过程中进行政治和行政的分工，为的是提高行政效率，更好地达到政治目标。西方历史上实行多党制，党派竞争，各自努力争取民众支持，有很强的政党与公民互动的传统，也保持了它们党的活力和创新力。与此同时，党派竞争中也常出现不择手段的政治腐败现象，危害国家的健康发展和国计民生。将政治与行政适度分离，各自问责，保证了各司其职，奖惩分明。这个工作什么时候做得好，什么时候国泰民安；什么时候做得不好，就政治行政混淆，问责不清，管理低效，政治腐败。政治过度介入行政，既影响行政效率，又影响政治问责，政治的清明度和行政管理的高效性也会同时受到影响。著名的政治思想家约翰·密尔说过，一个民主的政治如果没有高效的行政来保障，民主也是不可能延续的。[①]同理，一个高效的行政系统如果没有正确清明的政治指导来保障，也会行动无目标，不可持续。这个道理，在中国的治理实践中，也得到了相当的佐证。

由于历史和发展阶段的原因，中国实行的是中国共产党领导的多党合作制。不过，党内的政治互动和思想竞争其实一天也没有停止过。如何合理利用这一竞争的张力，保持党在思想上、组织上的创新力和自我更新能力，其实是保持党的政治能力、不断向未来发展的一个重要考量。也就是说，党要集中能力做好党的工作——十分重要和意义深远的方向性大工作。中国当前政治笑话里将许多社会问题归咎为"制

---

① Mill, J. S., "On Liberty", in *Utilitarianism and on Liberty：Including Mill's 'Essay on Bentham' and Selections from the Writings of Jeremy Bentham and John Austin*, Second Edition (ed M. Warnock), Oxford：Blackwell Publishing Ltd, 2008.

度",实际上是对治理结构和制度设计落后于现实需要的一个委婉的批评。

西方管理思想中政治与行政两分的理论对于在国家管理问题上的政党和行政的分工、管理和问责提出了许多有益的借鉴。用来分析中国历史上国家治理的变迁也并非毫不相干,每每还会有重要的启示。举例来说,在对国家治理理论和对马克思主义的与时俱进的阐述和发展方面,在打造学习型政党和学习型社会、培养和维护具有国际视野的优秀人才方面,在干部评估方面,在重大公共决策的反复思考方面,在管理制度、决策流程、鼓励公民参与决策、民意调查的许多方面,政治决策者有大量重要的工作需要做,而不是招商引资、内部管理、替代行政,大事小事一把抓,每每忙于事务,却又不长于事务性工作。一方面干预行政,一方面没有时间认真研究问题和认真决策;有时乾纲独断,有时又莫名其妙地被行政问责。从另一方面来说,行政官员工作上职责不清,行政功能施展不开,要么形同虚设,要么工作目标不清,每每受到决策者朝令夕改的困扰,难以实施专业化管理和有所作为。所以说,在中国目前的政治条件下,如何保持党的干部的思想活力和创新性,保证重大决策的正确方向,保证干部体系有不断充实的新鲜血液,从谏如流,急民之所急,想民之所需,改善公共决策机制和管理制度设计,是党的中心工作,也是国家发展、国民福祉的核心所在。